랭킹 영단어 200

다락원

NAVER 최다 검색 영단어 전격 공개!
랭킹 영단어 200

지은이 김재헌
펴낸이 정규도
펴낸곳 다락원

초판 1쇄 발행 2018년 6월 22일
초판 2쇄 인쇄 2019년 9월 27일
초판 2쇄 발행 2019년 10월 4일

편집장 최주연
책임편집 장경희, 최주연
표지·내지 디자인 이은희
전산편집 엘림

다락원
주소 경기도 파주시 문발로 211
내용문의 (02)736-2031 (내선 510, 513)
구입문의 (02)736-2031 (내선 250~252)
 Fax (02)732-2037
출판등록 1977년 9월 16일 제406-2008-000007호

Copyright ⓒ 2018, 김재헌
저자 및 출판사의 허락 없이 이 책의 일부 또는 전부를 무단 복제·전재·발췌할 수 없습니다.
구입 후 철회는 회사 내규에 부합하는 경우에 가능하므로 구입문의처에 문의하시기 바랍니다.
분실·파손 등에 따른 소비자 피해에 대해서는 공정거래위원회에서 고시한 소비자 분쟁 해결 기준에 따라 보상 가능합니다. 잘못된 책은 바꿔 드립니다.

값 13,000원
ISBN 978-89-277-0434-8 (13740)

http://www.darakwon.co.kr
다락원 홈페이지를 방문하시면 자세한 정보와 함께 다양한 혜택을 받으실 수 있습니다.

NAVER 최다 검색 영단어 전격 공개!

랭킹 영단어 200

다락원

| 여는 말 |

하루 이용자 수 4,000만 명, 국내 최대 포털 네이버!
네이버의 모바일 사전에서 가장 많이 검색된 상위 200 단어의 비밀은?

네이버가 공개한 1년 간 최다 검색 영단어 1만 개!

사람들은 왜 그 단어들을 그렇게 많이 검색했던 것일까요? 그 단어들에 대해 어떤 점이 가장 궁금했던 걸까요? 그 단어들을 실제 써야 하는 순간에 어떤 점이 가장 헷갈려서 검색했던 걸까요?

이 책에서는 그 1만 개의 단어 중에서도 최상위 200 단어, 즉 1위 ~ 200위까지의 단어에 집중했습니다. 200 단어의 발음과 품사별 의미는 물론, 실제 영어로 말할 때 이 단어를 어떻게 사용해야 하는지 실제 활용 예문을 통해 설명하고, 단어의 미세한 뉘앙스 차이까지 명쾌하게 설명해 놓았습니다. 실제 상황에서 바로 써먹을 수 있는 진짜 어휘 실력을 기르고 싶다면, 이 책을 놓치지 마세요!

｜저자의 말｜

영어 단어를 익히는 방법은 다양합니다. 원서를 읽거나 영화 또는 미드를 보면서 자연스럽게 오랜 기간에 걸쳐 조금씩 배우는 방법이 제일 이상적이지만 현실적으로는 쉽지 않죠. 많은 사람이 책을 통해 영어 단어를 익히려고 하지만 대부분의 영어 단어 책은 딱딱하고 지루합니다. 그렇다고 재미 위주로 지나치게 풀어서 쓴 책이나 연상기법은 그때뿐이지 기대만큼 효과가 없는 경우가 많습니다. 그래서 결국에는 손 놓고 있다가 궁금해진 단어의 뜻을 스마트폰으로 그때그때 검색하게 됩니다. 하지만 사전 특유의 의미 위주로 된 딱딱한 단어 소개는 아쉬움이 많습니다. 더욱더 답답한 점은 내가 찾은 이 단어가 도대체 언제, 어떻게, 왜 써야 하는지 속 시원히 알려주지 않는다는 것이죠.

단어는 의미의 이해와 활용도를 제대로 익히는 게 우선입니다. 그래서 **랭킹 영단어 200**은 단어에 대한 충분한 설명과 실생활 예문, 그리고 이해와 활용 위주로 쉽게 풀어 썼습니다. 빨리 읽히는 대신 머릿속에 최대한 오래 남도록 하기 위해서였죠. 이 책의 궁극적인 목표는 여러분이 학습한 단어가 실전 상황 속에서 문맥의 의미와 정확히 매칭되게 하고, 영어로 말하고 써야 상황에서는 자신 있게 그 단어를 가지고 적재적소에 딱딱 말이 되게끔 사용할 수 있게 하는 것입니다. **랭킹 영단어 200**을 통해 단어를 단어로 남게 하지 말고 문장의 일부로서 활용하여 자기 것으로 만들어 나가길 바랍니다.

김재헌

| 이 책의 구성 및 특징 |

실제로 활용할 수 있어야 진짜 어휘력!

단어의 뜻만 알면 끝?! 실제로 영어로 말해야 하는 순간에 자유롭게 써먹을 수 있어야 진짜 어휘력입니다. 어휘력의 생명은 단어의 활용 능력! 이 책으로 진짜 어휘력을 길러 보세요.

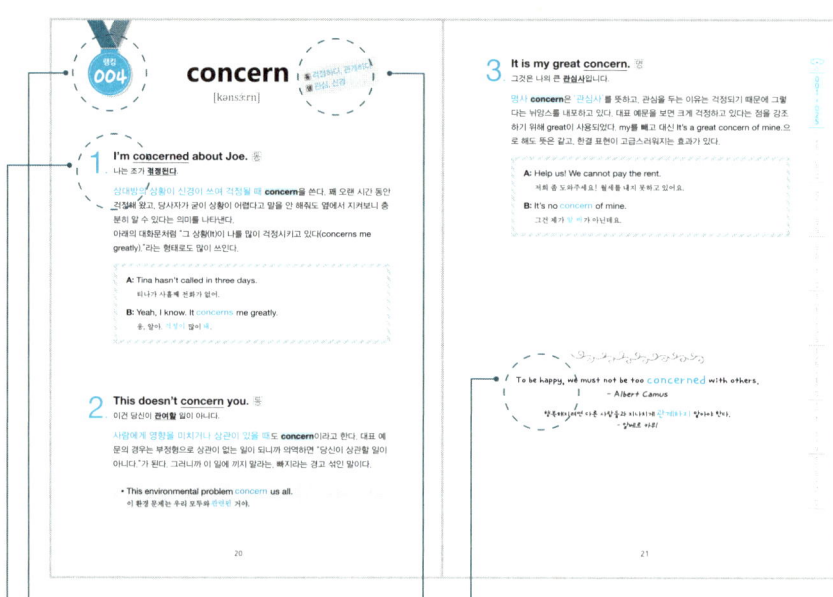

네이버 사전 검색 순위
가장 궁금한 최상위 단어부터 차례대로 학습

표제어 품사 & 의미
표제어가 일반적으로 많이 활용되는 품사와 그 품사에 따른 의미 제시

표제어 활용 대표 예문 & 해설, 추가 예문
- 영어로 말할 때 표제어를 어떤 상황에서 어떻게 활용하면 되는지는 물론, 관련 어휘나 표현, 뉘앙스까지 자세히 해설
- 표제어를 활용한 생생한 실제 일상 대화나 단문을 추가로 제시

속담 / 명언
보다 쉽게 단어를 기억하고, 추가 상식까지 얻을 수 있도록 표제어가 사용된 속담이나 명언 제시

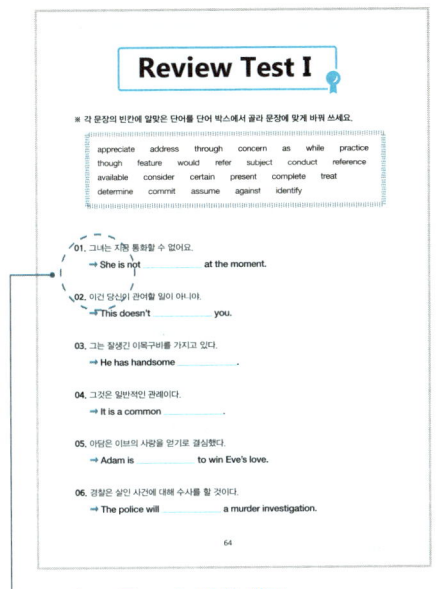
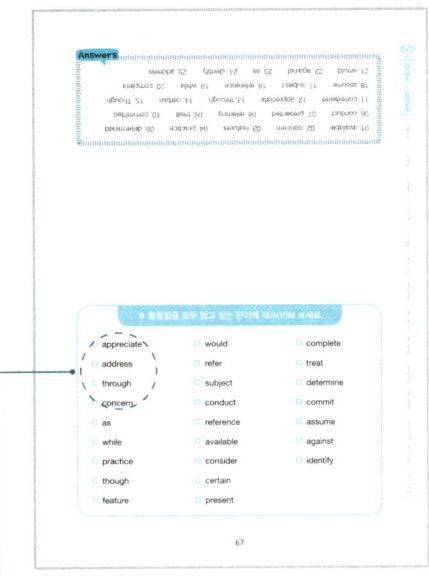

Review Test & 익힘 체크

- 25개의 표제어 활용법을 학습한 후, 문제를 풀며 이해도를 점검
- 모든 단어를 확실히 익혔는지 셀프 체크

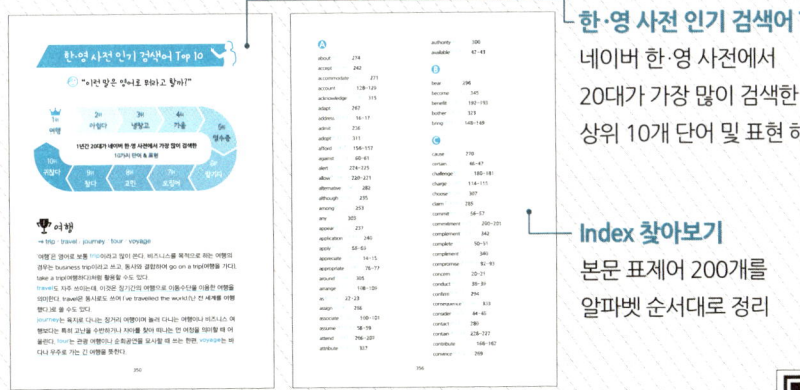

한·영 사전 인기 검색어 TOP 10
네이버 한·영 사전에서 20대가 가장 많이 검색한 상위 10개 단어 및 표현 해설

Index 찾아보기
본문 표제어 200개를 알파벳 순서대로 정리

MP3 파일 무료 듣기
표제어와 대표 예문이 녹음된 MP3 파일을 홈페이지(www.darakwon.co.kr)에서 무료 다운로드 받거나 스마트폰으로 표지 또는 옆의 QR코드를 찍어 바로 들어보세요.

| 차례 |

여는 말 • 4
저자의 말 • 5
이 책의 구성 및 특징 • 6~7

PART I 랭킹 001~025 • 14~63

appreciate	though	available	commit
address	feature	consider	assume
through	would	certain	against
concern	refer	present	identify
as	subject	complete	
while	conduct	treat	
practice	reference	determine	

Review Test I • 64~67

PART II 랭킹 026~050 • 68~119

apply	rise	secure	executive
measure	take	associate	charge
further	experience	direct	prompt
remain	involve	find	encourage
appropriate	compromise	initiative	
rather	leave	arrange	
since	recognize	regard	

Review Test II • 120~123

PART III 랭킹 051~075 • 124~173

discipline	otherwise	quite	contribute
offer	indicate	significant	hold
account	provide	afford	proceed
material	drive	keep	right
whether	either	stuff	
suggest	bring	expect	
once	effect	interest	

Review Test III • 174~177

PART IV 랭킹 076~100 • 178~227

estimate	benefit	attend	allow
challenge	upon	influence	prefer
should	release	despite	alert
develop	draw	then	contain
yet	commitment	due	
issue	ensure	engage	
implement	whereas	demonstrate	

Review Test IV • 228~231

PART V 랭킹 101~125   • 234~258

lie	observe	require	suspend
although	accept	request	struggle
admit	extend	credit	relative
appear	deserve	value	get
for	reflect	relevant	
specific	critical	among	
application	quote	respect	

Review Test V   • 259~262

PART VI 랭킹 126~150   • 263~287

patient	cause	occur	urge
figure	accommodate	state	claim
matter	favor	work	assign
establish	strike	contact	vary
adapt	about	fancy	
promote	describe	alternative	
convince	raise	effort	

Review Test VI   • 288~291

PART VII 랭킹 151~175 • 292~316

exercise	suppose	serve	occasion
mean	authority	choose	statement
confirm	enough	substitute	acknowledge
particular	current	decline	except
bear	any	over	
note	individual	adopt	
travel	around	several	

Review Test VII • 317~320

PART VIII 랭킹 176~200 • 321~345

increase	purchase	there	complement
prevent	improve	reserve	notice
bother	range	attribute	suffer
perspective	separate	such	become
fall	even	sustain	
provision	consequence	compliment	
imperative	eligible	unless	

Review Test VIII • 346~349

 부록

한·영 사전 인기 검색어 Top 10 • **350~354**

Index 찾아보기 • **356~359**

PART I
랭킹 001~025
Review Test I

PART II
랭킹 026~050
Review Test II

PART III
랭킹 051~075
Review Test III

PART IV
랭킹 076~100
Review Test IV

appreciate
[əprí:ʃieɪt]

동 고맙게 여기다,
진가를 알다,
인식[식별]하다

1. I appreciate your offer. 동
당신의 제안에 **감사드립니다**.

상대방이 보여준 호의나 제안에 감사를 표할 때 **appreciate**를 쓴다. thank you보다는 예의를 차리는 공손한 표현이라 비즈니스 상대나 예의를 갖춰야 하는 대상에게 사용하면 좋다.
만약, 대표 예문의 appreciate를 thank you로 교체해서 사용하고 싶다면 Thank you for your offer.라고 하면 된다. 이때는 주어 I를 생략하는 게 더 자연스럽다는 점을 기억하자.
참고로 대표 예문에 대한 답변으로 "별말씀을요."라고 말할 때는 Don't mention it.이라고 하면 된다.

2. His talent is highly appreciated by his colleagues. 동
그의 재능은 동료들에게 높게 **평가받고 있다**.

appreciate는 '진가를 알아본다'라는 의미로도 쓰이는데, 어떤 대상을 높게 평가하거나 가치를 인정한다는 뜻이다. 그래서 appreciate를 사용하면 사람이나 사물이 가진 능력이나 가치, 재능에 대해 진가를 제대로 인정한다는 것이다. 한편, appreciate는 음식에도 사용할 수 있다. We appreciated the good food we ate on our vacation.은 "우리는 휴가에서 좋은 음식을 맛있게 먹었어."로 해석되는데, 그만큼 음식의 맛과 질을 높게 평가했을 때 좋았다는 것을 appreciate를 이용해 표현한 것이다.

A: Don't read the subtitles if you want to appreciate the movie properly.
그 영화의 참맛을 느끼려면 자막을 봐서는 안 돼.

B: But I'm not fluent in English like you.
하지만 난 너처럼 영어가 유창하지 않아.

3. Homer doesn't **appreciate** the real reason why she left him. 동

호머는 그녀가 자신을 떠난 진짜 이유를 **인식하지** 못하고 있다.

주어진 상황이나 문제를 '인식하다'라고 할 때도 **appreciate**이다. 제대로 인식한다는 뉘앙스가 들어 있다. appreciate가 이런 의미로 사용될 때는 -ing 진행형으로는 쓰이지 않는다.
참고로 문장에서 활용되는 빈도를 보면 긍정형보다는 대표 예문처럼 부정형에 쓰이는 경우가 더 많다.

- I appreciate that you two are not getting along well.
  너희 둘의 사이가 좋지 않다는 것을 알고 있어.
- Sally failed to appreciate what was going on in the room.
  샐리는 방 안에서 어떤 일이 벌어지고 있는지 인식하지 못했어.

Happiness will never come to those who fail to appreciate what they already have.

행복은 그들이 이미 가지고 있는 것에 대해
감사할 줄 모르는 사람들에게는 절대 가지 않을 것이다.

address
[ədrés]

동 (편지 등을) 보내다, 연설하다, ~라고 부르다

1. This package is addressed to you. 동
이 소포는 당신 **앞으로 온** 것이다.

address는 동사로 '편지 봉투에 주소를 쓰다', '~ 앞으로 우편물을 보내다' 라는 뜻으로 쓰인다. 대표 예문처럼 우편물이 주어가 되면 수동태인 be addressed to 뒤에 내용물을 받는 사람을 넣어 '~ 앞으로 오다'라는 뜻으로 활용한다. 한편, address가 명사일 때는 '주소'를 말한다.
참고로 This letter is for you.라고 하면서 편지를 직접 당사자에게 건네면 "네 앞으로 온 편지야."가 된다.

> A: Here, this package is addressed to you.
> 자, 네 앞으로 온 소포야.
>
> B: Thanks. It must be from my girlfriend.
> 고마워. 내 여자 친구한테서 온 게 틀림없어.

2. The mayor addressed his audience with passion. 동
시장이 청중 앞에서 열정을 가지고 **연설했다**.

address에는 '연설하다'라는 뜻도 있다. give[make, deliver] a speech(연설하다)와 같은 의미인데, address를 사용하면 한 단어로 표현할 수 있다는 장점이 있다. 동사 address에는 자체적으로 '~에게'라는 의미가 들어 있기 때문에 뒤에 to(~에게)를 쓸 필요도 없다.
address는 '연설하다' 외에 '강연하다', '설교하다'도 된다.

- He is to address Parliament on Friday.
  그는 금요일에 국회에서 연설할 것이다.

3. How may I address you? 동
호칭을 어떻게 불러드리면 됩니까?

address의 또 다른 뜻은 '호칭을 쓰다', '호칭으로 부르다'이다. 상대방을 어떻게 부를지 확실치 않은 상황에서 사용한다.
대표 예문의 내용은 상대방이 낯설거나 섣불리 다가가기 어려울 때 예의를 갖추기 위해 하는 질문이다.

> A: How should I address your father?
> 당신 아버지의 호칭을 어떻게 하면 될까요?
>
> B: Please address him as Sir Arthur.
> 아서 경으로 불러주세요.

through
[θru:]

전 ~의 처음부터 끝까지, ~을 통과하여
형 (사용을) 끝낸, 다 쓴

1. **We partied all through the night.** 전
우린 밤새 파티를 했다.

through는 언제부터 언제까지, 그 기간이나 시간을 줄곧 보냈음을 나타내어 '처음부터 끝까지'라는 뜻으로 쓰인다.
한편, from Monday through Friday라고 하면 '월요일부터 금요일까지'라는 뜻이다. 참고로 Monday to Friday보다는 시간이 월, 화, 수, 목, 금을 '관통한다'는 뉘앙스가 더 들어있다.

> **A:** You seem dead tired.
> 너 완전 피곤에 쩔어 보여.
>
> **B:** I know. I partied all through the night.
> 알아. 밤새 파티를 했거든.

2. **You can reach the town through this road.** 전
이 길을 **통하면** 마을에 다다를 수 있습니다.

전치사 **through**는 '지나', '거쳐', '통과하여'라는 뜻으로도 쓰인다. 그래서 through는 길이 도시로 이어지거나, 바람이 창문을 통해 들어오거나, 강물이 마을을 관통하여 흐르는 것을 나타낼 때 쓴다. 무엇이 A에서 시작하여 B까지 한꺼번에 쭉 뚫고 나온다는 뉘앙스이다.

- This river flows through Boston.
  이 강은 보스턴을 관통하여 흘러.
- They passed through the tunnel.
  그들은 터널을 통과해 지나갔어.

3. Are you through with using the hair dryer? 형
헤어드라이어 사용을 **다 끝냈니**?

through는 형용사로 어떤 것의 사용을 끝냈거나 다 썼다는 표현으로도 쓰인다. 사용하는 대상을 대명사 처리해 Are you through with it?(다 끝냈니?)으로 줄여 써도 된다.

through는 사람과의 관계가 끝난 것, 즉 인간 관계의 종료를 뜻할 수도 있다. I'm through with him.이라고 하면 "난 그와 끝났어."가 된다.

> A: Are you through with using the hair dryer?
> 헤어드라이어 다 썼니?
>
> B: Not yet. Just give me five more minutes.
> 아직. 5분만 더 쓸게.

It is through creating, not possessing, that life is revealed.
– Vida D. Scudder

삶은 소유가 아닌 창조를 통해 드러난다.
– 비다 D. 스커더

concern
[kənsə́ːrn]

1. I'm concerned about Joe. 동
나는 조가 **걱정된다**.

상대방의 상황이 신경이 쓰여 걱정될 때 **concern**을 쓴다. 꽤 오랜 시간 동안 걱정해 왔고, 당사자가 굳이 상황이 어렵다고 말을 안 해줘도 옆에서 지켜보니 충분히 알 수 있다는 의미를 나타낸다.
아래의 대화문처럼 "그 상황(It)이 나를 많이 걱정시키고 있다(concerns me greatly)."라는 형태로도 많이 쓰인다.

> A: Tina hasn't called in three days.
> 티나가 사흘째 전화가 없어.
>
> B: Yeah, I know. It concerns me greatly.
> 응, 알아. 걱정이 많이 돼.

2. This doesn't concern you. 동
이건 당신이 **관여할** 일이 아니다.

사람에게 영향을 미치거나 상관이 있을 때도 **concern**이라고 한다. 대표 예문의 경우는 부정형으로 상관이 없는 일이 되니까 의역하면 "당신이 상관할 일이 아니다."가 된다. 그러니까 이 일에 끼지 말라는, 빠지라는 경고 섞인 말이다.

- This environmental problem concern us all.
  이 환경 문제는 우리 모두와 관련된 거야.

3. It is my great concern. 명

그것은 나의 큰 **관심사**입니다.

명사 **concern**은 '관심사'를 뜻하고, 관심을 두는 이유는 걱정되기 때문에 그렇다는 뉘앙스를 내포하고 있다. 대표 예문을 보면 크게 걱정하고 있다는 점을 강조하기 위해 great이 사용되었다. my를 빼고 대신 It's a great concern of mine.으로 해도 뜻은 같고, 한결 표현이 고급스러워지는 효과가 있다.

> **A:** Help us! We cannot pay the rent.
> 저희 좀 도와주세요! 월세를 내지 못하고 있어요.
>
> **B:** It's no concern of mine.
> 그건 제가 알 바가 아닌데요.

To be happy, we must not be too concerned with others.
– Albert Camus

행복해지려면 다른 사람들과 지나치게 관계하지 말아야 한다.
– 알베르 카뮈

as
[æz]

부 …만큼 ~한
전 ~로서
접 ~하면서, ~할 때

1. **Your puppy is as *cute* as a doll.** 부
네 강아지는 인형**처럼** 귀엽다.

부사 **as**는 '~처럼', '~만큼'이란 의미로 비교하는 두 대상이 동급일 때 사용한다. 이때의 as는 두 개가 쌍으로 필요하고, as ~ as 사이에는 대표 예문처럼 형용사(cute)가 들어갈 수도 있고, soon과 같은 부사, 또는 much money 등과 같은 명사도 들어갈 수 있다.

비교하고 싶은 것을 as ~ as 사이에 넣으면 되는데, 형용사와 부사는 그대로 넣고, 명사일 경우에는 해당 명사 앞에 much나 many를 넣어 주면 된다.

- Come home as *soon* as possible.
  최대한 빨리 집으로 와라.
- I don't need as *much money* as my friend.
  나는 내 친구**만큼** 많은 돈이 필요하지 않다.

2. **She works as an accountant.** 전
그녀는 회계사로 일한다.

전치사 **as**는 '~로서'라는 뜻도 있다. 사람의 '자격'이나 사물의 '기능'을 나타낼 때 쓴다. 대표 예문의 경우는 사람의 자격을 나타내고 있는데, 의역을 해서 "그녀는 회계사이다."로 이해해도 된다.

한편, This knife doubles as a bottle opener.라는 문장은 "이 칼은 병따개의 역할도 해."라는 뜻으로 사물인 '칼'의 역할을 말해주고 있다. 매끄럽게 의역하면 "이 칼은 병따개도 돼."가 된다. 참고로 이 문장에서 동사 double은 '겸용이 되다', '1인 2역을 하다'라는 뜻이다.

3. The phone rang as the sheriff entered the office. 접

보안관이 사무실에 들어**오자** 전화벨이 울렸다.

접속사 **as**는 거의 같은 순간에 일어난 두 개의 사건을 한 문장 안에서 소개해주는 역할을 하며, '~하면서', '~하는 동안에'라는 의미로 해석된다. 이렇다 보니 as는 문장이 효율적으로 활용되는 데 기여한다.

as의 앞뒤로 배치되는 두 절의 사건 중 흔히 강조되는 사건이 as 앞에 놓인다. 한국 문장의 순서가 보통 '(사건 1) ⇨ (사건 2)'의 순서라면, as를 이용한 영어 문장은 '(사건 2) ⇨ (사건 1)'의 순서임을 명심하자!

- The company's sales skyrocketed as consumer spending increased.
  소비자 지출이 증가하면서 회사의 매출은 천정부지로 치솟았다.
- A bullet flew by his ear as he looked out the window.
  그가 창문을 내다보자 총알이 그의 귀를 스쳐 지나갔다.

He who holds the ladder is as bad as the thief.
(도둑질을 도우려고) 사다리를 잡고 있는 사람도 도둑**만큼** 나쁘다.

while
[waɪl]

접 ~하는 동안[사이]
명 일정 기간, 동안, 잠시

1. John cleaned the house while Rita slept. 접
존은 리타가 잠자는 **동안** 집 청소를 했다.

접속사 **while**은 '~하는 동안'이란 뜻으로 두 가지 내용을 대조시킬 때 사용한다. while은 접속사이다 보니 두 절인 John cleaned the house.와 Rita slept.를 연결해 준다.

한편, 첫 번째 절(John cleaned the house.)과 두 번째 절(Rita slept.)은 순서가 바뀌어 사용될 수도 있다. 이럴 때는 While Rita slept, John cleaned the house.가 되어 while의 위치는 두 번째 절을 따라 문장 맨 앞으로 이동한다.

- Listen carefully while he is addressing the audience.
  그가 청중에게 연설하는 동안 귀 기울여 들어라.
- Please look after my dog while I am away.
  내가 없는 동안 내 강아지 좀 돌봐주세요.

2. It's been a while, hasn't it? 명
오랜만이네, 그렇지?

while은 명사로도 사용되는데, 이때는 의미가 잠시가 아니라 시간이 꽤 흘렀다는 뜻이다. 대표 예문처럼 친구를 오랜만에 만날 때 하는 인사로 사용할 수도 있고, 시간이 얼마나 걸릴 것 같은지를 묻는 상대방에게 "좀 걸릴 거야.(It's going to take a while.)"라고 대답할 때도 while을 쓸 수 있다.

한편, while의 정확한 기간은 굳이 말 안 해도 대화하는 두 당사자끼리는 잘 알고 있는 경우이다.

A: It's been a while, hasn't it?
얼굴 본 지 꽤 됐다, 그렇지?

B: Yeah, like six months. How have you been?
맞아, 6개월 만이네. 어떻게 지냈니?

3. I'll be here *for a* while. 명
나는 **당분간** 여기에 있을 것이다.

지금 하는 일을 더 해야 하거나 와 있는 곳에 좀 더 머물러야 할 때도 **while**을 쓴다. 다만, while 앞에 for a가 붙어 한 세트로 쓰인다. for a while은 '당분간', '잠시'를 의미한다. 비슷한 표현으로 앞서 언급했듯이 It's going to take a while.(시간이 좀 걸릴 거야.)이 있겠다.

A: Will you still be here when I come back?
내가 돌아왔을 때도 계속 여기 있을 거니?

B: Don't worry. I'll be here *for a* while.
걱정하지 마. 당분간 여기 있을 거야.

Make hay while the sun shines.
해가 비칠 때 건초를 말려라.

practice
[præktɪs]

동 연습하다, (의사·변호사 일을) 개업하다[하고 있다]
명 (사회적) 관례, 관습

1. I need to practice more. 동
나는 **연습을** 더 해야 한다.

대표 예문에서 볼 수 있듯이 동사 **practice**는 주로 '연습하다'의 의미로 많이 쓰인다.

한편, practice는 명사로도 쓰이는데 이때는 '연습'이라는 뜻이 된다. 그래서 I have violin practice at three o'clock.는 "난 오후 3시에 바이올린 연습이 있어."가 된다.

참고로 practice가 명사로 활용될 때는 targeting practice(사격 연습), soccer practice(축구 연습)처럼 뭘 연습하는지에 대한 정보가 practice 앞에 온다.

> **A:** Why are you still here?
> 너 왜 아직 여기 있니?
>
> **B:** I want to practice more.
> 연습을 더 하고 싶어서요.

2. My uncle practices law. 동
우리 삼촌은 변호사업**을 하신다**.

변호사나 의사와 같은 전문직 종사자가 개업하여 자기 일을 하는 것을 **practice**라고 한다. 그래서 practice law 하면 '변호사업을 하다'이고, practice medicine은 '의업에 종사하다' 또는 '의사를 개업하고 있다'가 된다. 이런 표현은 당사자가 직접 말하기보다는 제3자가 그 당사자를 소개할 때 하는 게 자연스럽다.

3. It is a *common* practice. 명

그것은 일반적인 **관례**이다.

practice가 명사일 경우에는 '관행', '관례'의 의미로도 쓰인다. practice가 명사일 때는 '연습'이란 뜻이 가장 먼저 떠오르겠지만, '연습' 외에도 '관행', '관례'라는 뜻도 있다는 점을 기억해 두자. 이때는 common(흔한, 보통의)을 practice 앞에 붙여 common practice(관행, 관례)로 쓰는 게 더 자연스럽다.

> **A:** Why do I have to take off my shoes?
> 왜 신발을 벗어야 하는데?
>
> **B:** Just do as I say.
> 그냥 하라는 대로 해.
> It is a *common* practice in this country.
> 이 나라에서는 이러는 게 **관행**이야.

Practice makes perfect.
연습이 완벽을 만든다.

though
[ðoʊ]

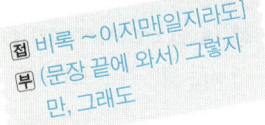

1. **Though** today is Kate's birthday, she isn't happy. 접

비록 오늘이 케이트의 생일**이지만** 그녀는 기쁘지가 않다.

though는 '비록 ~이지만'의 의미를 가진 접속사이고 문장 안에서 두 절을 대조시켜주는 동시에 연결해주는 역할을 해준다. though는 문장 맨 앞에 올 수도 있고 문장 중간으로 옮겨 갈 수도 있다. 다만, 옮길 경우 문장을 구성하고 있는 첫 번째 절(오늘이 케이트의 생일이다.)과 두 번째 절(그녀는 기쁘지 않다.)의 위치를 서로 바꿔야 한다. Kate isn't happy though today is her birthday.(케이트는 오늘이 자신의 생일인데도 기쁘지가 않다.)처럼 말이다.

> **A:** Did Sam propose to Ally?
> 샘이 앨리에게 프러포즈했어?
>
> **B:** Though he was shy, he addressed her and proposed.
> 그는 비록 수줍음을 탔**지만** 그녀에게 말을 걸어 프러포즈했어.

2. It rained during our picnic. We had a great time, though. 부

소풍 때 비가 왔다. **그런데도** 우리는 즐겁게 보냈다.

though는 '그런데도', '그렇지만'의 뜻을 가진 부사로 쓰일 수 있다. 문장 맨 뒤에 쓰이고 앞 문장의 내용을 보충 설명해 주는 동시에 반전 효과를 주는 역할을 한다.

한편, though는 또 다른 부사인 nevertheless(그렇기는 하지만, 그런데도)와 같은 의미이기 때문에 둘은 교체 사용이 가능하다. 다만, nevertheless는 though와는 달리 문장 맨 앞에 와도 어울린다는 점이 특징이다.

though

- It rained during our picnic. We had a great time, **though**. (o)
- It rained during our picnic. **Though**, we had a great time. (x)

nevertheless

- It rained during our picnic. We had a great time, **nevertheless**. (o)
- It rained during our picnic. **Nevertheless**, we had a great time. (o)

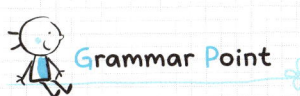
Grammar Point

접속사 **though**가 헷갈리는 이유 중 하나는 **even though**와 **although**의 존재 때문일 것이다. 사실 이들 셋은 같은 의미이고, 같은 용도로 문장 안에서 사용된다.
다만 차이가 있다면 **even though**는 다소 딱딱하고 점잖은 느낌이어서 영작에 주로 쓰인다면 **although**는 부드러운 느낌이어서 영작과 회화체에 모두 쓰인다는 점이다.
한편, **though**는 완전히 회화체용 단어이므로 일기나 메모가 아닌 공식적인 글에서는 사용하지 않는 게 좋다.

feature
[fíːtʃə(r)]

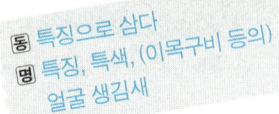

1. My newest album features funky music. 동
나의 최신 앨범은 펑키한 음악을 **특징으로 삼고 있다**.

동사 feature는 '특징으로 삼다', '특색을 이루다', '특별히 포함하다'의 의미를 가진다.
참고로 요즘 발표되는 가수들의 곡 제목 옆에 'feat. 홍길동'이라고 쓰는데, 이것은 This album features Hong Gil-dong.을 줄여 쓴 것이다. 다른 가수가 동료 가수의 곡에 목소리나 연주로 잠깐 참여한다는 뜻의 feat.는 feature의 줄임말로 여기서 feature는 '특별히 포함하다'라는 의미를 갖는다.

• This lamp features settings for day and night.
  이 등은 낮과 밤의 설정을 **특징으로 하고 있다**.

2. This landscape has some interesting features. 명
이곳의 경치는 흥미로운 **특색**이 있군요.

feature가 명사일 때는 사물이나 장소가 지니고 있는 고유한 특징, 특색, 특성을 의미한다. 특히 feature가 자동차나 전자제품과 같은 기계에 사용될 경우에는 그 기계나 모델만이 갖고 있는 특색있는 기능이나 성능을 나타낸다.

A: What is its best feature?
   가장 돋보이는 기능은 뭡니까?

B: This smartphone doubles as a taser gun.
이 스마트폰은 호신용 전기충격기도 됩니다.

3. He has handsome features. 명
그는 잘생긴 **이목구비**를 가지고 있다.

명사 **feature**는 또 얼굴의 생김새, 즉 얼굴의 각 부분인 이목구비를 뜻한다. 복수형 features로 쓰일 때는 결국 face(얼굴)라는 단어와 같은 의미로 여겨질 수 있지만, features에는 그 얼굴의 눈·코·입 같은 부위를 더 강조하는 뉘앙스가 있다.

A: Is this your boyfriend on your Instagram?
너의 인스타그램에 있는 사진이 네 남자 친구지?
Wow, he has such handsome features.
우와, 얼굴이 참 잘생겼다.

B: This is nothing. You should see him in person.
이건 아무것도 아니야. 실제로 보면 더 잘생겼어.

would
[wʊd]

조 ~해 주시겠습니까,
~일[할] 것이다,
~했으면 더 좋겠다

1. **Would** you like to come to my birthday party? 조
내 생일파티에 오지 **않을래요**?

would는 '~할래요?', '~하시겠어요?'라는 뜻으로 상대방에게 공손하게 질문할 때 쓴다. ⟨Would you+동사원형 ~?⟩의 패턴으로 쓰이며, would를 평서형으로 바꿔보면 ⟨I would+동사원형 ~.⟩이 된다. 기본적으로 would는 미래에 뭘 하겠다는 의지를 나타낸다.

> A: Would you care for a drink before dinner?
>   저녁 식사 전에 뭘 좀 마시겠어요?
> B: I would love one. Do you have any beer?
>   좋고 말고요. 맥주 있나요?

2. Sonya said she **would** arrive in ten minutes. 조
소냐는 10분 후에 도착**할 거라고** 했다.

would는 조동사 will의 과거형으로 쓰이기도 한다. 누가 한 말이나 생각을 간접적으로 전달하는 문장에서 활용된다.
위의 대표 예문을 직접화법으로 바꿔 보면 Sonya said, "I will arrive in ten minutes."가 되고 '소냐가 "나 10분 후에 도착해."라고 말했다.'로 해석된다.

- Billy told Andrea that he probably **would**n't come.
  빌리가 안드레아에게 그가 아마도 오지 못할 거라고 말했어.

3. I would *rather* go home. 조

난 **차라리** 집에 가는 **게 좋겠다**.

would가 '차라리'라는 의미를 내포하고 있는 부사 rather와 함께 쓰이면서 '차라리 ~하는 편이 낫겠어', '차라리 ~하고 말겠어'라는 표현을 만들어 내기도 한다.

> **A:** Would you like to go out with me?
> 나랑 사귀지 않을래?
>
> **B:** No. I would *rather* stay single than go out with you.
> 아니. 너랑 사귀느니 차라리 솔로로 남을래.

Do to others as you  be done by.

대우**받고 싶은** 대로 다른 사람을 대우하라.

refer
[rifə:r]

언급하다, (…을 ~라고) 부르다, 참고[참조]하다

1. I wasn't referring to you. 동

당신에 대해 **말하고 있는** 게 아니었다.

refer는 '~에 대해 언급하다'를 의미한다. 언급하는 대상이 정확히 무엇인지, 누구인지 확인해 줄 때 쓰면 유용한 표현이다.
대표 예문과 비슷한 의미를 가진 표현으로는 talk about(~에 대해 이야기하다)을 활용한 I wasn't talking about you.(너에 관해 이야기하고 있지 않았어.)가 있다.

> A: Are you referring to the second picture?
> 두 번째 그림에 관해 말씀하시는 겁니까?
>
> B: That's correct. I want to know if it was painted by Picasso.
> 맞아요. 그 그림이 피카소가 그린 것인지 알고 싶네요.

2. He is referred to as "Mad Dog" Joe. 동

그는 '미친개' 조로 **불린다**.

'A는 B로 불린다'라는 표현은 〈A is **referred** to as B〉의 형태로 나타낼 수 있다. 어떤 사람이 본명 외에 별명이나 별칭으로 불린다고 설명할 때 쓰는 표현이다. 대표 예문에서 보듯이 당사자가 평판이 안 좋거나 해서 다소 부정적인 뉘앙스로 불릴 때 더 많이 쓰는 표현이다.

- I don't understand why *he is* referred *to as the godfather of drama.*
  나는 왜 그가 연극의 대부라고 불리는지 이해할 수 없어.

3. I need to refer to my notes again. 동
적어 놓은 메모를 다시 **볼** 필요가 있다.

refer는 뭔가를 '참조하기 위해 보다'를 의미하기도 한다. 참조하는 행위이다 보니 refer 뒤에는 뭘 참조하는지에 대한 대상이 나오기 마련이고, 그 대상은 메모, 수첩, 책, 카탈로그 등과 같은 기록물이 되겠다.

> **A:** Do you need to refer to a dictionary?
> 사전을 참조해야 하니?
>
> **B:** No, no. I'm fine.
> 아니야. 괜찮아.

subject
[sʌ́bdʒekt]

명 과목, 주제, 대상
형 ~될 수 있는

1. My favorite subject is English Literature. 명
내가 제일 좋아하는 **과목**은 영문학이다.

subject는 배우는 '과목'을 의미한다. 관련 표현으로는 class(수업), take a class(수강하다)가 있겠고, '제일 싫어하는 과목'은 least를 붙여 least favorite subject라고 하면 된다.
참고로 대학의 전공은 major로 "나는 음악을 전공했어."라고 하려면 전치사 in을 사용하여 I majored in music.으로 쓰면 된다.

2. Will you stick to the subject? 명
주제에서 벗어나지 말아 줄래?

subject는 다뤄지고 있는 '주제'를 뜻하기도 한다. 대표 예문에서 사용된 표현 stick to는 '~을 고수하다'라는 뜻으로서, '어디에 딱 붙어 있다'라는 의미이다. 따라서 "주제에 딱 붙어 있어라."는 "주제에서 벗어나지 말라."라는 주의를 나타낸다. 한편, will을 쓰면 꽤 단호한 표현이 되기 때문에 더 공손하게 말하고 싶다면 will 대신 would you please를 넣어 Would you please stick to the subject?(주제에서 벗어나지 말아 주실래요?)라고 할 수도 있다.

> **A:** Would you please stick to the subject?
> 주제에서 좀 벗어나지 말아 주실래요?
>
> **B:** Sorry. Did I digress again?
> 죄송해요. 제가 또 삼천포로 **빠졌던가요**?

3. The schedule is subject *to* change. 형

일정은 변경**될 수 있습니다**.

subject는 '~될 수 있는'이라는 뜻으로 뭔가가 날씨나 사고의 영향을 받아 바뀔 수 있다고 할 때 쓰인다. 이때는 subject 뒤에 to가 오고, to 다음에는 어떻게 될 수 있는지에 대한 정보가 나와야 한다. 예를 들어, '지연'의 의미인 delay가 to 뒤에 나와 subject to delay라고 하면 '지연이 될 수 있는'이라는 뜻이다.

A: What was the announcement about?
뭐에 대한 안내 방송이었어?

B: Bad news. Our flight is subject *to* delay due to bad weather.
안 좋은 소식이야. 우리 항공편이 악천후 때문에 연착될 수 있대.

Life is subject to decay.
인생이란 어차피 시들게 되어 있다.

conduct
[kəndʌ́kt] [káːndʌkt]

동 지휘하다, (업무 등을) 실행하다
명 행위, 행동

1. The composer is ready to conduct the orchestra. 동
작곡가는 오케스트라를 **지휘할** 준비가 되어 있다.

동사 conduct는 악단이나 합창단을 '지휘한다'고 할 때 쓴다.
참고로 '지휘자'는 conductor, '악단'은 band라고 하고, '작곡하다'는 compose, '노래 가사'는 song lyrics라고 한다.

- She not only composes music but also conducts an orchestra.
  그녀는 음악을 작곡할 뿐 아니라 오케스트라도 지휘한다.

2. The police will conduct a murder investigation. 동
경찰은 살인 사건에 대해 수사를 **할** 것이다.

conduct는 '업무를 수행하다'라는 뜻도 가지고 있다. 여기서 업무란 회사에서 일반적으로 하는 일이 아니라 살인 사건이나 역학 조사 등 공식적인 조사나 실험이 수반되는 특정한 활동이나 업무가 되겠다.

> **A:** Is Dr. Frankenstein in his laboratory?
> 프랑켄슈타인 박사는 연구실에 계신가?
>
> **B:** Yes, he is currently conducting a secret experiment.
> 네, 현재 비밀 실험을 하고 계십니다.

3. Everyone is talking about his bad conduct. 명

모든 사람이 그의 나쁜 **행실**에 관해 이야기하고 있다.

conduct가 명사로 쓰이면 개인의 평판에 영향을 미치는 당사자의 '행위', '품행', '행실'을 의미한다. bad conduct가 '나쁜 품행'을 의미한다면, 반대로 good conduct는 '좋은 행실'을 의미한다.
한편, 군대와 같이 규율이 엄격한 조직에서 군인들이 따라야 하는 '행동 수칙'은 code of conduct라고 한다.

> **A:** Your son is a man of good conduct.
> 당신 아들은 품행이 단정한 사람이네요.
>
> **B:** You flatter me.
> 과찬이십니다.

Our characters are the result of our conduct.

우리 성격은 우리 행동의 결과이다.

reference
[réfrəns]

명 언급, 참고, 참조, 신원 보증인

1. The salesman *made* reference to the contract. 명
영업사원은 계약서를 **언급**했다.

reference 자체는 '언급', '언급한 것'이라는 뜻을 나타내는 명사인데, make (~하다)와 함께 쓰여 make reference(언급하다)라는 동사로 활용된다. 대표 예문에서 reference 뒤에 사용된 to는 '~에 대해'라고 해석하면 된다.
한편, make reference to는 '참조하다'라는 의미도 있어서 He made reference to a dictionary.(그는 사전을 참조했다.)처럼도 쓰인다. 이때의 to는 '~을'이라고 이해하면 된다.

- I don't even understand your reference.
  나는 심지어 당신이 언급한 것도 이해할 수 없다.

2. This list will be useful *for* reference. 명
이 목록은 **참고**하기에 유용할 것이다.

명사 **reference**는 '참고', '참조'의 의미로도 쓰인다. 전치사 for가 앞에 붙어 사용되는데 for reference를 '참고용으로'라고 이해하면 되겠다.
한편, for future reference는 '훗날을 위해'라는 뜻으로 상대방에게 나중에 필요할 때 참고하라는 의미가 담겨 있다.

> A: Here, this list will be useful *for* reference.
> 자, 이 목록이 참고하기에 도움이 될 거야.

B: Ah, just what I was looking for! Thanks.
아, 바로 내가 찾던 거네! 고마워.

3. Who are your references? 명
당신의 **신원 보증인들**은 누구인가요?

reference는 취업 활동을 할 때 인사담당자가 구직자에게 요구할 수 있는 '추천인'이나 '신원 보증인'을 의미하기도 한다. 대표 예문을 보면 reference는 복수형(-s)으로 되어 있는데, 그 이유는 보통 2명 이상의 신원 보증인을 요구하기 때문이다.
참고로 '추천서'는 letter of recommendation이다.

A: Who are your references?
당신의 신원 보증인들은 누구인가요?

B: I have two. One of them is Mr. Zuckerberg, the founder of Facebook.
두 명입니다. 그중 한 명은 저커버그 씨로 페이스북의 창업주이시죠.

available
[əvéɪləbl]

이용[입수] 가능한, (사람을 만날) 시간이[여유가] 있는

1. Is this movie available on DVD? 형
이 영화는 DVD로 **나와 있나요**?

형용사 **available**은 '제공 가능한' 여부를 나타내 준다. available은 구할 수 있느냐 없느냐를 알려주거나 확인할 때 사용되고, 구할 수 없을 때는 아래의 대화문처럼 isn't available이라고 하면 된다.

> **A:** Did you find it?
> 그거 찾았나요?
>
> **B:** Sorry. The book you're looking for isn't available.
> 죄송합니다. 찾고 계신 책은 없네요.

2. Are you available tomorrow morning? 형
내일 오전에 **시간 되니**?

available은 무언가를 할 수 있는 시간이 되는지에 대한 여부를 나타내준다. 대표 예문과 같은 표현으로는 Are you free tomorrow morning?이 있겠다. 내일 오전 시간이 '자유롭냐(free)'라는 질문이다. 이 질문에 대한 대답으로 만약 시간이 된다면 Yes, I'm free. 또는 Yes, I have time.이라고 하면 된다. 하지만 정작 Are you available tomorrow morning?의 답변으로 I'm not available.이라고 하면 꽤 어색하게 들린다.

3. She is not available at the moment. 형

그녀는 지금 **통화할 수** 없어요.

available은 또 부재중이거나 뭔가를 하느라 바빠서 전화 통화할 수 없는 상황에 쓰이기도 한다. 대표 예문은 전화를 받아야 할 때 쓰이는 표현이다 보니 '전화'나 '통화'라는 표현이 문장 안에 들어있지 않아도 '통화를 할 수 없다'로 해석된다. 참고로 같은 표현으로 She can't come to the phone right now.가 있다. 다른 일 하느라 전화기에 다가올 수 없다는 뜻이다.

A: May I speak to Linda?
린다랑 통화할 수 있을까요?

B: She is not available at the moment.
린다는 지금 통화할 수 없어요.
Could you call again in an hour?
한 시간 뒤에 다시 전화해 주시겠어요?

consider
[kənsídə(r)]

동 숙고하다, ~로 생각하다, 고려하다

1. Have you considered my offer? 동
내 제안에 대해 **진지하게 생각해 봤니**?

동사 **consider**는 '사려하다'이다. 어떤 일이나 제안에 관해 결정을 내리기 전에 시간을 두고 다방면으로 심사숙고해 보는 것이다. consider 뒤에 오는 단어는 심사숙고하게 만드는 대상인 '제안(offer, proposal)'이나 '선택의 여지(option)', 또는 '대안(alternative)' 등이 되겠다.
참고로 reconsider는 '재고하다', '다시 생각하다'로 reconsider a decision(결정을 재고하다)처럼 활용된다.

> A: Have you considered the proposal?
> 제안에 대해 생각해 봤습니까?
>
> B: Yes, and I decline your offer.
> 네, 하지만 당신의 제안을 거절하겠습니다.

2. I consider *myself as a lucky guy*. 동
난 나 자신을 행운아라고 **생각해**.

〈**consider** A as B〉는 'A를 B로 여기다[생각하다]'가 된다. '~으로', '~라고'라는 의미인 전치사 as는 생략할 수 있는데, 이를 대표 예문에 적용해 보면 I consider myself a lucky guy.가 된다. 참고로 대표 예문의 lucky guy 중 guy(남자)도 생략해서 I consider myself lucky.로 간단히 쓸 수도 있다.

A: I lost ten thousand dollars gambling!
도박에 만 달러를 잃었어!

B: Consider yourself lucky. Chris lost his house.
운 좋다고 생각해. 크리스는 집을 잃었어.

3. You should consider other people's feelings. 동
다른 사람들의 감정을 **고려할** 줄 알아야지.

consider는 남의 감정이나 입장을 '고려하다'라고 할 때도 사용한다. 즉, 함부로 말하기 전에 미리 상대방의 입장이 되어 보라는 취지이다.

- Please consider my situation.
  제 입장을 고려해 주세요.

He who considers too much will perform little.
너무 많이 고려하는 사람은 거의 실행하지 못한다.

certain
[sə́:rtn]

형 확실한, 어느 정도의, 어떤

1. Are you certain? 형
확실한 거니?

뭔가에 대해 확실하거나 확신이 섰을 때 **certain**을 쓴다. 확신의 대상을 지칭해주는 about it 또는 about that[this]이 뒤에 붙기도 한다. 그래서 대표 예문을 확장해 보면 Are you certain about it? 또는 Are you certain about this? 등이 된다.

한편, certain 뒤에 전치사 of나 접속사 that이 붙어 무엇이 확실한지, 무엇에 관한 확신이 서는지에 대한 정보가 나올 수도 있다. 예를 들어, I am certain of our victory.(나는 우리의 승리를 확신하고 있다.) 또는 I'm certain that he will come.(나는 그가 올 것이라고 확신한다.)처럼 쓰기도 한다.

> A: Are you certain about this?
> 이거 확실한 거니?
>
> B: Yes, I'm certain. You worry too much.
> 응, 확실해. 넌 걱정을 너무 많이 해.

2. I agree with you *to a* certain *extent*. 형
어느 정도는 너에게 동의한다.

형용사 **certain**은 to a certain extent라는 표현으로도 활용되어 상대방의 의견이나 제안에 대해 100%는 아니고 어느 정도만 찬성한다는 의미가 된다.

한편, certain 뒤에 붙는 명사 extent는 크기나 중요성, 심각성 등의 '정도'를 의미한다. I agree with you를 생략하고 To a certain extent.만으로도 사용할 수 있다. 참고로 To a certain degree.도 같은 의미이기 때문에 To a certain extent.와 교체 사용이 가능하다.

> **A:** Do you agree?
> 찬성하나요?
>
> **B:** Hmm… To a certain extent.
> 음…… 어느 정도까지는요.

3. There are certain people that don't agree. 형
동의하지 않는 **어떤** 사람들이 있군요.

certain에는 '어떤'이라는 뜻도 있다. 구체적인 정보를 언급하지는 않지만 어떤 특정한 것이나 사람 등을 말하고자 함을 나타내기 위해 쓴다. 이름 등의 정보를 몰라서 이렇게 표현하는 것은 아니고 알고는 있지만, 굳이 대놓고 말하지는 않겠다는 뉘앙스를 담고 있어서 약간 냉소적인, 비꼬는 심리가 느껴지기도 한다. 말하기 곤란한 것을 완곡하게 말할 때도 certain을 사용한다.

The way to win an atomic war is to make certain it never starts.
— Omar Bradley

핵전쟁에서 이기는 방법은 확실히 그것이 절대로 시작되지 않게 하는 것이다.
— 오마 브래들리

present
[prɪzént] [préznt]

 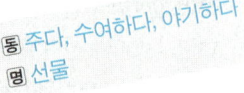

1. The soldier was presented with a medal. 동
군인에게 메달이 **수여되었다**.

present는 기본적으로 give(주다)의 의미이지만 좀 더 특화된 쓰임새를 가진다. '수여하다'라는 의미로 쓰이는데, 이렇다 보니 행사나 공식 모임에서 메달이나 상장을 수여할 때 사용하면 어울린다. 공식적인 내용을 다룰 때 쓰이는 단어이므로 위의 대표 예문과 같이 신문 기사체에 어울린다.

> **A:** The principal had a car accident.
> 교장 선생님이 교통사고를 당하셨대.
>
> **B:** Then who's going to present the diplomas?
> 그럼 누가 졸업장을 수여하지?

2. Sending in the army will present a problem. 동
군대를 투입하면 문제가 **생길 수 있다**.

안 좋은 결과가 앞으로 나타날 수 있다는 의미로 **present**를 사용할 수 있다. 미래에 대한 예측이다 보니 조동사 will과 함께 쓰일 확률이 높다. 주로 군인 장성이나 정부 관계자의 입장에서 사용하거나 신문기사나 사설에서 등장하는 표현이다.

참고로 present와 찰떡궁합을 자랑하는 단어는 부정적인 의미를 가진 명사 problem(문제점)임을 명심하자.

3. **The children are unwrapping their presents.** 명

아이들은 **선물**을 풀어보고 있다.

present가 명사로 쓰일 때는 '선물'이 된다.
한편, present 외에 '선물'이란 뜻으로 gift도 있기 때문에 차이점을 정리해 본다. 기본적으로 present와 gift는 서로 번갈아 가며 사용할 수 있지만 present가 일반적이고 무난한 선물을 표현할 때 쓴다면, gift는 present보다 더 격식을 차리고 공식적인 선물을 묘사할 때 쓴다. 기부금이나 토지처럼 넓은 의미의 선물도 gift에 포함된다. gift는 더 나아가 musical gift(음악적 재능)처럼 '인간의 재능'을 의미하기도 한다.

> **A:** For a Christmas present, my company gave each employee a gift certificate.
> 크리스마스 선물로 내가 다니는 회사에서 각 직원에게 상품권을 줬어.
>
> **B:** How much is it worth?
> 값어치가 얼마짜리야?

complete
[kəmplíːt]

동 완성하다, 끝마치다
형 완전한, (강조) 완벽한

1. I have finally completed my thesis. 동
나는 드디어 논문을 **완성했다**.

동사 **complete**는 '완성하다', '완료하다', '끝마치다'의 의미를 가진다. 완전히 끝냈기 때문에 속이 다 시원하다는 뉘앙스가 들어 있다. 수동의 의미인 '완성되다'로도 자주 쓰이는데 이때는 be completed가 되고, 아래의 대화문처럼 활용된다.

> **A:** How's your writing going?
> 집필은 잘 돼 가?
>
> **B:** Right on schedule. It will be completed today.
> 일정대로 되고 있어. 오늘 완성돼.

2. I have the complete set of *Harry Potter* books. 형
나는 〈해리포터〉 **전** 시리즈를 다 가지고 있어.

complete가 형용사일 때는 '완전한', '필요한 것이 모두 갖춰진'이라는 의미이다. 그래서 complete set는 낱권들을 하나하나 모아 한 세트로 만들어 완전체가 된 상태를 말한다. 참고로 set는 책 외에 그림, 음악 앨범, 영화 DVD 등도 의미할 수 있고, 비슷한 표현으로는 complete collection과 complete volume이 있다.

- She bought the complete works of Tolstoy.
  그녀는 톨스토이 전집을 샀다.

3. I've made a complete fool of myself. 형

나 **완전** 바보 됐어.

complete는 강조의 의미로도 쓰이는데 '완벽한'(complete silence 완벽한 침묵), '철저한'(complete change 철저한 변화), '전혀 모르는'(complete stranger 전혀 모르는 사람), '전혀 예상 못 한'(complete surprise 전혀 예상 못 한 일) 등으로 활용된다.

한편, 대표 예문을 참고로 직역해 보면 "나는 나 자신을 완벽한 바보로 만들었어."가 된다. 이 예문에서 complete는 결국 자신이 얼마나 바보스러운지를 강조해주는 역할을 한다.

A: What's wrong?
  무슨 일이야?

B: I've sent my email to the wrong person.
  이메일을 엉뚱한 사람에게 보냈어.
  I've made a complete fool of myself.
  나 완전 바보 됐다니까.

A single grateful thought toward Heaven
is the most complete prayer.

하늘을 향해 감사하는 단 하나의 생각이 가장 완전한 기도이다.

treat
[tri:t]

동 대우하다, 대접하다
명 한턱 (냄)

1. **My boyfriend treats me well.** 동
내 남자 친구는 나에게 **잘해 줘**.

사람이나 사물을 특정한 태도로 대할 때 **treat**(대하다)를 쓴다. 전치사 with (~을 가지고, ~해서)와 함께 treat with의 형태로도 많이 쓴다. 예를 들어, 화병이 깨질까 봐 걱정되어 Treat it with care.라고 하면 "그거 조심해서 다뤄라."가 된다.

> **A:** My boyfriend treats me well.
> 내 남자 친구는 나에게 잘해 줘.
>
> **B:** I envy you. You are a lucky girl.
> 부럽다, 얘. 넌 행운아야.

2. **I'll treat you to dinner.** 동
내가 저녁 **살게**.

treat에는 음식을 '대접한다'라는 의미도 있다. 햄버거 등과 같은 간단하고 저렴한 음식이 아니라 근사하고 푸짐한 것을 사주겠다는 의미이다. 한턱을 내는 것으로 그냥 아무 때나 음식을 사는 게 아니라 특별한 경우이거나 그만큼 상대방이 나를 특별히 생각하고 있어서 사주는 것이다.

> **A:** I won the WinBig lottery. I'll treat you to a steak dinner.
> 윈빅 복권에 당첨됐어. 저녁으로 스테이크 살게.

B: Wow, how much did you win?
우와, 얼마 탔어?

3. It's my treat. 명
내가 낼게.

명사 **treat**는 '한턱'이라는 의미로 쓰인다. 대표 예문은 친구랑 식사한 후 계산할 때가 되자 "이번 음식값은 내가 계산한다."라고 말하는 표현이다. 테이블 위의 계산서를 손으로 짚으면서 말하면 자연스럽다. This is my treat. 또는 My treat. 이라고 해도 같은 의미이고, treat을 사용하지 않고 This is on me.라고 해도 된다. 한편, 미국에서 아이들이 핼러윈 때 집마다 돌아다니며 외치는 "Trick or treat!(사탕 안 주면 장난칠 거예요!)"의 treat도 같은 맥락의 의미이다.

- Let's go out for dinner; my treat.
  저녁 식사하러 나가자, 내가 낼게.

The greatness of a nation and its moral progress can be judged by the way its animals are treated.
– Mahatma Gandhi

한 국가의 위대함과 도덕적 진보는 그곳의 동물들이 받는 대우로 판단할 수 있다.
– 마하트마 간디

determine
[dɪtɜ́:rmɪn]

동 알아내다, 결정하다, 결심하다

1. We have to determine the cause of the accident first. 동

우리는 우선 사고 원인을 **밝혀야** 한다.

조사를 통해 원인이나 이유를 '알아내다', '밝히다'가 **determine**이다. 사실을 바탕으로 엄격히 밝혀낸다는 뉘앙스가 들어 있다. 과학적인 조사나 공식 수사 활동을 할 때 대외 발표용으로 사용하면 특히 어울리는 격식 표현이다.

> **A:** We have to perform an autopsy to determine what really happened.
> 실제로 무슨 일이 일어났는지 밝혀내기 위해 부검을 해야 합니다.
>
> **B:** Isn't there any other way?
> 다른 방법은 없을까요?

2. The date for the trial will be determined tomorrow. 동

재판 날짜는 내일 **결정될** 것입니다.

동사 **determine**은 뭔가를 공식적으로 '확정하다', '결정하다'라는 의미를 나타내기도 한다. 최종적으로 정해진다는 뉘앙스이다. 날짜, 장소, 계획, 전개 방향 등이 모두 determine의 대상이다.

한편, 위의 대표 예문은 The date for the trial will be set tomorrow.로 바꾸어 사용될 수 있다. set a date라는 표현이 '날짜를 정하다'라는 뜻이기 때문에 '날짜가 정해지다'는 수동태로 쓰면 된다.

참고로 최종 결정과 연관이 있는 단어로는 finalize(마무리 짓다, 완결하다), ultimatum(최후 통첩) 등이 있다.

3. Adam *is* determined *to* win Eve's love. 동

아담은 이브의 사랑을 얻기로 **결심했다**.

동사 **determine**은 be determined to의 형태로 자주 활용되어 쓰이기 때문에 알고 있으면 유용한데 '~하기로 결심하다'의 의미가 되겠다. 마음속에 품고 있는 생각을 실행에 옮기겠다는 굳은 의지와 각오가 느껴지는 표현이다.
참고로 '의지'는 will, '의지력'은 willpower이다.

> **A:** I'm determined *to* get a job this year.
> 나 올해 취업하기로 결심했어.
>
> **B:** I hope you do. I need you out of my house.
> 그러길 빈다. 그래야 내 집에서 나가지.

The direction in which education starts a man will
determine his future life.
– Plato

교육이 한 인간을 양성하기 시작할 때의 방향이
훗날 그의 삶을 결정할 것이다.
– 플라톤

commit
[kəmít]

동 (죄·범죄를) 저지르다, 전념하다

1. She committed a terrible crime. 동
그녀는 끔찍한 범죄를 **저질렀다**.

commit는 범죄나 그릇된 일을 저지를 때 사용하고 '~을 하다', '~을 저지르다'가 된다. crime(범죄) 외에 murder(살인), adultery(간통) 등도 commit와 함께 쓰이는 단어들이다.

commit가 이런 식으로 사용되는 이유는 commit라는 단어에 '다짐한다'는 뉘앙스가 들어 있기 때문일 수도 있을 것이다. 범죄를 저지르려면 엄청난 다짐을 해야 하니까 말이다.

2. The man committed *suicide*. 동
그 남성은 자살**했다**.

commit는 계속해서 안 좋고 끔찍한 의미를 가진 표현을 묘사해줄 때 사용되는데 suicide(자살)와 함께 사용되어 '자살하다(commit suicide)'가 된다. commit suicide이지 commit a suicide가 아님을 유의하자. commit suicide 뒤에 전치사 by가 붙어 어떤 식으로 자살했는지 나타내주기도 한다. 그래서 The woman committed suicide by drowning.이라고 하면 "그 여자는 물에 빠져 자살했다."는 말이 된다.

> **A:** The police officer prevented a guy from committing *suicide*.
> 경찰관이 한 남자가 자살하는 것을 막았대요.
>
> **B:** Thank goodness for that!
> 천만다행이군요!

3. We're fully committed *to* this project. 동

저희는 이 프로젝트에만 완전히 **전념하고 있습니다**.

어떤 일에 전적으로 전념하여 매달리고 있는 상태를 표현할 때 쓴다. be committed to는 상대방에게는 물론 자기 자신도 맡은 바 최선을 다해 정말 열심히 할 것을 엄숙히 다짐하고 있다는 뉘앙스를 갖추고 있다. 대표 예문처럼 fully(완전히, 충분히)를 commit 앞에 놓아 '전적으로', '100%로'라는 심정을 더욱 강조하기도 한다.

A: Why are you taking so long to do it?
그거 하는 데 왜 이리 오래 걸려?

B: Give me a break.
나 좀 봐주라.
How can I fully commit when I have other things to do?
다른 할 일도 있는데 어떻게 이것만 전적으로 할 수 있겠어?

A man who has committed a mistake and doesn't correct it, is committing another mistake.
– Confucius

잘못을 저지르고 고치지 않는 자는 (또 다른) 잘못을 저지르고 있는 것이니라.
– 공자

assume
[əsúːm]

동 추정하다, ~인 체하다, (책임 등을) 떠맡다

1. Don't just assume that you are right. 동
네가 옳다고 그냥 **간주하지** 마.

assume은 '추정하다', '간주하다', '가정하다'라는 뜻이다. 사람이 assume 하는 내용이 맞을 수도 있고 틀릴 수도 있으니, 대표 예문처럼 그렇게 넘겨짚지 말라는 의미로 쓰일 수 있다. 아니면 아래 대화문처럼 어떤 전제 조건을 제시하는 의미로 사용되기도 한다.

> **A:** Let's assume that he is innocent.
> 그가 결백하다고 가정해 보자.
>
> **B:** What are you trying to say?
> 너 지금 무슨 말을 하려는 거야?

2. He assumed an air of interest. 동
그는 관심 있는 **척했다**.

'~인 척하다', '가장하다'도 **assume**으로 표정과 행동 모두를 포함한다. 다만, assume은 나쁜 의도를 가지고 남을 작정하고 속이려는 게 아니라 허세나 자기 멋에 취하거나 이기적인 마음에서 비롯된 것에 더 가깝다.
참고로 대표 예문의 air는 '공기'가 아니라 그런 '분위기', '태도'라는 의미로 air of interest는 '관심 있는 분위기'가 된다. 따라서 assume an air of interest는 '관심 있는 분위기를 가진 척하다', 즉 '관심 있는 척하다'가 된다.

A: I hate it when Jenny assumes an air of superiority.
제니가 우월한 척할 때가 정말 싫어.

B: Really? I like her that way.
정말? 난 저러는 게 좋던데.

3. He will assume the role of student council president. 동

그가 학생회장의 임무를 **맡을** 것이다.

assume에는 '권력이나 책임, 임무를 맡다'의 의미도 있다. 기회가 주어졌기 때문에 기꺼이 권력을 쥐거나 임무를 맡는다는 뉘앙스이다. take 동사와 교체 사용이 가능해서 대표 예문을 He will take the role of student council president. 로 바꿔도 된다.

관련 표현을 정리해 보자면 assume the throne(왕위를 계승하다), assume office(취임하다), assume the chair(의장이 되다) 등이 있다.

Sometimes people carry to such perfection the mask they have assumed that in due course they actually become the person they seem.
— William Somerset Maugham

때때로 사람들이 자신들이 써 온 가면을 너무 완벽하게 유지하다 보면 결국 그 가면이 진짜 모습이 되어 버리기도 한다.
— 윌리엄 서머셋 모옴

against
[əgénst]

전 ~에 반대하여, ~에 기대어서, ~에 대비하여

1. I'm against your decision. 전
당신의 결정**에 반대**합니다.

against는 '~에 반대하여'라는 의미를 가진다. 그래서 be against라고 하면 '~에 반대하다'가 되어 대표 예문처럼 활용된다.

한편, against는 '맞서 싸우다'라는 의미도 있기 때문에 The swordsman is fighting against the enemy.(검객이 적과 싸우고 있다.)처럼 쓸 수도 있고, 실제 싸움이 아니라 스포츠팀끼리 경기를 할 때도 Our team will play against the rival team.(우리 팀은 라이벌 팀과 시합할 예정이다.)이라고 표현하면 된다.

2. Don't lean against the wall. 전
벽에 **기대지** 마.

문이나 벽 등에 사람이 기대거나 물건을 바짝 붙여 놓는 것도 **against**라고 한다. 그래서 against는 '~에 기대어', '~에 바짝 붙여'가 된다. 물건을 기대거나 붙여 놓을 경우는 그 물건의 모양이나 구조에 따라 against가 '세워 놓다', '기대어 놓다'라는 의미로 쓰이게 된다. Put the ladder against the fence.(사다리를 울타리에 기대어 놓아라.)처럼 말이다.

> **A:** Where should we put the desk?
> 책상을 어디에 둘까?
>
> **B:** Let's put it against that wall.
> 저쪽 벽에 기대어 놓자.

3. The couple insured their house against fire. 전

부부는 화재**에 대비해** 집에 보험을 들었다.

against는 '~을 대비하여', '~을 예방하여'라는 뜻도 된다. 이렇다 보니 against는 동사 prepare(준비하다, 대비하다)와 함께 쓰이기도 한다. 예를 들어, We have to prepare measures against various natural disasters.(우리는 각종 자연재해에 대비해 대책들을 마련해야 한다.)처럼 쓸 수 있다.

한편, This is an injection against rabies.(이것은 광견병 예방 주사이다.)에서의 against는 '예방'의 의미로 쓰였다.

> **A:** Have you insured your car against theft?
> 자동차 도난에 대비해 보험을 들었니?
>
> **B:** I don't need to. I don't have a car.
> 그럴 필요 없어. 차가 없거든.

Do not kick against the pricks.
회초리를 차지 말라. (무모하게 대들다가는 다친다.)

identify
[aidéntifai]

동 확인하다, 동일시하다, 찾다, 발견하다

1. We need to identify the body. 동
사체를 **확인해야** 합니다.

identify는 '확인하다', '식별하다'인데 사람의 신원을 확인한다는 뜻으로 쓰인다. Identify yourself!(신원을 밝혀라!)처럼 살아 있는 사람의 소속이나 정체를 알기 위해 쓰일 수도 있고, 위의 대표 예문처럼 죽은 사람의 신원을 감정을 통해 확인할 때도 쓰인다.
참고로 '부검', 또는 '검시'는 autopsy, postmortem이라고 한다.

> **A:** Did you identify the body?
> 사체의 신원을 확인했습니까?
>
> **B:** Not yet. The autopsy is postponed until tomorrow.
> 아직요. 부검이 내일로 연기되었거든요.

2. Children often identify themselves *with* superheroes. 동
아이들은 흔히 자신을 슈퍼히어로와 **동일시한다**.

자기를 다른 사람과 '동일시하다'라고 할 때도 **identify**를 쓴다. 영화를 보거나 소설을 읽을 때 그 주인공의 행동이나 결정에 공감하여 거기에 어느덧 동화되고 자신을 기꺼이 투영하는 상황이 생긴다. 이럴 때 identify를 이용해 문장을 만들 수 있는데, 이때 with를 써서 〈identify with+사람〉(~와 동일시하다)으로 표현하면 된다.

A: How was the play?
연극은 어땠니?

B: I loved it. I was able to identify with the main character.
너무 좋았어. 주인공에게 공감할 수 있었어.

3. Researchers have <u>identified</u> a link between red wine and longevity. 동

연구원들은 적포도주와 장수 사이의 관련성을 **발견했다**.

identify는 '찾다', '발견하다'도 된다. 다만, 길을 가다 물건을 발견하는 것이 아니라 대표 예문의 내용처럼 연구의 결과로 새로운 사실을 발견하는 경우에 쓴다. 과학적으로 입증되었다는 뉘앙스가 포함되어 있다. '발견하다', '찾다'의 의미를 가진 find와 discover와도 바꿔 쓸 수 있어서 대표 예문을 Researchers have found[discovered] a link between red wine and longevity.라고 해도 된다.

To love someone is to identify with them.
– Aristotle

누군가를 사랑한다는 것은 자신을 그와 동일시하는 것이다.
– 아리스토텔레스

Review Test I

※ 각 문장의 빈칸에 알맞은 단어를 단어 박스에서 골라 문장에 맞게 바꿔 쓰세요.

```
appreciate   address    through    concern    as      while    practice
though       feature    would      refer      subject          conduct    reference
available    consider   certain    present    complete         treat
determine    commit     assume     against    identify
```

01. 그녀는 지금 통화할 수 없어요.
→ She is not _____ at the moment.

02. 이건 당신이 관여할 일이 아니야.
→ This doesn't _____ you.

03. 그는 잘생긴 이목구비를 가지고 있다.
→ He has handsome _____.

04. 그것은 일반적인 관례이다.
→ It is a common _____.

05. 아담은 이브의 사랑을 얻기로 결심했다.
→ Adam is _____ to win Eve's love.

06. 경찰은 살인 사건에 대해 수사를 할 것이다.
→ The police will _____ a murder investigation.

07. 군인에게 메달이 수여되었다.

→ The soldier was _____ with a medal.

08. 당신에 대해 말하고 있는 게 아니었다.

→ I wasn't _____ to you.

09. 내가 저녁 살게.

→ I'll _____ you to dinner.

10. 그녀는 끔찍한 범죄를 저질렀다.

→ She _____ a terrible crime.

11. 내 제안에 대해 진지하게 생각해 봤니?

→ Have you _____ my offer?

12. 당신의 제안에 감사드립니다.

→ I _____ your offer.

13. 헤어드라이어 사용을 다 끝냈니?

→ Are you _____ with using the hair dryer?

14. 어느 정도는 너에게 동의한다.

→ I agree with you to a _____ extent.

15. 비록 오늘이 케이트의 생일이지만 그녀는 기쁘지가 않다.

→ _____ today is Kate's birthday, she isn't happy.

16. 그는 학생회장의 임무를 맡을 것이다.

→ He will _____ the role of student council president.

17. 주제에서 벗어나지 말아 줄래?
    → Will you stick to the _____?

18. 이 목록은 참고하기에 유용할 것이다.
    → This list will be useful for _____.

19. 존은 리타가 잠자는 동안 집 청소를 했다.
    → John cleaned the house _____ Rita slept.

20. 나 완전 바보됐어.
    → I've made a _____ fool of myself.

21. 난 차라리 집에 가는 게 좋겠어.
    → I _____ rather go home.

22. 부부는 화재에 대비해 집에 보험을 들었다.
    → The couple insured their house _____ fire.

23. 보안관이 사무실에 들어오자 전화벨이 울렸다.
    → The phone rang _____ the sheriff entered the office.

24. 아이들은 흔히 자신을 슈퍼히어로와 동일시한다.
    → Children often _____ themselves with superheroes.

25. 호칭을 어떻게 불러드리면 됩니까?
    → How may I _____ you?

Answers

01. available 02. concern 03. features 04. practice 05. determined
06. conduct 07. presented 08. referring 09. treat 10. committed
11. considered 12. appreciate 13. through 14. certain 15. Though
16. assume 17. subject 18. reference 19. while 20. complete
21. would 22. against 23. as 24. identify 25. address

※ 활용법을 모두 알고 있는 단어에 체크(V)해 보세요.

- ☐ appreciate
- ☐ address
- ☐ through
- ☐ concern
- ☐ as
- ☐ while
- ☐ practice
- ☐ though
- ☐ feature

- ☐ would
- ☐ refer
- ☐ subject
- ☐ conduct
- ☐ reference
- ☐ available
- ☐ consider
- ☐ certain
- ☐ present

- ☐ complete
- ☐ treat
- ☐ determine
- ☐ commit
- ☐ assume
- ☐ against
- ☐ identify

apply
[əpláɪ]

동 지원하다, (크림 등을) 바르다, 적용되다

1. I decided to apply *for* university. 동
나는 대학교에 **지원하기**로 했다.

apply는 '신청하다', '지원하다'이다. apply 뒤에 붙는 전치사 for는 '~에'라는 의미로 apply for는 '~에 신청하다', '~에 지원하다'라는 뜻을 나타낸다. 대학교에 지원(apply for college)할 때, 일자리에 지원(apply for a job)할 때, 여권을 신청(apply for a passport)하거나 보조금을 신청(apply for a grant)할 때 모두 apply를 쓴다.

> **A:** I applied *for* a position in an IT company.
> 나 IT 회사의 한 자리에 지원했어.
>
> **B:** I see. Which company is it?
> 그렇구나. 어느 회사인데?

2. Apply this ointment *to* the soles of your feet. 동
발바닥에 이 연고를 **바르렴**.

페인트나 크림과 같은 끈적한 액체를 바르는 것도 **apply**이다. 어디에 바른다는 의미인 to(~에)와 함께 쓰인다.
apply는 바르는 면적이 얼굴이나 몸의 일부 정도로 한정되어 있을 때 특히 어울린다. 그래서 '페인트를 칠하다'라고 할 경우에는 페인트를 칠하는 면적이 벽 전체처럼 보통은 넓기 때문에 apply paint보다는 그냥 paint를 동사로 취급해 paint

the wall(벽을 칠하다)로 쓰는 게 더 좋다. 물론, 페인트를 얼굴에 화장품 바르듯 소량만 칠할 경우에는 apply paint가 맞긴 하다.

3. The rules don't apply in this case. 동
이 경우에는 규칙들이 **적용되지** 않습니다.

apply는 '적용되다', '해당하다'도 된다. apply는 이미 정해진 규칙이나 조건과 관련하여 사용되다 보니 rule(규칙, 법률)이나 condition(조건), theory(이론)라는 단어와 함께 사용될 확률이 높다.
한편, 문장 안에서 apply와 함께 쓸 수 있는 표현으로는 대표 예문처럼 in this case(이 경우에는)나 as an exception(예외적으로) 등이 있겠다.

> **A:** What seems to be the problem, officer?
> 뭐가 문제죠, 경찰관님?
>
> **B:** You are a minor. Special conditions apply if you are a minor.
> 미성년자잖아요. 미성년자일 경우 특별 조건이 적용됩니다.

The essence of knowledge is, having it, to apply it;
not having it, to confess your ignorance.
— Confucius

지식의 본질은 무릇 알면 적용하고, 모르면 모름을 인정하는 것이니라.
— 공자

measure
[méʒə(r)]

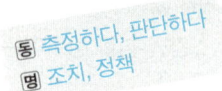

1. The tailor will measure your waist size. 동

재단사가 너의 허리둘레를 **잴** 것이다.

measure는 '측정하다', '(치수를) 재다'이다. 대표 예문을 보면 measure your waist size로 되어 있는데, 그냥 measure your waist라고만 해도 허리둘레를 재는 게 된다. 그냥 '치수를 재다'는 measure the size라고 하면 된다.
참고로 '무게를 재다'는 measure the weight, '거리를 재다'는 measure the distance, '속도를 측정하다'는 measure the speed, '각도를 재다'는 measure the angle, '고도를 측정하다'는 measure the altitude, '가슴둘레를 재다'는 measure your chest라고 하면 된다.

> **A:** Do you know how to measure the weight of a rock using water?
> 물을 이용해 돌의 무게를 재는 방법을 아니?
>
> **B:** Sure. Bring a bucket of water and I'll show you.
> 물론이지. 물을 한 양동이 가져 오면 알려줄게.

2. It is too early to measure the value of the information. 동

그 정보의 가치를 **판단하기**에는 너무 이르다.

동사 **measure**는 '판단하다', '평가하다'의 의미도 된다. 대상의 중요성이나 가치, 영향을 판단하는 것이다. judge(판단하다)와 같은 의미이지만 measure에는 마음속으로 줄자를 가지고 그 대상을 재어 보거나 저울질해 본다는 뉘앙스가 들어있다. measure는 사람을 평가하고 판단할 때도 사용하는데, 이때는 그 사람의 됨됨이를 재보는 것이다.

- A man's true character can be measured when he is drunk.
  사람의 본성은 그가 술에 취했을 때 판단할 수 있다.

3. We *took* measures to ensure safety. 명
우리는 안전을 확보하기 위해 **조치**를 했다.

measure가 명사일 때는 특정한 목적을 달성하기 위한 '조치'로, 동사 take와 함께 쓰여 take measures, 즉 '조치를 하다', '대책을 마련하다'로 활용된다. 어울리는 형용사는 necessary(필요한)와 immediate(즉각적인)이다. necessary measures(필요한 조치), immediate measures(즉각적인 조치)로 많이 쓰인다. measures가 복수형으로 쓰이는 이유는 해당 조치들이 두 개 이상은 되기 때문이다.
참고로 '안전 조치'는 safety measures, '보안 조치'는 security measures이다.

> **A:** The rival company knows about our plan.
> 라이벌 회사가 우리의 계획을 알고 있습니다.
>
> **B:** In that case, we'll have to take the necessary measures.
> 그렇다면 필요한 조치를 해야겠군요.

further
[fɜ́:rðə(r)]

부 더 멀리, 게다가
형 그 이상의

1. You have to go further down the road. 부
길 따라 **더 멀리** 내려가야 해.

부사 **further**는 '더 멀리'라는 뜻이다. 거리나 공간, 또는 시간이 저 멀리 있다고 표현하고 싶을 때 사용한다. further가 거리나 공간을 묘사할 때는 물리적인 거리나 공간을 의미하고, 시간을 나타낼 경우에는 그만큼 과거의 시간을 거슬러 올라간다는 의미이다. further의 위치는 동사 뒤이다.

> **A:** I'm trying to think when we first met. Was it three years ago?
> 우리가 언제 처음 만났는지 기억을 더듬어 보고 있어. 3년 전이었던가?
>
> **B:** No, no. Think further back.
> 아니지. 더 거슬러 올라가 봐.

2. Further, you can make a fresh start in your life. 부
게다가 당신은 인생을 새롭게 시작할 수 있다.

further는 '게다가', '더 나아가', '또'라는 의미로 주장을 펼칠 때도 쓴다. 발표할 때나 글에서 주장을 펼칠 때 방금 앞서 한 주장에 이어 추가 주장을 펼치겠다는 신호로 further를 쓸 수 있다.
이때 further는 furthermore와도 같은 표현으로 furthermore의 형태로 더 자주 사용된다.

- *Further*, it is important to remember the value of democracy.
  게다가 민주주의의 가치를 기억하는 것이 중요하다.

3. *For* further information, please email me. 형
정보가 더 필요하면, 저에게 이메일을 보내십시오.

형용사 **further**는 '그 이상의', '추가의'라는 의미로도 쓰인다. 그 대신 for가 앞에 붙어야 하는데, 이때의 for는 '~을 위해서는'이라고 이해하면 된다. 그래서 for further는 '그 이상의 ~을 위해서는'이 되고 문장 맨 앞에 위치한다. 대표 예문을 직역해 보면 "그 이상의 정보를 위해서는 저에게 이메일을 보내주십시오."가 된다.

> **A:** I want to know more about the plan.
> 그 계획에 대해 더 알고 싶어요.
>
> **B:** For further details, please contact Mr. Jarvis.
> 더 자세한 내용을 원하시면, 자비스 씨에게 연락하십시오.

remain
[riméin]

동 남다, 계속 ~이다
명 유해

1. He will remain inside the house. 동
그는 집 안에 **머물** 것이다.

동사 **remain**은 '머문다', '남는다'는 의미를 가진다. 사람이 어디로 가지 않고 같은 자리에 머무는 것 외에 사물이 없어지지 않고 계속 남아 있는 경우도 포함된다.

> A: Some stains still remain on the window pane.
> 창유리에 아직 얼룩이 남았어.
>
> B: Really? I thought I'd cleaned them off.
> 그래? 난 다 닦은 줄 알았는데.

2. Please remain seated. 동
계속 앉아 **계세요**.

remain은 '계속 ~을 하다'의 의미로도 쓰인다. 즉, 변함없이 같은 상태로 남아 있는 것이다.
참고로 remain calm은 '침착함을 유지하다', remain silent는 '계속 침묵을 지키다', remain loyal은 '충성심이 변치 않다'라는 표현이다.

> A: Try to remain calm, okay?
> 침착하게 있도록 해봐, 알았지?

B: Okay. But get help, quick!
알았어. 하지만 도움을 요청해, 빨리!

3. The remains were gathered. 명
유골은 수습되었다.

명사 **remain**은 사람의 '유골', '유해'를 의미한다. 주로 복수 형태로 쓰이는데, 그 이유는 유골이 한 개 이상의 뼈로 구성되어 있기 때문이다.
참고로 '유골을 발굴하다'는 dig up the remains이고, '화장하여 재가 된 유골'은 ashes, '유골 단지'는 urn이다.

- Their remains are kept in urns.
  그들의 유해는 유골 단지에 보관되어 있다.

One repays a teacher badly if one always remains
nothing but a pupil.
— *Friedrich Nietzsche*

언제까지나 제자로서만 머물러 있는 것은
스승에 대한 좋은 보답이 아니다.
— 프리드리히 니체

appropriate
[əpróʊpriət] [əpróʊprieɪt]

형 적합한, 적절한
동 착복하다, 횡령하다

1. You should wear something more appropriate. 형
네가 더 **적절한** 옷을 입으면 좋겠어.

형용사 **appropriate**는 '적절한', '적합한'이란 뜻으로 주어진 상황에 맞느냐 안 맞느냐를 따진다. 주로 옷이나 행동과 관련되어 있다 보니 상대방이 입은 옷차림 또는 태도를 묘사하거나 지적할 때 사용한다.
'적합한 복장'은 appropriate clothing 또는 appropriate attire라고 쓸 수 있고, '적절한 행동'은 appropriate behavior라고 표현하면 된다.

> **A:** That wasn't the appropriate way to behave.
> 그건 적절한 행동이 아니었어.
>
> **B:** Yeah, it was my mistake.
> 그러게, 내 실수였어.

2. He was arrested for appropriating company money. 동
그는 회사 돈을 **착복했기** 때문에 체포되었다.

appropriate는 동사로도 사용될 수 있는데, 공공물 또는 남의 소유물을 개인적으로 쓰거나 착복, 또는 도용하는 불법적 행위를 하는 것을 의미한다.
격식 표현으로 appropriate someone's ideas라고 하면 '남의 아이디어를 도용하다'가 되고, appropriate something from someone[something]이라고 하면 '어떤 사람[사물]으로 부터 어떤 것을 제것으로 하다'가 된다.

참고로 '횡령하다'는 embezzle이고, '횡령'은 embezzlement이다.

- She was found to have appropriated government funds.
  그녀가 정부 자금을 횡령했다는 것이 밝혀졌다.

- appropriate는 부사 형태로도 많이 활용되기 때문에 꼭 알아둘 필요가 있다. 부사는 *appropriately*가 된다. 옆의 1번 설명의 대화 예문에서 A 문장 That wasn't the appropriate way to behave.를 부사 appropriately를 사용해 바꿔보면 다음과 같이 쓸 수 있다.
  ⇨ You weren't behaving appropriately.
     너는 적절하게 행동하고 있지 않았어.

- 더 나아가 형용사 appropriate에 부정형인 in-을 앞에 넣어 *inappropriate*로 만들면 '부적절한', '부적합한'이 된다. 어느 미(美) 전임 대통령 때문에 유명해진 표현인 '부적절한 관계'는 inappropriate relationship이며, inappropriate behavior (부적절한 행동), inappropriate language(부적합한 언어)처럼 쓸 수 있다. 역시 옆 1번 설명의 대화 예문 중 A 부분을 inappropriate를 사용하여 바꿔 보면 다음과 같다.
  ⇨ That was inappropriate behavior.
     그것은 부적절한 행동이었어.

rather
[rǽðər]
차라리, 좀, 꽤, 그보다는 ~한 쪽이 낫다

1. I *would* rather go home. 부
난 **차라리** 집에 가는 게 좋겠어.

부사 **rather**는 '차라리'라는 의미로 상대방이 한 말에 대해 반대로 하고자 할 때 쓴다. rather는 조동사 would와 함께 쓰여 '앞으로 그렇게 했으면 좋겠다'는 희망을 나타내준다.

한편, 간단한 답변으로 많이 쓰이는 표현인 I'd rather not.은 상대방이 제안한 내용에 대해 공손하고 부드럽게 거절할 때 사용하기 유용하다. 직역하면 "(방금 당신이 제안한 것에 대해) 차라리 그러지 않았으면 해요."가 되고, "그러지 않았으면 해요.", 즉 "곤란해요."로 통한다.

> **A:** How about one more drink?
> 한 잔 더 어때?
>
> **B:** I'd rather not. I have to wake up early tomorrow.
> 곤란해. 내일 일찍 일어나야 하거든.

2. I'm rather surprised. 부
나는 **다소** 놀랐어.

rather는 접하게 된 소식에 대해 놀람, 실망, 비판의 감정을 표현하기 위해 쓴다. 대표 예문에서 보듯이 rather는 표면적으로는 '약간', '다소'라는 의미로 쓰이지만 실은 '꽤' 놀랐다는 뉘앙스가 들어 있다. 그러니 이렇게 말하는 화자나 이 표현을 듣는 상대방도 rather를 '꽤'로 알아듣게 된다.

다만, very(매우) 대신 이 단어를 쓰는 이유는 화자가 나름대로 그 소식에 대해 차분함을 유지하고 있으며, 그 소식 자체도 예상하지 못해 의외라는 의미를 주고 싶기 때문이다.

3. I will quit rather *than* work under him. 부
그 사람 밑에서 일**하느니** 그만두겠어.

rather는 둘을 비교해주는 than과 함께 짝을 이뤄 rather than으로 쓰여 '어느 쪽인가 하면', '그보다는 ~쪽이 낫다'라는 표현이 된다. 둘을 비교해줘야 해서 rather than을 가운데 두고 A와 B가 나와야 한다.
대표 예문에서는 A가 quit(회사를 그만두는 것), B가 work under him(그 사람 밑에서 일하는 것)이 되고, 한글로 해석할 때는 순서를 B → A로 하면 된다.
한편, rather는 옆의 1번 설명에서 다룬 '차라리'라는 뜻도 내포하고 있기 때문에 rather than 안에는 '둘을 비교했을 때 차라리 ~'라는 뉘앙스가 들어 있다.

> **A:** I have a terrible stomachache, doctor.
> 복통이 심하네요, 선생님.
> What's wrong with me?
> 제게 무슨 문제가 있는 걸까요?
>
> **B:** Hmm… Your problem is psychological rather than physical.
> 음…… 당신의 문제는 육체적이기보다는 심리적인 것입니다.

since
[sɪns]

1. I've been waiting for you <u>since</u> one o'clock. 전
너를 1시**부터** 기다리고 있었어.

전치사 **since**는 '~부터'를 의미하는데 since 뒤엔 언제부터인지에 대한 정보가 뒤따라야 한다. 그래서 since one o'clock(1시부터), since yesterday (어제부터), since Tuesday(화요일부터), since last year(작년부터), since we broke up(우리가 헤어진 후부터) 등이 나오게 마련이다.
참고로 가게 간판에 Since 1998이라고 쓰여 있으면 개업을 1998년에 했다는 의미이다.

> **A:** How long have you been waiting for me?
> 날 얼마나 기다리고 있었니?
>
> **B:** Since two o'clock.
> 2시**부터**.

2. I can't pay you <u>since</u> I have no money. 접
나는 돈이 없기 **때문에** 당신에게 돈을 줄 수가 없다.

접속사 **since**는 because와 똑같이 이유를 대는 역할을 하여 '~ 때문에', '왜냐면'이 된다. 대표 예문을 직역하면 "나는 당신에게 돈을 지불할 수가 없다, 왜냐면 나는 돈이 없기 때문이다."이다.
한편, 대표 예문의 패턴인 〈첫 번째 절＋since＋두 번째 절〉은 〈Since＋두 번째 절, 첫 번째 절〉로 위치를 바꿔 Since I have no money, I can't pay you.로 표현

하는 게 가능하다. 둘의 의미는 같은데 다만 두 번째 절이 앞으로 이동하면서 그 내용이 강조되는 효과가 있다.

> **A:** Since I'm very hungry, I'm going to eat two hamburgers.
> 배가 너무 고프니까 햄버거를 두 개 먹을 거야.
>
> **B:** Me too.
> 나도.

3. Since you are here early, why don't we go for a walk? 접
네가 일찍 **온 김에** 우리 산책하러 가는 건 어때?

접속사이지만 **since**가 여기서는 '~한 김에'라는 의미를 나타낸다. 즉, 이때의 since는 옆의 2번 설명과 문법적으로나 문장 구조적으로나 같은 유형이지만, 문맥적으로 어떤 의미를 띄는지에 따라 '~ 때문에'보다는 '~한 김에'로 해석하는 게 자연스럽다.

Since we cannot get what we like, let us like what we can get.
우리가 좋아하는 것을 가질 수는 없으니, 우리가 가질 수 있는 것을 좋아하자.

rise
[raɪz]

1. He rose from his seat. 동
그는 자리에서 **일어났다**.

동사 **rise**는 '일어나다'라는 뜻을 가지고 있다. 사람이 누워 있거나, 앉아 있거나, 무릎을 꿇고 있다가 일어나는 행동을 지칭한다.
다만, 잠을 잔 후 기상하는 경우에는 rise보다는 wake up이 더 어울리고 자주 쓴다. 그러니 "그녀는 잠에서 깨어났다."는 She rose from her sleep.보다는 She woke up from her sleep.을 추천한다.

2. Smoke is rising from the mountain top. 동
산꼭대기에서 연기가 피어**오르고** 있다.

동사 **rise**는 또 '오르다', '올라가다'라는 뜻도 있다. 사람이나 사물이 높은 위치나 수준 등으로 오르는 것인데, 사물인 경우에는 대표 예문처럼 연기가 피어오르는 것이 되겠고, 사람일 경우에는 The man rose to power.처럼 "그 남자는 권력을 얻었어."가 된다.
참고로 "불길이 잦아들었다."는 The flames died down.으로 쓰고, "왕은 퇴위당했다."는 The king was dethroned.가 되겠다.

- King Blackhead rose to power in 1785.
  블랙헤드 왕은 1785년에 권좌에 **올랐다**.
- The legend has it that blue smoke rose from the sea that day.
  전설에 의하면 그날 푸른 연기가 바다에서부터 피어올랐다고 한다.

3. The rise *in* living expenses is stiff. 명

생활비의 **상승**이 가파르다.

rise가 명사일 때는 '증가', '상승'을 의미하는데, 수량이나 수준이 오른다는 것이다. 명사이다 보니 명사와 친한 전치사 in이 주로 함께 사용되어 the rise in ~의 형태로 쓰인다.

한편, rise of도 있는데 of 뒤에는 무엇인가 '부상'한다는 내용이 나오게 된다. 예를 들어, 영화 *Rise of the Planet of the Apes*는 〈혹성탈출: 진화의 시작〉이라는 이름으로 우리나라에 개봉되었지만 내용은 유인원이 세력을 키워 인간과 맞먹게 '부상'한다는 것이다.

A: The rise *in* smartphone usage in Korea is unprecedented.
한국에서의 스마트폰 사용 증가는 전대미문이야.

B: I know. It's unbelievable.
그러게. 믿기 힘들 정도야.

Kites rise highest against the wind — not with it.
- Sir Winston Churchill

연은 바람과 함께가 아니라 바람을 거스를 때 가장 높이 **난다**.
- 윈스턴 처칠 경

take
[teɪk]

동 가지고 가다, 데리고 가다
명 (영화 한 장면) 테이크, 수익, 수입

1. Take my umbrella with you. 동
내 우산을 **가져가라**.

동사 **take**는 어디 갈 때 물건을 가지고 간다는 뜻이다. '들고 가다', '지니고 있다'의 개념이다.
한편, 같은 맥락으로 사람을 어디로 데려갈 때도 take를 쓴다. 그래서 My uncle took me to the baseball stadium.이라고 하면 "삼촌이 나를 야구장에 데려가 주셨어."가 된다.

> A: Oh, no. It's starting to rain and I don't have an umbrella.
> 이런. 비가 내리기 시작하는데 우산이 없네.
>
> B: Take mine. I don't need it.
> 내 것을 **가져가**. 난 필요 없어.

2. It took ten takes to film the kissing scene. 명
그 키스 장면을 촬영하기까지 10번의 **테이크**가 걸렸다.

take가 명사로 쓰이면 영화에서 카메라를 중단시키지 않고 장면을 한 번에 찍는 것을 의미한다. NG가 나거나 감독이 마음에 안 들면 될 때까지 같은 take가 반복되는 것이다.
한편, 같은 맥락으로 녹음실에서 음악을 녹음할 때도 take 1, take 2, take 3라고 한다.

- The actors got the scene right in just one take.
  배우들은 단 한 번의 테이크만에 그 장면을 끝냈다.
- Let's go with take 4, okay?
  4번째 테이크를 쓰자고, 알았지?

3. What's my take? 명
내 **몫**은 뭐지?

명사 **take**는 '수익', '수입'을 의미하기도 한다. 더 정확히 말하자면 특정 기간 돈벌이 활동을 통해 수익이 발생하면 그 돈을 나눠서 개개인이 '가져가는 몫'이다. 규모가 큰 사업체보다는 파트너 몇 명으로 구성된 소규모 조직에 어울리는 비격식 표현이다.

> **A:** We made a lot of money this month!
> 우리 이번 달에 수입이 좋아!
>
> **B:** So what's my take?
> 그래서 내 **몫**은 얼만데?

4. 동사 take의 다양한 쓰임

동사 **take**는 워낙 다양한 형태의 숙어 표현으로 활용되기 때문에 따로 정리해 본다. 예문을 통해 의미를 통째로 받아들이면 이해하기 편하다.

- Take my hand. 내 손을 잡아요.
- Please take a seat. 자리에 앉으세요.

- I took a sip of your drink. 너의 음료수를 한 모금 마셨어.
- Take care, see you next time! 잘 지내, 다음에 보자!
- This road takes you to the village. 이 길을 따라가면 마을이 나옵니다.
- I'll take these two. 이거 두 개 주세요. ('구매한다'는 의미)
- I can't take it anymore! 더 이상 견딜 수 없어!
- The infantry has taken heavy casualties.
  보병대에 많은 사상자가 발생했다.
- It's going to take a long time for the wound to heal.
  그 상처가 나으려면 오랜 시간이 걸릴 거야.
- It takes courage to quit your job. 직장을 그만두기 위해서는 용기가 필요하다.
- He didn't take my advice. 그는 내 조언을 받아들이지 않았어.
- Sally takes pride in her vegetable garden.
  샐리는 자신의 채소밭에 자부심을 가지고 있다.
- South Korea took five gold medals in archery.
  한국은 양궁에서 다섯 개의 금메달을 땄다.
- John took the blame. 존이 (그 잘못에 대한) 책임을 졌다.
- Who's going to take the responsibility? 누가 그 책임을 질 거야?
- The doctor will not take anymore patients today.
  그 의사는 오늘 환자를 더 이상 받지 않을 것이다.
- Will you take the call for me? 나 대신 전화 좀 받아 줄래?
- Don't take it the wrong way. 오해하지 마라.
- How did he take it? 그가 그걸 어떻게 받아들였니?
- Take Andy, for example. 앤디를 예로 들어볼게.
- Let's take one thing at a time. 한 번에 한 가지씩 다뤄나가자.
- Point taken. 옳소.
  I take your point. 너의 말이 옳다.
- Do you take me for a fool? 나를 바보로 보는 거야?
  What do you take me for? 나를 뭘로 아는 거야?
- You take it easy, okay? 무리하지 마, 알았지? (쉬엄쉬엄 해, 알았지?)
- Hey, take it easy! 야, 진정 좀 해!
- I think we took a wrong turn. 우리가 방향을 잘못 잡은 것 같아.

- She took the train to Chicago. 그녀는 시카고행 기차를 탔다.
- I'm only taking three courses this semester.
  나 이번 학기엔 3과목밖에 안 들어.
- He has to take sleeping pills every night.
  그는 매일 밤 수면제를 복용해야 한다.
- I take milk tea every afternoon. 나는 매일 오후 밀크티를 마셔.
- Take this down; it's important. 이거 중요하니 받아 적어라.
- I'm going to take your measurements. 당신의 치수를 재겠습니다.

He who would leap high must take a long run.

높이 뛰려면 멀리 달려야 한다.

experience
[ɪkspíriəns]

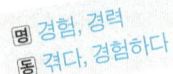

1. It was a wonderful experience. 명
아주 멋진 **경험**이었어.

개인이 여행이나 봉사 활동 등 구체적으로 '경험한 일'을 **experience**라고 한다. experience는 반드시 wonderful(신나는)하거나 worthwhile(보람있는)할 필요는 없다. terrible(끔찍한)하고 strange(이상한)한 경험도 포함된다. 참고로 experience는 셀 수 없는 명사이기 때문에 아무리 경험이 많아도 뒤에 -s가 붙지 않는다.

> **A:** I had a strange experience.
> 이상한 경험을 했어.
> A dog came up to me and asked for directions.
> 개가 나에게 다가오더니만 길을 묻더라고.
> **B:** You sure it wasn't a silly dream?
> 개꿈 아니었던 거 확실해?

2. I have *a lot of* teaching experience. 명
저는 가르쳐 본 **경험**이 많습니다.

오랜 시간에 거쳐 얻은 '경험'도 **experience**이다. 그만큼 지식, 기술, 능력이 숙련되어 있다는 뉘앙스이다. experience 앞에 양이나 기간을 나타내는 표현을 덧붙여 어느 정도 경험이 있는지를 알려주는 게 자연스럽다. 대표 예문의 경우에는 a lot of(많은)가 이런 역할을 하고 있다.

- I have *some* acting experience.
  나는 연기 경험이 좀 있습니다.
- I have *no* experience in sky diving.
  나는 스카이다이빙 경험이 전혀 없습니다.

3. Andrew is experiencing depression. 동
앤드루는 우울증을 **겪고 있다**.

동사 **experience**는 '경험하다', '체험하다', '일을 겪다'로 사용되는데 대표 예문의 경우와 같이 사람이 감정을 겪을 때는 '느끼다'로 해석하면 된다. 그래서 experience pain은 '고통을 느끼다', experience happiness는 '행복을 느끼다'가 된다.

한편, 감정이 아닌 어떤 상황을 겪는 경우도 있는데 바로 아래 대화문이 그런 경우이다.

> **A:** What's the matter? Why has the screen gone black?
> 무슨 일이야? 왜 화면이 깜깜해졌지?
>
> **B:** We are experiencing technical difficulties at the moment.
> 현재 기술적 어려움을 겪고 있어서 그렇습니다.

Experience is the father of wisdom, and memory the mother.
경험은 지혜의 아버지요, 기억은 그 어머니이다.

involve
[ɪnvá:lv]

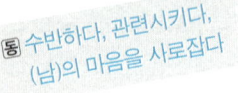
동 수반하다, 관련시키다, (남)의 마음을 사로잡다

1. **Will the work involve night duty?** 동
그 일은 야간 근무를 **수반하나요**?

무엇을 하는 데 뭔가가 필연적으로 같이 따라 온다, 즉 '수반된다'는 뜻이 **involve**이다. 결국 '포함한다'는 개념이고, 당사자의 입장에서는 그 포함되는 요소가 야간 근무나 잦은 해외 출장처럼 선뜻 하기가 꺼려지는 종류의 일이 될 수도 있다.

> **A:** Will my job also involve overseas business trips?
> 제가 할 업무에 해외 출장도 포함되나요?
>
> **B:** Yes, from time to time.
> 네, 가끔요.

2. **He is involved in a serious crime.** 동
그는 심각한 범죄에 **연루되어 있다**.

사람이 어떤 사건이나 상황, 활동에 안 좋게 연관되었을 때도 **involve**를 쓴다.
한편, involve가 '연루되다', '연관되다' 외에 '참여하다'의 의미로도 쓰일 수 있다. You're not involved in this.라고 하면 "네가 관여할 일이 아니야."로 해석된다. 결국 "너는 이 일에 포함되어 있지 않으니 상관하지 말라."는 경고라고 보면 된다.

- They wanted to involve Alex in a crime.
  그들은 알렉스를 범죄에 연루시키고 싶어 했다.

3. I'm involved with someone. 동
나 누구랑 **사귀고 있어**.

involve는 솔로가 아니라 지금 임자가 있어 '연애 중'이라고 말할 때도 쓴다. involve가 '포함하다', '참여하다'의 개념이기 때문에 대표 예문을 "내가 지금 어떤 이와의 연애 생활에 포함되어 있다.", "어떤 이와 연애 활동에 참여하고 있다."로 이해하면 되겠다.

> **A:** Would you like to go out with me?
> 저랑 사귈래요?
>
> **B:** Sorry. I'm involved with someone.
> 죄송해요. 누구랑 사귀고 있거든요.

compromise
[káːmprəmaɪz]

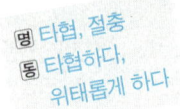

1. The two sides finally *made a* compromise. 명
양측은 드디어 **타협**에 이르렀다.

명사 **compromise**는 '타협', '절충'이란 뜻이다. 동사처럼 활용하기 위해 동사 make와 짝을 이뤄 make a compromise(타협에 이르다)로 자주 쓴다. make 외에 reach(이루다)라는 동사를 사용해 reach a compromise라고 해도 되는데, 이것은 공식적인 상황에서 사용하는 더 격식이 느껴지는 표현이다.
참고로 reach an agreement는 '합의에 도달하다'이니 함께 챙겨두면 유용할 것이다.

2. Are you ready to compromise *with* us? 동
저희와 **타협할** 준비가 되셨나요?

동사 **compromise**는 위의 1번 설명과 같은 맥락으로 '타협하다'라는 뜻으로 쓰인다. 타협하려면 협상을 펼칠 상대방이 있기 마련이라 '누구와'를 나타내주는 전치사 with가 뒤에 붙는 게 자연스럽다.
한편, 참고로 알아둘 만한 관련 표현에는 "양측은 교착 상태에 있습니다.(The two sides are deadlocked. / The two sides are at a stalemate.)"와 "우리에게 대안이 있나?(Do we have an alternative?)" 등이 있겠다.

> **A:** I'm not going to compromise *with* them.
> 나는 저들과 타협하지 않을 거야.
>
> **B:** Then what other options do we have?
> 그럼 우리에게 다른 선택이 뭐가 있는데?

3. You have **compromised** the situation! 동
네가 상황을 **위태롭게 만들었잖아**!

compromise는 '~을 위태롭게 하다'라는 뜻도 된다. 일을 이렇게 만든 이가 무분별한 행동으로 본인은 물론이고 함께 있는 동료나 조직까지 난감하게, 곤란하게, 위태롭게 만든 것이다. 더 분별있게 행동했으면 이런 일은 없었을 거라는 뉘앙스가 들어 있다.

한편, Oh, no, our plan has been compromised!(이럴 수가, 우리 계획이 발각되었어!)처럼 누구의 잘못도 아닌데 상대방이 스스로 알아낸 경우도 있으니 문맥적으로 구분하도록 하자.

> **A:** Ronald has **compromised** both himself and the team by taking bribes.
> 로널드는 뇌물을 받음으로써 본인과 팀 전체를 궁지에 몰아넣었다네.
>
> **B:** I strongly insist we kick him off of the team.
> 그를 팀에서 쫓아낼 것을 강력히 주장합니다.

If you limit your choices only to what seems possible or reasonable,
you disconnect yourself from what you truly want,
and all that is left is a **compromise**.
– Robert Fritz

가능해 보이는 것 혹은 타당해 보이는 것만 선택한다면 스스로가 진정 원하는
것에서부터 분리되고, 타협만이 남게 된다.
– 로버트 프리츠

leave
[liːv]

동 떠나다, 두고 오다, 남아 있다

1. **He left in a hurry.** 동
그는 서둘러 **떠났다**.

leave는 '떠나다', '출발하다'의 뜻으로 쓰인다. 대표 예문의 경우에는 이미 떠난 상황에서 하는 말이기 때문에 leave의 과거형인 left를 사용했다. "우리 10분 뒤에 출발한다!"라고 말하고 싶을 때는 We leave in ten minutes!라고 하면 된다. 이때의 전치사 in은 '~ 후에'를 의미한다.

> **A:** When did Emily leave your house?
> 에밀리가 언제 너의 집을 떠난 거야?
>
> **B:** She left two days ago.
> 이틀 전에 떠났어.

2. **I left my phone in the classroom.** 동
나 전화기를 강의실에 **두고 왔어**.

leave에는 '~을 두고 오다[가다]'라는 뜻도 있다. 상황에 따라 물건을 실수로 깜빡하고 두고 왔을 수도 있고, 아니면 일부러 두고 왔을 수도 있다. 실수인 경우는 대표 예문이 되겠고, 일부러 두고 왔을 때는 Hey, John. I left a bowl of fried rice on the table for you.(어이, 존. 너를 위해 볶음밥 한 접시를 식탁 위에 놓고 갔어.)라고 쓸 수도 있다.

A: You left your wallet in my car.
  너 지갑을 내 차에 두고 내렸더라.

B: Oh! I thought I lost it. Thank you.
  아! 잃어버린 줄 알았는데. 고마워.

3. How many do we have left? 동
몇 개 **남았니**?

leave는 물건의 수량이 '남아 있다'는 뜻으로도 쓰인다. 예를 들면 물건이 남아 있어야지만 이를 사용하거나 판매할 수 있는 상황에서 쓸 수 있다.
참고로 There's no more left.라고 하면 "더는 남은 게 없어."이고, We have plenty left.라고 하면 "아직 충분히 남아 있어."가 된다.

- Is there any soup left?
  남은 수프가 있나요?
- There aren't any books left. They are sold out.
  남은 책이 없습니다. 모두 팔렸어요.

A man may know the world without leaving his own home.
사람은 집을 떠나지 않고도 세상을 알 수 있다.

recognize
[rékəgnaɪz]

동 알아보다, 인식[인정]하다, 공인[인정]하다

1. I couldn't recognize him because it was dark. 동
어두웠기 때문에 나는 그를 **알아볼** 수 없었다.

recognize는 '알아보다', '인지하다'이다. 사람이나 사물이 누구인지, 무엇인지 인지하는 것인데 눈으로, 귀로, 코로 알아보는 경우 모두가 포함된다. 대표 예문이 바로 눈으로 알아본 경우이다.

- I recognized his voice at once.
  나는 그의 목소리를 단번에 알아챘다. (귀로 알아본 경우)
- The dog was able to recognize its master from his scent.
  개는 냄새로 자기 주인을 알아차릴 수 있었다. (코로 알아본 경우)

2. Cigarettes need to be recognized as drugs. 동
담배는 마약으로 **인식될** 필요가 있다.

recognize는 '인정하다', '인식하다'도 된다. 어떤 현상이나 사건이 주는 영향력의 존재 또는 진실성을 인정하는 것인데, 공식적으로 인정받다 보니 아무래도 법원이나 법률과 연관된 문장에서 자주 활용된다.
참고로 court ruling은 '법원의 판결'이고, overrule a decision은 '결정[판결]을 기각하다'라는 표현이다.

> **A:** Taiwan is the first country in Asia to recognize same-sex marriage.
> 대만은 아시아 최초로 동성결혼을 인정하는 국가야.

B: Wow, really? I didn't know that.
와, 정말? 그런 줄 몰랐네.

3. This movie *is* recognized as a classic in the sci-fi genre. 동
이 영화는 SF 장르에서 고전으로 **인정받고 있다**.

recognize가 be recognized (as)의 형태로 쓰이면 '(~으로) 인정받다', '공인 받다'이다. 옆의 2번 설명처럼 법적 효력이 있거나 공식적인 인정은 아니지만, 널리 보편적으로 사람들에 의해 인정을 받기 때문에 그만큼 나름대로 가치가 있을 때 사용한다.

A: How do you feel right now?
지금 기분이 어떠십니까?

B: It's great to *be* recognized by my fans once again.
제 팬들로부터 다시 한번 인정받아 기분이 좋습니다.

Experience is that marvelous thing that enables you to recognize a mistake when you make it again.
– Franklin P. Jones

경험은 같은 실수를 되풀이할 때 그것을 알아채게 해주는 놀라운 것이다.
– 프랭클린 P. 존스

secure
[səkjúr]

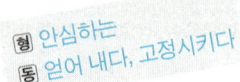
형 안심하는
동 얻어 내다, 고정시키다

1. She *feels* secure about her future. 형
그녀는 자신의 미래에 대해 **안심하고** 있다.

'안심하는'이란 뜻의 형용사 **secure**는 동사 feel(느끼다)과 함께 쓰여 '안심하다(feel secure)'로 활용되곤 한다. 비슷한 형용사인 safe(안전한)가 목숨이나 신체적인 위험으로부터의 안전이나 안심을 나타낸다면, secure는 경제적인 부분에 대한 안심이라서 미래의 삶이 안전하게 보장된다는 뉘앙스이다. 그래서 secure job은 '탄탄한 일자리', secure income은 '꾸준히 들어오는 수입'을 의미한다. 한편, secure가 사람이 아니라 물건에 쓰이면 safe와 마찬가지로 '안전한'이란 뜻이고 아래의 대화문처럼 활용된다.

> **A:** Is this phone secure?
> 이 전화는 안전합니까?
>
> **B:** Don't worry. It's safe from wiretapping.
> 걱정하지 마세요. 도청 방지가 되어 있습니다.

2. I was finally able to secure the copyright. 동
나는 드디어 저작권을 **확보할** 수 있었다.

동사 **secure**는 '얻어 내다', '획득하다'라는 뜻인데, 정성과 노력을 기울여 힘들게 얻어냈다는 뉘앙스가 들어있다. 그래서 대표 예문의 상황을 가정해 보면 영화 제작자인 '나'는 유명한 소설가의 책을 영화로 만들고자 노력한 끝에 드디어 소설가의 허락을 얻어 저작권을 획득했다는 내용이라고 생각할 수 있다.

A: Our team secured the championship with the win.
우리 팀이 승리해서 선수권을 **확보했어요**!

B: That's great! I'm so proud of you.
그거 잘됐구나! 네가 너무 자랑스럽다.

3. Secure this rope to that tree. 동
이 밧줄을 저 나무에 단단히 **잡아매라**.

동사 **secure**에는 '단단히 고정하다'라는 의미도 있다. 대표 예문처럼 secure는 주로 밧줄을 어딘가에 꽉 잡아매는 용도로 쓰인다. 이렇다 보니 secure에는 tie(묶는다)의 의미가 포함되어 있으며, 그냥 대충 느슨히 매는 게 아니라 풀릴 걱정 없이 안심할 수 있을 정도로 단단히 묶는다는 뉘앙스가 있다.

It is always the secure who are humble.
겸손한 사람들은 늘 **안정적**이다.

associate
[əsóuʃieɪt]

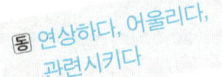

1. I always associate doves *with* peace. 동

나는 항상 비둘기를 평화와 **연결 짓는다**.

associate는 '연상하다', '상기시키다', '연결 지어 생각하다'라는 의미로서 머릿속으로 두 가지를 떠올려 연관 지어 생각하는 행위이다. associate는 무엇과 무엇을 함께 연결하는 것이므로 자연스럽게 전치사 with(~와 함께)와 세트로 쓰여 〈associate A with B〉가 된다.
참고로 호박 하면 핼러윈, 돋보기 하면 탐정, 군고구마 하면 겨울이 생각나듯이 주어진 단어를 보고 연상되는 단어를 말하는 심리 검사를 word-association test (단어 연상 검사)라고 한다.

2. I don't like you associating with that guy. 동

난 네가 저 녀석과 **어울리는** 게 싫어.

좋지 않은 사람 또는 무리와 어울린다고 할 때도 **associate**이다. 대표 예문의 화자는 안 좋은 영향을 받을까 봐 어울리는 것을 반대하는 입장이다. associate는 상대방이 지금 누군가와 어울리는 것을 찬성, 또는 반대한다는 식으로 활용되다 보니 대표 예문에서 보듯이 진행형(-ing)으로 많이 쓰인다.

> **A:** I don't want you associating with those boys.
> 네가 그 소년들과 어울리지 않았으면 한단다.
>
> **B:** They are not as bad as you think, Mom.
> 엄마가 생각하는 만큼 나쁜 애들이 아니에요.

3. **Depression *is* associated *with* chronic fatigue.** 동

우울증은 만성 피로와 **연관되어 있습니다**.

associate는 〈A is associated with B〉의 형태로도 쓰여 'A는 B와 관련되어 있다'가 된다. A와 B는 대표 예문에서 보듯이 서로 떼려야 뗄 수 없는 연관성이 있다는 뉘앙스를 포함하고 있다.

한편, 주어를 사람으로 정해서 I don't want to be associated with your problem.이라고 쓸 수 있는데, 이 뜻은 "나는 너의 문제와 연관되는 게 싫어.", 즉 "나는 너의 문제와 얽히는 것을 원치 않아."이다.

A: Would you introduce that woman to me?
  저 여성을 제게 소개해 주실래요?

B: Sorry, I'm not associated with her.
  죄송해요, 저 여성분과는 모르는 사이에요.

Be honorable yourself if you wish to associate with honorable people.

명예로운 이들과 어울리고 싶다면 스스로 명예로워져라.

direct
[dɪrékt; daɪrékt]

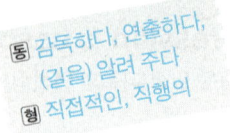

1. **Steven Spielberg will direct a new sci-fi movie.** 동
스티븐 스필버그가 새로운 SF영화를 **감독할** 것이다.

영화를 감독하거나 연극을 연출하는 행위를 **direct**라고 한다. 그래서 영화나 연극의 '감독'을 director라고 한다.
참고로 오케스트라나 악단을 지휘하는 것은 conduct이다. 그래서 He is ready to conduct the orchestra.라는 문장은 "그는 오케스트라를 지휘할 준비가 되었어요."라는 뜻이다.

> **A:** I would love to direct a play someday.
> 언젠가 연극을 연출할 날이 오면 정말 좋겠어.
>
> **B:** I hope your dream comes true.
> 네 꿈이 이뤄지길 바랄게.

2. **Could you direct me to the exit?** 동
출구로 가는 길을 **알려** 주시겠습니까?

동사 **direct**는 '길을 대다', '가리키다'의 의미로도 쓰인다. 여행 가서 길을 물어봐야 할 때 사용하기 좋은 표현이다.
direct와 일맥상통하는 표현으로는 show me the way(내게 길을 알려 달라)가 있는데, 이 표현을 사용해 대표 예문을 재구성해 보면 Could you show me the way to the exit?가 된다.
참고로 '입구'는 entrance이다.

A: Excuse me. Coud you direct me to the exit?
실례합니다. 출구로 가는 길을 알려 주시겠습니까?

B: Sure. Just follow this hallway and it will be the second door on the left.
물론이죠. 이 복도를 쭉 따라가다가 보면 왼쪽에 두 번째 문입니다.

3. I want a direct answer from you. 형
단도직입적인 대답을 해줘.

direct가 형용사일 때는 '직접적인'이란 의미이다. 대표 예문에서는 direct가 문맥상 '단도직입적인'으로 쓰였다.
한편, 형용사 direct는 '직행의'란 뜻도 있어서 This is the direct route.(이게 직행으로 가는 길이야.)처럼 활용된다.

- The tank took a direct hit.
  그 탱크는 직격타를 맞았다.

We learn by example and by direct experience because there are real limits to the adequacy of verbal instruction.
– Malcolm Gladwell

우리는 실례와 직접 경험을 통해 배운다. 말로 하는 교육의 타당성에는 한계가 있기 때문이다.
– 말콤 글래드웰

find
[faɪnd]

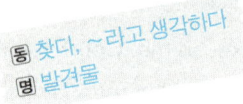

동 찾다, ~라고 생각하다
명 발견물

1. I found it! 동
찾았다!

동사 **find**는 '찾다'의 의미로 쓰인다. 뭔가를 잃어버려서 그것을 여기저기 찾으러 다닌 것과 그냥 길을 가다 우연히 발견한 것 모두가 포함된다.
대표 예문 I found it!은 느낌표를 활용하여 잃어버린 물건을 드디어 찾은 순간 느낀 기쁨과 안도감을 감탄문처럼 표현한 것이다.

> **A:** What's that you're holding?
> 들고 있는 게 뭐야?
>
> **B:** It's a baby skunk. I found it among the bushes.
> 새끼 스컹크야. 덤불 속에서 발견했지 뭐야.

2. I find it hard to believe. 동
나로서는 믿기 어려운데.

동사 **find**는 '~라고 여기다', '~라고 생각하다'라는 의미로도 쓰인다. 대표 예문의 경우를 보면 나에게 들려온 그 무엇(it), 즉 그 특정한 소식이나 정보가 믿기 어렵다(hard to believe)는 뜻이다. hard는 '어려운'이라는 뜻의 형용사인데, difficult로도 교체 사용 가능하여 I find it difficult to believe.라고 바꿔도 된다.

A: Did you hear about Kristin?
크리스틴에 관한 소식 들었니?

B: Yeah… I find it shocking.
응…… 충격이야.

3. This ancient crown is an important archaeological find. 명

이 고대 왕관은 고고학적으로 중요한 **발견물**이다.

명사 **find**는 '발견물'이라는 뜻이 된다. 발견물은 대표 예문처럼 주로 흥미롭거나 가치 있는 물건이 되겠다.
참고로 일반 물건을 잃어버렸을 때 찾아가는 '분실물 센터'를 Lost and Found 또는 lost-and-found center라고 부른다.

- Click here to view a photo of the find.
  발견물의 사진을 보려면 여기를 클릭하세요.

You may find the worst enemy or best friend in yourself.
최악의 적도, 최고의 친구도 너 자신에게서 찾을 수 있다.

initiative
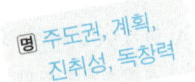

[ɪníʃətɪv]

1. We have to *take the* initiative when there's a chance. 명

우리는 기회가 있을 때 **주도권**을 잡아야 한다.

initiative는 '주도권', '주도'를 뜻한다. 동사 take와 함께 쓰여 동사처럼 활용되는 경우가 많고, take the initiative(주도권을 쥐다)에는 남보다 앞서 나가고 상대방을 기선제압한다는 의도가 들어 있다. take 외에 seize(잡다)를 사용해 seize the initiative(주도권을 잡다)라고 해도 되고, 반대로 '주도권을 잃다'는 lose the initiative가 된다.

> A: Why are you following their orders?
> 왜 저들이 하라는 대로 하는 거지?
>
> B: I have no choice. It's them who now have taken the initiative.
> 선택의 여지가 없어. 지금 **주도권**을 쥔 쪽은 저들이야.

2. Have you heard about the Avengers Initiative? 명

어벤저스 **계획**이라고 들어 봤니?

initiative에는 '계획'이라는 의미도 있다. plan이 그냥 일반적이고 개인적인 계획이라면, initiative는 특정한 문제를 해결하거나 목적을 달성하기 위해 조직적인 차원에서 만들어진 규모가 큰 참신한 계획을 뜻한다.

대표 예문에서 언급된 '어벤저스 계획(Avengers Initiative)'은 마블 코믹스 영화에 등장하는 비밀 프로젝트를 뜻하는데, 지구의 평화를 위협하는 우주 악당들과 맞서 싸우기 위해 〈아이언맨〉의 토니 스타크를 필두로 하여 결성된 슈퍼히어로 드림팀이 되겠다.

A: Have you heard about the Green Earth Initiative?
푸른 지구 계획이라고 들어 봤니?

B: I've never heard of it.
금시초문인데.

3. Steve Jobs was a man of immense initiative. 명
스티브 잡스는 엄청나게 **진취**적인 사람이었다.

initiative는 '창의', '진취적인 마음', '독창력'도 된다. 이렇게 진취적인 마음을 가지고 독창적인 결과를 내다 보니 자연스럽게 남들과의 경쟁에서 주도권을 쥐게 되는 것이다.
한편, '독창력이 있다'는 have initiative이고, '독창력이 부족하다'는 lack initiative 라고 하면 된다.

arrange
[əréɪndʒ]

동 (일을) 주선하다, 정리[배열]하다, 편곡하다

1. I'll arrange a meeting as soon as possible. 동
회의를 최대한 빨리 **주선하겠습니다**.

arrange는 '마련하다', '일을 처리하다', '주선하다'이다. 어떤 일이나 행사를 계획하여 무난히 잘 흘러가도록 준비한다는 의미가 들어 있다. 전치사 with를 써서 '~와'라는 정보를 추가하기도 하는데, 대표 예문에 대상자를 넣어 고쳐보면 다음과 같다. I'll arrange a meeting with Mr. Tanaka as soon as possible.(다나카 씨와 최대한 빨리 회의를 주선하겠습니다.)
참고로 arranged marriage는 '중매결혼'이다.

- Tom is arranging a fishing trip.
  톰은 낚시 여행을 주선하고 있다.
- Kate has arranged a surprise party.
  케이트는 깜짝 파티를 마련했다.
- I have arranged a car to pick you up.
  너를 데리러 올 차를 준비해 놨어.

2. I enjoy arranging flowers from time to time. 동
나는 가끔 꽃**꽂이**하는 것을 즐긴다.

arrange는 '정리하다', '배열하다'도 된다. 깔끔하고 보기 좋게 정리하거나 배치한다는 의미이다. 꽃을 정리하거나(arrange flowers), 책을 정돈하거나(arrange books), 좌석을 배열하는(arrange seats) 경우를 모두 포함한다.
참고로 자리를 정렬할 때 쓰는 표현인 '열(가로줄)'은 row이고, '행(세로줄)'은 column이다.

A: I'll arrange your books for you.
내가 네 책을 정돈해 줄게.

B: Could you arrange them in alphabetical order?
알파벳 순으로 정리해 줄래?

3. The composer has finished arranging the music. 동
그 작곡가는 음악 **편곡** 작업을 끝냈다.

arrange는 '편곡하다'도 된다. 음악 작품을 특정 악기나 음색, 연주에 맞게끔 새로 바꾸거나 맞추는 작업이다.
참고로 '각색하다'는 dramatize 또는 adapt여서 '소설을 각색하다'는 dramatize a novel이 되고, "그 영화가 뮤지컬로 각색되었다."는 The movie was adapted into a musical.이 된다.
한편, 곡이나 논문 등을 '표절하다'는 plagiarize이다.

- The song was arranged in a jazz style.
  그 노래는 재즈풍으로 편곡되었다.

109

regard
[rɪgάːrd]

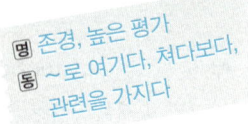

1. My students *have a high* regard *for* me as their teacher. 명

내 학생들은 그들의 교사로 나를 대단히 **존경**하고 있다.

명사 regard는 '존경', '높은 평가'라는 의미를 나타낸다. 따라서 '~을 아주 존경하다'는 have a high regard for로 나타낸다. 대표 예문을 직역하면 "내가 가르치는 학생들은 자기들의 선생님으로서의 나에 대해 대단한 존경을 가지고 있다."가 된다. 결국, regard는 respect(존경)와 같은 뜻이다. regard에는 이미 '높은'이라는 뜻이 들어 있지만 high를 앞에 놓아 '대단한', '아주 많은' 존경이라는 것을 더욱 강조한다.

참고로 best regards라는 표현이 있는데, 이때는 '최고의 존경'이 아니라 편지의 끝부분이나 다른 사람에게 안부를 전할 때 하는 안부의 말이 된다. 그래서 Give my best regards to your parents.라고 하면 "너의 부모님께 안부 좀 전해 줘."가 되고, With my best regards나 Best regards라고 하면 편지를 끝낼 때 이름을 적기 바로 전에 하는 "안부를 전하며 이만 줄입니다."라는 뜻이다.

- She held him in high regard.
  그녀는 그를 아주 높게 평가했다.

2. *Star Wars* is regarded as the most successful movie franchise in film history. 동

〈스타워즈〉는 영화 역사상 가장 성공적인 영화 시리즈로 **여겨지고 있다**.

동사 regard는 '~으로 여기다'가 된다. 수동을 나타내는 상황이다 보니 대표 예문처럼 수동태로 사용되는 경우가 많다. 또, 재귀대명사 -self와 함께 활용될 수도 있다. 그래서 I regard myself as a genius.라고 하면 "나는 나를 천재라고 여긴다."가 된다.

한편, regard에는 '쳐다보다'라는 뜻도 있는데 이것은 아무런 의도 없이 그냥 보는 것이 아니라 어떤 감정이나 태도를 갖고 누구를 쳐다보는 것을 나타낸다. 따라서 regard 뒤에는 어떤 식으로 쳐다보는지에 대한 정보가 뒤따르기 마련이다. He regarded her disgustedly.는 "그는 그녀를 역겹다는 듯이 쳐다보았어."라는 뜻이다.

3. **This doesn't regard you.** 동

이것은 너와는 **상관**없는 일이야.

동사 **regard**는 '관련하다', '관련이 있다'도 된다. 어떤 일이나 사건이 누구와 연관 있다는 뜻이다. 이럴 경우 그 일이 그만큼 그 사람에게 중요하거나 미래의 향방에 크게 영향을 미칠 수 있다는 뉘앙스가 들어 있는 것이다. 대표 예문을 보면 관련된 일을 의미하는 matter가 생략되었는데, 넣어 보면 This matter doesn't regard you.가 된다.

참고로 동사 regard는 옆의 1번 해설처럼 '높게 평가하다', '존경하다'의 의미로도 쓸 수 있기 때문에 부사 highly(높게)와 함께 사용되기도 한다. I regard my mentors highly.(나의 멘토들을 대단히 존경한다.)처럼 말이다.

A youth is to be  with respect. How do you know that his future will not be equal to our present?
— Confucius

(젊은) 후학을 존중하라. 그의 미래가 우리의 현재와 동등하지 않을지 어찌 아는가?
— 공자

executive
[ɪɡzékjətɪv]

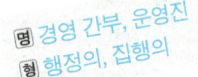

1. My mother is an <u>executive</u> in a cosmetics company. 명

나의 어머니는 화장품 회사의 **중역**이시다.

명사 executive는 기업이나 조직의 '경영 간부'를 뜻한다. 즉, 회사의 임원, 이사, 중역을 의미한다. CEO의 'E'가 바로 executive의 'E'이다. CEO를 풀어쓰면 Chief Executive Officer(최고 경영자, 대표 이사)가 된다.
참고로 '홍보 이사'는 advertising executive이다.

> **A:** Paul's dad is a senior executive of a famous car company.
> 폴의 아버지는 유명 자동차 회사의 고위 임원이야.
>
> **B:** Wow. I wonder what kind of car he drives.
> 우와. 그분이 어떤 차를 모는지 궁금하네.

2. *The* executives of the student council finished voting. 명

학생 위원회의 **운영진**은 투표를 마쳤다.

executive는 '경영진', '운영진'도 된다. 위의 1번 설명에서 executive가 한 명의 고위 경영자를 지칭했다면 여기서는 한 그룹을 뜻한다. 대표 예문처럼 학생회나 정부 산하 위원회와 같은 조직 내에서의 the executive는 '운영진'이 되고, 회사의 경우에는 '경영진'이 되겠다. 이 경우 단수형과 복수형(the executives) 모두 혼용해서 쓸 수 있다. executive 앞에 정관사 the가 항상 붙는 이유는 지칭하는 대상이 확실하기 때문이다.

> **A:** *The* union's executives will reach a decision soon.
> 노조의 운영진이 곧 결정을 내릴 거래.
>
> **B:** I hope they agree to the proposal.
> 이번엔 합의에 도달했으면 좋겠네.

3. Jack is a member of an executive committee. 형
잭은 **집행** 위원회의 일원이다.

executive가 형용사일 때는 '집행력이 있는', '행정적인'이란 뜻이다.
executive committee(집행 위원회, 실행 위원회)라는 표현으로 자주 등장하는데, 조직에서 결정을 내리고 그 결정을 집행하는 역할을 맡은 집단을 말한다. 정부의 경우 헌법기관의 '행정부'를 the executive branch라고 쓴다.
참고로 '입법부'는 the legislative branch 또는 the legislature이고, '사법부'는 the judicial branch 또는 the judicature라고 한다.

An executive is a person who always decides;
sometimes he decides correctly, but he always decides.
— John H. Patterson

경영자는 언제나 결정을 내리는 사람이다. 옳은 결정을 내리는 것은
가끔이지만 언제나 그가 결정을 내린다.
— 존 H. 패터슨

charge
[tʃɑːrdʒ]

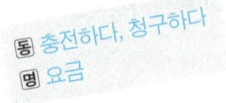

1. I need to charge my smartphone. 동
난 스마트폰을 **충전해야** 해.

동사 **charge**는 '(건전지 등을) 충전하다'라는 뜻으로 쓰인다. 참고로 '재충전하다'는 recharge인데 일부러 '재(re-)' 부분을 강조하는 게 아니라면 charge로만 표현해도 충분히 통한다.

한편, 사람도 재충전이 필요할 때가 있는데 이때는 recharge라고 해야지 charge라고 하면 매우 어색하다.

> **A:** Why did you come back so soon?
> 왜 이렇게 빨리 돌아온 거야?
> You said you needed to recharge yourself with fresh air.
> 신선한 공기를 재충전해야겠다고 했잖아.
>
> **B:** I forgot to charge my cell phone.
> 핸드폰 **충전하는** 걸 깜빡했지 뭐야.

2. How much did the store charge you? 동
가게에서 얼마 **달라고** 하던가요?

돈을 얼마만큼 지불하라고 청구할 때도 **charge**를 쓴다. 요구하는 쪽에서 제품이나 서비스를 제공했기 때문에 당당히 돈을 달라고 하는 것이다. 그래서 charge에는 '당당히'라는 뉘앙스가 들어 있다.

참고로 overcharge는 '과잉 청구하다', '바가지를 씌우다'이다.

A: The price you charge is too high.
청구하신 가격이 너무 비싸군요.

B: Oh, in that case, I'll give you a discount.
아, 그러시다면 할인해 드리겠습니다.

3. It's free of charge. 명
무료입니다.

charge가 명사로 쓰이면 '요금'이 된다. 대표 예문의 경우에는 '공짜'를 뜻하는 free of가 함께 쓰여 요금이 '무료'라는 의미가 완성된 것이다.
참고로 How much is the delivery charge?는 "배달비는 얼마입니까?"라는 표현이다.

A: How much is the charge per night?
1박 하는 데 요금이 얼마죠?

B: Don't be surprised. It's free of charge.
놀라지 마세요. 공짜입니다.

prompt
[prɑːmpt]

동 (결정을 내리게) 하다, 유도하다
형 즉각적인

1. Korea's recession has prompted consumers to cut back on spending. 동

한국의 경기 침체는 소비자들이 소비를 줄이게 **하였다**.

동사 prompt는 사람이 '어떤 결정을 내리도록 하다'이다. 어떤 자극을 받고 깜짝 놀라서 신속한 반응을 보인 경우를 나타낸다. 이 자극이 없었더라면 이런 행동을 일부러 취하지는 않았을 것이라는 뉘앙스가 들어 있는 것이다.

한편, prompt는 사람이 주체가 아니어도 사용할 수 있는데 이때는 '어떤 일이 일어나도록 하다'라는 의미가 된다. 아래의 예문처럼 쓸 수 있다.

- The need for social networking has prompted the explosive growth of Facebook.
  사회적 네트워킹에 대한 수요로 인해 페이스북의 폭발적 성장이 **일어났다**.

2. Don't forget to prompt him for answers. 동

그에게 답변을 **유도하는** 것을 잊지 마.

동사 prompt는 '유도하다'라는 의미로도 쓰인다. 긴장하거나 생각이 안 나서 말을 잘 못할 때 말을 막힘 없이 매끄럽게 이어가라고 격려하고 도와준다는 취지의 유도이다. 질문이나 힌트 등을 주는 방법이 포함되겠고, 인터뷰나 대담처럼 공식적인 자리에서 사회자가 하는 역할이 바로 이것이 되겠다. 물론 공식적인 자리가 아닌 일반 대화를 나누는 상황에서도 prompt는 이뤄진다.

참고로 TV 뉴스 앵커가 소식을 전할 때 앞에 두고 읽는 대본이 적힌 화면 장치는 teleprompter(텔레프롬프터)라고 한다.

A: I'm so nervous. What if I forget my lines?
너무 긴장돼. 대사를 까먹으면 어쩌지?

B: Don't worry. I'll prompt you. Put in this earbud.
걱정하지 마. 내가 이끌어 줄게. 이 이어폰을 끼렴.

3. This wound needs prompt treatment. 형
이 상처는 **즉각적인** 치료가 필요합니다.

형용사 **prompt**는 '즉각적인', '지체 없는'이란 의미로 쓰인다. 명사 앞에 놓여 그 명사가 바로 처리되어야 한다고 말해주는 역할을 한다.

- Prompt action was taken to put out the fire.
  불을 끄기 위해 즉각적인 조치가 이뤄졌다.
- I want a prompt answer from you.
  네가 바로 대답해주길 바란다.

A preoccupation with the future not only prevents us from seeing the present as it is but often  us to rearrange the past.
– Eric Hoffer

미래에 사로잡혀 있으면 현재를 있는 그대로 볼 수 없을 뿐 아니라 종종 과거까지 재구성하게 유도한다.
– 에릭 호퍼

encourage
[ɪnkɜ́ːrɪdʒ]

동 격려하다, 권장하다, 부추기다

1. **Praise encourages kids to try harder.** 동
칭찬은 아이들이 더욱 노력하게끔 **용기를 북돋아 준다**.

encourage는 '격려하다', '용기를 북돋아 준다'를 의미한다. encourage는 '용기'라는 뜻을 가진 명사 courage에서 왔고, 참고로 courage는 have courage (용기를 갖다), show courage(용기를 보이다)로 활용된다.

> **A:** I was encouraged by your success.
> 너의 성공이 격려가 되었어.
>
> **B:** I'm glad to hear that. I hope you succeed too.
> 그랬다니 다행이다. 너도 성공하길 바라.

2. **We encourage you to buy our newest smartphone, the Milkyway 20.** 동
우리 회사의 최신 스마트폰인 〈밀키웨이 20〉을 사실 것을 **권장합니다**.

동사 **encourage**는 무엇을 하도록 하게끔 '권장하다'라는 의미로도 쓰인다. 제품 광고나 전단에 어울리는 표현 문구이다. 회사의 입장에서는 어떻게 해서든 고객을 설득하여(persuade) 자사 제품을 사게끔 하는 유도책이지만 기분 나쁜 뉘앙스는 아니고 그만큼 자신이 있다는 것이다.

- No one wants to encourage smoking.
  흡연을 권장하는 것을 원하는 사람은 없다.

3. Don't encourage him! 동
걔를 **부추기지** 마!

encourage에는 시각적인 자극제나 말을 통해 사람의 마음을 흔드는 행위를 하다, 즉 '부추기다', '조장하다'라는 의미가 있다. 부추김을 당하면 결과가 좋을 리 없기 때문에 encourage가 이런 의미로 문장에서 활용될 때에는 말려야 한다는, 해서는 안 좋을 거라는 취지를 나타낸다.

> **A:** I showed Tim my comic book collection.
> 팀에게 내가 소장 중인 만화책들을 보여줬어.
>
> **B:** He needs to study harder. So don't encourage him.
> 걘 공부를 더 열심히 해야 해. 그러니 부추기지 좀 말아줘.

I know of no more encouraging fact than the unquestioned
ability of a man to elevate his life by conscious endeavor.
— Henry David Thoreau

내가 알기로, 의식적인 노력으로 자신의 삶을 높일 명백한 능력이 있다는 것보다
더 용기를 주는 사실은 없다.
— 헨리 데이비드 소로

Review Test II

※ 각 문장의 빈칸에 알맞은 단어를 단어 박스에서 골라 문장에 맞게 바꿔 쓰세요.

apply	measure	further	remain	appropriate	rather	since
rise	take	experience	involve	compromise	leave	
recognize	secure	associate	direct	find	initiative	arrange
regard	executive	charge	prompt	encourage		

01. 그 일은 야간 근무를 수반하나요?
→ Will the work _____ night duty?

02. 우울증은 만성 피로와 연관되어 있습니다.
→ Depression is _____ with chronic fatigue.

03. 이것은 너와는 상관없는 일이야.
→ This doesn't _____ you.

04. 내 몫은 뭐지?
→ What's my _____ ?

05. 나의 어머니는 화장품 회사의 중역이시다.
→ My mother is an _____ in a cosmetics company.

06. 길 따라 더 멀리 내려가야 해.
→ You have to go _____ down the road.

07. 우리 회사의 최신 스마트폰인 〈밀키웨이 20〉을 사실 것을 권장합니다.

→ We _____ you to buy our newest smartphone, *the Milkyway 20*.

08. 나로서는 믿기 어려운데.

→ I _____ it hard to believe.

09. 앤드루는 우울증을 겪고 있다.

→ Andrew is _____ depression.

10. 계속 앉아 계세요.

→ Please _____ seated.

11. 난 차라리 집에 가는 게 좋겠어.

→ I would _____ go home.

12. 그녀는 자신의 미래에 대해 안심하고 있다.

→ She feels _____ about her future.

13. 우리는 기회가 있을 때 주도권을 잡아야 한다.

→ We have to take the _____ when there's a chance.

14. 가게에서 얼마 달라고 하던가요?

→ How much did the store _____ you?

15. 회의를 최대한 빨리 주선하겠습니다.

→ I'll _____ a meeting as soon as possible.

16. 양측은 드디어 타협에 이르렀다.
   → The two sides finally made a _____.

17. 이 영화는 SF 장르에서 고전으로 인정받고 있다.
   → This movie is _____ as a classic in the sci-fi genre.

18. 네가 더 적절한 옷을 입으면 좋겠어.
   → You should wear something more _____.

19. 우리는 안전을 확보하기 위해 조치를 했다.
   → We took _____ to ensure safety.

20. 발바닥에 이 연고를 바르렴.
   → _____ this ointment to the soles of your feet.

21. 이 상처는 즉각적인 치료가 필요합니다.
   → This wound needs _____ treatment.

22. 네가 단도직입적으로 대답해 줬으면 해.
   → I want a _____ answer from you.

23. 전화기를 강의실에 두고 왔어.
   → I _____ my phone in the classroom.

24. 생활비의 상승이 가파르다.
   → The _____ in living expenses is stiff.

25. 네가 일찍 온 김에 우리 산책하러 가는 건 어때?
   → _____ you are here early, why don't we go for a walk?

Answers

01. involve 02. associated 03. regard 04. take 05. executive
06. further 07. encourage 08. find 09. experiencing 10. remain
11. rather 12. secure 13. initiative 14. charge 15. arrange
16. compromise 17. recognized 18. appropriate 19. measures 20. Apply
21. prompt 22. direct 23. left 24. rise 25. Since

※ 활용법을 모두 알고 있는 단어에 체크(V)해 보세요.

- □ apply
- □ measure
- □ further
- □ remain
- □ appropriate
- □ rather
- □ since
- □ rise
- □ take

- □ experience
- □ involve
- □ compromise
- □ leave
- □ recognize
- □ secure
- □ associate
- □ direct
- □ find

- □ initiative
- □ arrange
- □ regard
- □ executive
- □ charge
- □ prompt
- □ encourage

123

discipline
[dísəplɪn]

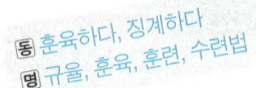

1. Students are being disciplined for misbehaving. 동
학생들은 버릇없이 굴었기 때문에 **훈육을 받고 있다**.

discipline은 '훈육하다'라는 뜻이다. 엄격하고 딱 부러지는 말을 통해 상대방을 정신차리게 하는 게 목적이고, punish(벌주다)의 한 종류이다.
한편, 육체적으로 고통을 가하는 '체벌하다'는 단어가 따로 없고 punish physically로 표현할 수 있다.
참고로 '체벌'은 physical punishment 또는 corporal punishment이다.

> **A:** I find it difficult to discipline my children.
> 아이들을 훈육시키기가 너무 어렵네요.
>
> **B:** I hear you. I don't want to hurt their feelings.
> 동감이에요. 아이들의 마음을 다치게 하고 싶지 않거든요.

2. Strict discipline is needed during class. 명
수업 중에는 엄격한 **규율**이 필요하다.

명사 **discipline**은 '규율', '훈육', '군기'이다. 학교라는 환경 이외에도 military discipline 하면 '군기', moral discipline 하면 '도덕적 규율'이 된다.
한편, discipline은 self-discipline(자기 훈련, 자기 수양, 절제력, 자제력)이라는 표현으로 많이 사용된다. 그래서 It takes a lot of self-discipline to wake up at 4:30 in the morning every day.는 "매일 새벽 4시 30분에 일어나려면 많은 자기 훈련이 필요하다."가 된다. 비슷한 표현으로 self-control 또는 self-restraint가 있는데 '자제력'이 되겠다. I lost my self-control.은 "나는 자제력을 잃었어."가 된다.

- I maintain a high level of discipline in my classroom.

  나는 내 교실에서 높은 훈육 수준을 유지한다.

3. The discipline of studying art can help children to cultivate their minds. 명

미술 공부로 **훈련**을 하면 아이들의 정신 함양에 도움이 될 수 있다.

discipline이 '훈련', '단련', '수양', '수련'도 의미한다. '훈련'이라고도 해석되지만 과격한 육체적 운동으로 이해하지 말고 차분히 집중해서 하는 정신과 육체의 단련, 함양의 의미로 받아들이자.

참고로 mental discipline 하면 '두뇌(지능) 훈련', inner discipline 하면 '내적 수양'이 된다.

- Reading poetry is a good discipline for one's memory.

  시를 읽는 것은 기억력에 좋은 수련법이다.

Respect your efforts, respect yourself. Self-respect leads to self-discipline. When you have both firmly under your belt, that's real power.

— Clint Eastwood

당신의 노력을 존중하고 당신 자신을 존중하라. 자존감은 자기 훈련을 낳는다.
이 둘을 모두 확실히 겸비하면, 진정한 힘을 갖게 된다.
— 클린트 이스트우드

offer
[ɔ́:fə(r)]

 제안, 제의
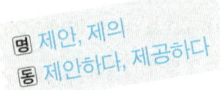 제안하다, 제공하다

1. **Thank you for your offer.** 명
당신의 **제안**에 감사드립니다.

offer는 '제안', '제의'의 의미를 가진다. offer는 〈형용사+명사〉 형태로 자주 활용되는데, 예를 들어 보면 attractive offer(매력적인 제안), final offer(최종 제안)가 있겠다. This is my final offer.라고 하면 "이것이 제가 드리는 최종 제안입니다."가 된다.

> **A:** So, have you thought about it?
> 그래, 생각해 봤나요?
>
> **B:** Yes. I thank you for your offer, but I decline.
> 네. 제안에 감사드립니다만, 사양하겠습니다.

2. **Mr. Chen offered me a job.** 동
첸 씨는 내게 일자리를 **제안했다**.

offer는 동사로도 쓰이는데 '제의하다', '제안하다', '권하다'의 의미가 된다. 마지못해서가 아니라 기꺼이 해주겠다는 뉘앙스가 들어 있다.
한편, accept the offer는 '제안을 승낙하다', refuse the job offer는 '일자리 제안을 거절하다'가 된다.

> **A:** Irene offered to help me.
> 아이린이 내게 도움을 주겠다고 했어.

B: That's great! This means you can finish the project early.
거 잘됐다! 그럼 프로젝트를 빨리 끝낼 수 있다는 거네.

3. Our resort offers various outdoor activity programs.
[동]

저희 리조트는 다양한 실외활동 프로그램을 **제공하고 있습니다**.

시설이나 서비스를 이용할 수 있도록 제공하는 행위도 **offer**이다. 주로 호텔이나 리조트와 같은 대형 숙박시설에서 흔히 사용하는 표현이다. 자신있게 내놓는다는 뉘앙스가 들어 있다.

참고로 complimentary drink라고 하면 호텔 같은 곳에서 투숙객에게 '무료로 제공하는 음료'가 되겠다.

It is better to  no excuse than a bad one.
- George Washington

형편없는 변명보다는 변명을 하지 않는 편이 더 낫다.
- 조지 워싱턴

account
[əkáunt]

명 계좌, 단골, 고객, (있었던 일에 대한) 설명

1. I'd like to open up an <u>account</u>. 명
통장을 개설하고 싶습니다.

account는 은행과 같은 금융 기관의 '계좌'라는 뜻이다. '계좌를 개설하다', '통장을 만들다'라고 하고 싶으면 open up an account라고 하면 된다. open up 대신 open a bank account처럼 그냥 open만을 사용해도 무방한데, 다만 open up이 그냥 open에 비해 더 활짝 연다는 느낌을 준다. 반대로 '계좌를 해지하다', '신용거래를 끊을 것이다'라고 할 때는 I'm going to close my account.라고 하면 된다. 한편, Close up an account.는 매우 어색하니 쓰지 말자.

A: I'd like to open an account with your bank.
이 은행에서 계좌를 열고 싶습니다.

B: Would you please fill out this form?
이 서식을 작성해 주시겠습니까?

2. The accounting firm has secured two more accounts. 명
그 회계 법인은 **거래처**를 두 군데 더 확보했다.

'거래처'도 **account**이다. 회사가 다른 회사를 거래처로 가지고 있는 경우이다. 회사와 개인 간의 '고객'은 주로 customer라고 하지만 특히 회사와 회사 간일 때 고객이 되는 '거래처'는 account라고 한다. 여기서의 account는 '단골', '장기 고객'의 의미를 가지고 있다.

한편, 우리나라 말에도 '계약을 따내다'라는 표현이 있듯이 대표 예문의 secure(확보하다)를 win(이기다, 따내다)으로 대체해서 The accounting firm has won two more accounts.로 바꿔 써도 된다.
참고로 만약 계약을 맺은 고객 회사가 Lion Toys라면 호칭을 Lion Toys account 라고 한다.

3. I gave a detailed account on what happened that evening. 몡

나는 그날 저녁에 일어난 일에 대해 자세히 **설명**했다.

일어난 일에 대해 글 또는 말로 하는 '설명'이나 '이야기'도 **account**라고 한다. 구체적이고 상세한 설명이고, 공식적이고 중요한 일에 쓰이는 내용이다 보니 기록에 남기고 누구에게 보고할 때 사용하는 용도이다. 경찰이 수사를 통해 기록한 내용을 보고하는 경우도 좋은 예가 되겠다.

> **A:** According to police accounts, the suspect was seen on a train to Busan.
> 경찰 수사 기록에 의하면 용의자가 부산행 열차에서 목격됐습니다.
>
> **B:** Hmm… And before that, the suspect opened up a bank account in Seoul?
> 흠…… 그리고 그 전엔 용의자가 서울에 있는 한 은행에서 계좌를 개설했단 말이지?

material
[mətírəl]

명 (물건의) 재료, (책 등의) 소재, 천
형 물질적인

1. **The price of raw materials has skyrocketed.** 명
원**자재** 값이 천정부지로 치솟았다.

material은 물건의 '재료', '자재'이다. fireproof material을 '내화 재료'라고 하고, building material을 '건축 자재'라고 한다. This material is fireproof.(이 재료는 불에 타지 않는다.)처럼 활용된다. husband material이라는 재미있는 표현도 있는데 '남편 재료'가 아니라 '남편감'이라는 뜻이다. 좋은 남편이 될 만한 자질이 있는 결혼 안 한 성인 남자를 뜻한다.

한편, material은 '물질', '소재'도 의미해서 Metal is a conductive material.은 "금속은 도체이다."가 되어 금속이 열이나 전기를 전달하는 물질이라는 뜻이다. 그리고 I have plenty of material for my next novel.이라고 하면 "나는 차기 소설에 사용할 풍부한 소재를 갖고 있어."가 된다. 이때의 material은 셀 수 없는 명사라서 -s가 붙지 않는다.

2. **What kind of material is this tie made of?** 명
이 넥타이는 무슨 **천**으로 만들어졌나요?

material은 '직물', '천'을 뜻한다. '직물 한 조각'은 a piece of material이라고 한다. '직물', '천'을 뜻하는 다른 단어로 fabric이 있는데, fabric은 이 뜻밖에 없는 반면 material은 문맥 속에서 의미를 파악하지 않으면 위의 1번 설명의 뜻과 혼동될 수 있기 때문에 유의해야 한다.

> **A:** Wow. The material of this curtain is very unique.
> 우와. 이 커튼의 천은 매우 독특하네.

B: It's made of rayon.
  레이온으로 만들어졌어.

3. We live in a material world. 형
우리는 **물질적인** 세상에서 살고 있다.

형용사 **material**은 '물질적인', '물리적인', '세속적인'이라는 뜻으로 쓰인다. 다소 부정적인 뉘앙스가 들어있다.
참고로 greed는 '탐욕'이고, pretentious는 '허세 부리는'이 되겠다.

- She only seeks after material comfort.
  그녀는 물질적인 위안만을 추구한다.
- He is pleased with his material success.
  그는 자신의 세속적인 성공에 기뻐하고 있다.

whether
[wéðə(r)]

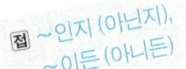
접 ~인지 (아닌지), ~이든 (아듣)

1. I'm curious whether he is coming. 접
나는 그가 오**는지** 궁금하다.

whether는 '~**인지 아닌지**'이다. whether or not으로 쓰이기도 하여 대표 예문을 I'm curious whether or not he is coming. 또는 I'm curious whether he is coming or not.으로 바꿔 쓸 수 있다. 다만, whether or not의 or not(~ 아닌지) 부분은 사실상 없어도 되기 때문에 생략해서 써도 무방하다. 이는 마치 우리나라 말에서 "그가 범인인지 아닌지 모르겠다."를 "그가 범인인지 모르겠다."로 줄여서 말해도 의미가 전달되는 것과 같다.

한편, whether는 if와 기능이 같아서 교체 사용해도 된다. 그래서 He asked me whether I had a headache.(그는 내가 두통이 있는지 물어봤다.)를 He asked me if I had a headache.로 해도 된다. 다만, 문어체에 어울리고 대화에 사용하더라도 무게감을 느끼게 해주는 쪽은 whether가 되겠다.

그리고 whether나 if는 의문문이 아니더라도 '그렇다', '아니다'라는 대답을 유도하는 간접화법이어서 He asked me whether[if] I had a headache. I told him I did.(그는 내가 두통이 있는지 물어봤다. 나는 그렇다고 대답했다.)처럼 활용된다.

- I'll see whether he's at home.
  그가 집에 있**는지** 내가 알아볼게.

2. You are coming with me whether you like it or not. 접

네가 좋든 싫든 나와 함께 가야 한다.

whether는 '~이든 아니든'도 된다. 이때는 관용적으로 or not을 함께 사용하는 게 의미가 확실해지고 문장의 완성도가 느껴지는 효과가 있다. 또한, 이때는 whether or not 부분을 맨 앞으로 빼서 사용하는 경우가 있고 실제로 많이들 이렇게 한다. 순서를 바꿔도 한글 해석이나 어순은 동일해서 대표 예문도 Whether you like it or not, you are coming with me.로 바꿔 써도 된다. 앞의 1번의 경우는 이렇게 쓰면 어감이 어색해져서 사용하지 않는 것과는 대조적이다.

- He has to attend whether he wants to or not.
  그가 원하든 원치 않든 그는 참석해야 해.
- Whether I want to or not, I have to clean the house.
  원하든 원치 않든 내가 집 청소를 해야 해.

Grammar Point

1번 설명에서 〈whether (or not) A〉 패턴을 배웠다. 이때는 다루는 내용이 'A' 하나만 있는 경우여서 'A인지 A가 아닌지'가 되었다. 하지만 문장의 내용이 'A인지 아니면 B인지'도 될 수 있기 때문에 〈whether A or B〉라는 패턴도 함께 알아 두어야겠다. 이 패턴에서는 not이 낄 틈이 없고, 아래의 예문처럼 활용된다.

⇨ Perri is unsure whether to drink the blue milk (A) or throw it away (B).
  페리는 푸른색 우유를 마실지 아니면 버릴지를 확신하지 못하고 있다.

suggest
[səgdʒést]

동 제안하다, 추천하다, 암시하다

1. I **suggest** we try the other restaurant. 동
다른 식당에 **가보자**.

suggest는 아이디어나 계획을 넌지시, 부드럽게 상대방에게 '제안하다'라는 의미이다. 그래서 같은 의미인 How about ~?을 사용해 How about we try the other restaurant?(다른 식당으로 가보는 게 어떻겠니?)로 바꿔 써도 된다. 한편, I suggest와 we try the other restaurant는 둘 다 주어와 동사를 갖춘 절이기 때문에 절1과 절2 사이를 매끄럽게 연결해 주는 접속사 that이 들어와 쓰일 수도 있다. 여기서는 편의상 that이 생략되었으나 I suggest that we try the other restaurant.라고 해도 된다.

2. The boss is **suggesting** Mr. Bond for the job. 동
사장님은 그 자리에 본드 씨를 **추천하고** 있다.

suggest는 사람이나 물건, 방법 등을 '추천하다'라는 의미로도 쓰인다. 따라서 여기서 suggest는 recommend(추천하다)와 같은 뜻이기 때문에 The boss is recommending Mr. Bond for the job.으로 표현해도 된다.

> **A:** Who do you suggest?
> 누구를 **추천합니까**?
>
> **B:** I recommend Agatha Christie.
> 아가사 크리스티를 추천합니다.
> She is the best female crime novelist in the world.
> 그녀는 세계 최고의 여성 추리 소설가이니까요.

3. The evidence suggests that he is the murderer. 동

그 증거는 그가 살인자임을 **암시하고 있다**.

suggest는 '시사하다', '암시하다'라는 의미도 가지고 있다. 확실하지는 않지만 물질 또는 정황 증거에 의해 그럴 가능성이 높을 때 사용한다.

> **A:** I wasn't in the victim's house that night.
> 저는 그날 밤 피해자의 집에 있지 않았다니까요.
>
> **B:** Hmm… The evidence suggests otherwise.
> 흠…… 증거는 달리 말해주고 있습니다.

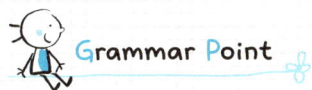

Grammar Point

suggest(제안하다)가 주절에 나오면 그 목적어로 쓰이는 that절에 〈should+동사원형〉이나 should가 생략된 동사원형을 쓴다.

⇨ I suggest that Tom *(should) study* hard for his midterm.
　나는 톰이 그의 중간고사를 위해 열심히 공부해야 한다고 제안한다.

once
[wʌns]

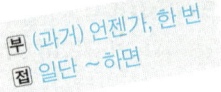

1. I <u>once</u> saw an alien. 부
나는 외계인을 본 적이 있다.

once는 '언젠가', '예전에'라는 과거를 뜻하는 부사이다. 대표 예문을 "나는 예전에 외계인을 본 적이 있다."라고 해석해도 된다. once는 부사이다 보니 대표 예문처럼 위치가 동사 앞에 올 수도 있지만 I saw an alien once.처럼 동사 뒤에 올 수도 있다. 목적어가 수반된 동사일 경우에는 부사가 동사 바로 뒤가 아니라 목적어의 뒤에 온다는 점을 기억하자.

참고로 He was famous once.에서 once는 '한 때'라는 뜻으로, "그는 한 때 유명했다."가 된다.

> **A:** I swallowed a fly once.
> 난 파리를 삼킨 적이 있어.
>
> **B:** By accident or on purpose?
> 실수로 아니면 일부러?

2. I've only been to a baseball stadium <u>once</u>. 부
난 야구장에는 **한 번**밖에 안 가 봤다.

once는 '한 번', '한 차례'란 의미도 되어 횟수를 나타내준다. 문장 안에서 사용된 once의 의미가 위의 1번 설명에서처럼 '언젠가'인지 아니면 '한 번'인지는 맥락을 따라 자연스럽게 파악하면 된다.

한편, Drink this once a day.라고 하면 "이걸 매일 한 차례씩 마셔요."가 된다. 참고로 twice는 '두 번', '두 차례'이고, three times는 '세 번', '세 차례'이다. 세 번 이상부터는 〈숫자+times〉로 표현할 수 있다.

3. Let's go in <u>once</u> the dog goes to sleep. 접
일단 개가 잠들**면** 안으로 들어가자.

once는 접속사로도 사용되는데 '일단 ~하면'이란 뜻이다. 접속사이다 보니 대표 예문의 once the dog goes to sleep 부분이 통째로 앞으로 이동할 수 있다. 그래서 Once the dog goes to sleep, let's go in.이 된다. 한글 뜻은 동일하고 영어에서는 단지 두 절(let's go in과 the dog goes to sleep) 중 앞에 놓인 절이 내용적으로 강조될 뿐이다.

> **A:** Once I catch Jake, I will make him pay back my money.
> 일단 제이크를 잡기만 하면 내 돈을 갚게 만들 꺼야.
>
> **B:** Should I tell you where he is hiding?
> 걔가 어디 숨어 있는지 알려 줄까?

A word once out flies everywhere.
한 번 나간 말은 사방으로 날아다닌다.

otherwise
[ʌðərwaɪz]

부 (만약) 그렇지 않으면, 그 외에는, 달리, (~와는) 다르게

1. **Write them all down, otherwise you will forget them.** 부

전부 다 받아 적어라, **안 그러면** 기억 못 할 거야.

otherwise는 '만약 그렇지 않으면'이라는 뜻이다. otherwise 안에는 or(아니면)의 뜻과 기능이 이미 들어가 있다. 물론 or로도 교체 사용 가능하지만 otherwise가 가진 뉘앙스를 충분히 살리지는 못한다. otherwise 안에는 '그렇게 하지 않으면 후회할 거다, 큰일 날 거다'라는 뉘앙스가 들어 있기 때문이다. 그러니 상대방에게 뭘 하라고 강하게 제안하고 싶은 동시에 안 그러면 안 된다고 미리 결과를 예측해 주며 설득을 유도하고 싶을 때는 otherwise를 쓰면 유용하다.

> A: Go to bed right now, otherwise you won't be able to wake up early tomorrow.
> 지금 당장 잠자리에 들어, 안 그러면 내일 아침 일찍 일어나지 못할 거야.
>
> B: But I have to finish reading this book by tomorrow.
> 하지만 이 책을 내일까지 다 읽어야 한단 말이에요.

2. **My cholesterol levels are a bit high. Otherwise I'm in good health.** 부

난 콜레스테롤 수치가 약간 높은 것 **제외하고는** 건강해.

otherwise는 '그 외에는'도 된다. 이때의 otherwise는 but(그러나)와 함께 쓰일 확률이 높은데, otherwise 안에는 but의 의미나 기능이 들어 있지 않기 때문이다. 그래서 필요시 but을 otherwise 앞에 놓아야 한다. 아래의 대화문에서 but otherwise가 활용된 부분을 살펴보자.

> **A:** Are you okay? Do you want me to call an ambulance?
> 괜찮아? 구급차 불러줄까?
>
> **B:** No, no. I have a bruise on my left elbow *but* otherwise I'm not hurt.
> 아니야. 왼쪽 팔꿈치에 멍이 들었*지만* 그 외에는 다치지 않았어.

3. He is otherwise *known as* "the Crazy Clown." 부

그는 **달리** '미친 어릿광대'**라고도** 알려져 있다.

otherwise known as는 '~라고도 알려진'이란 표현이다. 이 표현 속의 otherwise는 '~와는 다르게'라는 의미를 포함하고 있다. 대표 예문에서 보듯이 사람이 본명 외에 가지고 있는 별명이나 달리 불리는 호칭을 소개할 때 사용한다. 물론, otherwise를 빼고 그냥 He is known as "the Crazy Clown."(그는 '미친 어릿광대'로 알려져 있다.)이라고 해도 되긴 하지만 otherwise가 없으면 느낌이 밋밋하다. otherwise가 있어야만 '달리 ~라고도 불린다'라는 의미가 강조되고 살아난다.

indicate
[índɪkeɪt]

1. He indicated where the treasure was buried with his finger. 동

그는 손가락으로 보물이 묻혀 있는 곳을 **가리켰다**.

indicate는 '가리키다', '표시하다'이다. 가리키는 행위는 대표 예문의 경우처럼 '손가락'이라는 정보가 굳이 없어도 으레 손가락이나 고갯짓으로 이루어진다고 여기면 된다.

한편, indicate가 '표시하다'라는 의미로 쓰일 때는 도표 등에 정보가 표시되어 있는 것을 알려주는 경우이다. 그래서 Players' scores are indicated on the electronic score board. 하면 "선수들의 점수가 전광판에 표시되어 있어."라는 말이 된다.

2. Recent studies indicate that more and more adults are becoming obese. 동

최근 연구들이 **보여주는** 바에 의하면 점점 더 많은 성인들이 비만이 되고 있다.

indicate는 '나타내다', '보여주다'도 된다. 대표 예문처럼 어떤 현상이 존재하거나 결과가 사실임을 객관적으로 나타낼 때 indicate를 사용한다. 더 나아가 indicate는 조짐이나 가능성을 나타내거나 보여줄 때도 사용할 수 있는데, 이때는 아직 확실하지는 않지만 indicate 앞에 놓이는 정보에 근거하여 그럴 확률이 꽤 있다는 것을 나타낸다.

- Humid air indicates that it will rain soon.
  습한 공기는 곧 비가 올 것임을 나타낸다.

- The poll indicates that the ruling party will win the upcoming election.
  여론 조사에 의하면 여당이 다가오는 선거에서 승리할 것으로 보인다.

3. Collin has indicated that he may resign. 동
콜린은 사직할 것임을 **은연중에 나타냈다**.

'암시하다', '내비치다', '시사하다'도 **indicate**로 나타낼 수 있다. 말을 직접 하지 않는 대신 몸짓이나 행간을 읽게 하는 등의 간접적인 방법으로 당사자의 의견이나 의도를 알린다.

- He clearly indicated his intention with his body language.
  그는 분명히 자신의 의도를 몸짓 언어로 내비쳤다.
- In her text message the employee indicated to us that she is willing to confess.
  여직원은 우리에게 문자 메시지를 통해 고백할 의사가 있음을 시사했다.

provide
[prəváid]

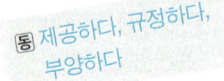

1. I'll provide you with the information. 동
내가 너에게 정보를 **제공해 줄게**.

provide는 '제공하다', '공급하다'라는 의미이다. '누가 A에게 B를 제공한다'라는 뜻의 〈주어+provide A with B〉 패턴 외에 'A는 B를 제공한다'라는 의미의 〈A provide B〉 패턴으로도 쓰인다. 그래서 Our hotel provides free shuttle service to the airport. 하면 "저희 호텔에서는 공항까지 무료 셔틀버스 서비스를 제공합니다."가 된다.

> A: Who will provide the money?
> 돈은 누가 제공하나요?
>
> B: Don't worry. I have found someone.
> 걱정 마. 내가 누굴 찾아놨어.

2. The law provides that you have to carry your driver's license. 동
그 법은 운전면허를 소지해야 한다고 **규정하고 있다**.

provide는 '법률이나 규칙이 규정하다'라는 의미로도 쓰인다. 대표 예문에서는 주어가 law(법)로 되어 있는데, law 대신 가주어 it이 들어가 It is provided that ~으로 되어 있더라도 '법이나 규칙으로 인해 규정되고 있다'는 뜻이다. 격식 표현이다 보니 법률 기관이나 공식 문서 등에 자주 등장한다.

3. I have to provide *for my family.* 동
나는 내 가족을 **부양해야 한다**.

'제공하다'의 뜻인 **provide** 뒤에 전치사 for가 붙고 그 뒤에 provide for my family처럼 사람이 나오면 '경제적으로 먹여 살리다', '부양하다'라는 의미가 된다.
참고로 provide for는 '~을 대비하다', '~을 준비하다'라는 의미로도 쓰이는데, 이 경우 for 대신 against를 쓰기도 한다.

> **A:** Why do you work so hard?
> 너 왜 이리 열심히 일해?
>
> **B:** I have to provide *for my big family.*
> 전 대가족을 부양해야 해요.

Provide for the worst, the best will save itself.
최악에 대비하면 최선이 제 발로 찾아온다.

drive
[draɪv]

 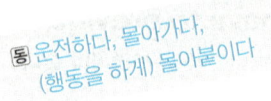

1. **I can drive a truck now.** 동
이제 나는 트럭을 **운전할** 줄 안다.

drive는 기본적으로 차량을 '운전하다'라는 뜻이다. 한편, drive에는 비슷한 맥락으로 '태워다 주다'라는 뜻도 있어 Let me drive you home.은 "(내가 널) 집까지 태워다 줄게."가 된다. 무엇으로 태워다 준다는 말은 생략되지만 당연히 자동차나 오토바이 종류이다.

참고로 I'll give you a lift.도 "태워다 줄게."인데, 이때의 명사 lift는 '(차량을 이용한) 태워주기'이다. 상대방에게 태워주는 행위를 베풀기 때문에 동사 give를 썼다. lift 대신 ride를 써서 I'll give you a ride.라고 해도 같은 의미가 된다.

> **A:** I got my driver's license today.
> 나 오늘 운전면허를 땄어.
> I can drive my Dad's car now.
> 이제 아빠 차를 몰 수 있다니깐.
> **B:** That's great! Can you drive me to the shopping mall?
> 거 잘됐네! 나 쇼핑몰까지 태워다 줄 수 있니?

2. **You're driving me crazy!** 동
너 때문에 **미치겠어**!

drive에는 사람이 사람을 '극단적이 되도록 몰고 가다', '극단적으로 만들다'라는 의미도 있다. 상대방이 하는 갑갑하고 신경 쓰이는 언행이 나를 미쳐버리는 쪽으로 몰고 간다는 뜻이다. 물론 진짜로 미쳐버리는 것은 아니다. 이렇다 보니 주로 '미치도록 만든다'는 회화 표현으로 많이 사용되고, 대표 예문의 형태 외에 You're driving me nuts., You're driving me mad., You're driving me insane. 처럼 다양하게 사용되는데 뜻은 모두 같다.

3. You drive a hard bargain. 동
너무 심하게 흥정**하시네요**.

뭔가를 '추진시키다'라는 뜻도 **drive**에 있다. 대표 예문의 drive는 '어떤 일이 성사되게끔 강하게 밀어붙이다, 추진한다'는 의미로 사용되었지만 못이나 드릴과 같은 물리적인 물건에도 사용될 수 있다. 그래서 drive a nail into the wall은 '못을 벽에 박아 밀어 넣다'가 된다.

A: I can only afford to pay 80 dollars for this fountain pen.
이 만년필을 살 돈이 80달러밖에 없는데요.

B: You drive a hard bargain, sir. I'll sell it to you for 80 dollars.
너무 사정없이 깎으시려는군요, 손님. 80달러에 드리겠습니다.

Fear drives us to prayer.
두려움이 우리를 기도하게 만든다.

either
[áɪðə(r); íːðə(r)]

📖 (둘 중 하나 선택) …이든 ~이든, ~도 또한, 게다가
📘 (둘 중) 어느 쪽의, 양쪽(의)

1. I can either go home *or* stay here with you. 📖
난 집에 **갈 수도** 너와 함께 여기 머물 **수도 있어**.

〈**either** A or B〉는 'A이든 B이든'이다. A와 B 중 하나를 선택한다는 의미이며, 이때는 either와 or를 한 세트로 쓴다. A와 B는 반드시 한 단어일 필요는 없고 대표 예문과 아래의 예시에서 보듯이 '구'일 수도 있다.

한편, 차이점을 알아 두어야 할 비슷한 표현이 바로 neither A nor B인데, 이때는 'A도 B도 아니다', 즉 둘 다 아니라는 것이다. 여기서 neither와 nor도 함께 세트로 쓰인다.

- Cathy is going to buy either a cellular phone *or* a camera with her bonus.
  캐시는 그녀의 보너스로 휴대폰이든 카메라든 사려고 한다.
- The food was neither tasty *nor* cheap.
  그 음식은 맛있지도 저렴하지도 않았다.

2. I've found a nearby place for our Halloween party. It's *not* expensive, either. 📖
내가 우리 핼러윈 파티를 하기에 가까운 장소를 알아냈어. **게다가** 비싸지도 않아.

either는 '게다가 ~도'라는 뜻으로 쓰인다. 앞서 나온 문장에 담긴 내용에다가 정보를 덧붙이는 용도로 쓰인다. 앞 문장의 내용으로는 상대방을 설득시키기 부족하다고 판단될 때 추가 장점이나 강조할 점을 '게다가 ~도'의 형태로 넣는 것이다. 다만, 대표 예문에서 쓰인 not이나 There's no time to waste, either.(게다가 낭비할 시간도 없어.)의 no와 같이 부정형이 붙은 문장에서 쓰인다. 참고로 either는 쉼표와 함께 문장 맨 뒤에 위치한다는 점도 기억하자.

> **A:** I know a nice restaurant for us to have dinner.
> 우리가 저녁 식사 할 근사한 식당을 알고 있어.
> It's *not* far from here, either.
> 게다가 여기서 멀지도 않아.
>
> **B:** Good, good. I'm starving.
> 좋아, 좋아. 배고파 죽겠어.

3. I have two umbrellas. You can borrow either one of them. 한

나 우산이 두 개 있어. **둘 중 아무거나** 빌리렴.

either는 또한 '둘 중 어느 하나'를 가리킬 때 쓴다. 제시된 두 개 중 한 개를 고르게 되는 상황이다. 선택 사항이 세 개 이상일 때는 이 표현을 사용하지 못한다. 한편, either는 때에 따라 소개되고 있는 '두 개 모두', 즉 '양쪽'을 의미할 수도 있다. 그래서 Snipers were positioned on either end of the alley.라고 하면 "골목길 양쪽 끝에 저격수들이 배치되었다."가 되고, I didn't have anything to say about either team.은 "나는 양팀에 대해 할 말이 전혀 없었다."가 된다.

He that is once at sea, must either sail or sink.
일단 바다로 나왔으면, 노를 젓거나 가라앉거나 둘 중 하나를 해야 한다.

bring
[brɪŋ]

1. **Make sure to bring an umbrella.** 동
우산 꼭 **가져와라**.

bring은 '가져오다', '데려오다'라는 뜻이다. bring의 과거형과 과거분사는 brought로 You brought the wrong car.(너 엉뚱한 차를 가져 왔잖아.)처럼 표현된다.

참고로 What brings you here?는 "무엇이 너를 여기로 데려왔니?", 즉 "너 여긴 어쩐 일이냐?"라는 뜻으로 매우 자주 쓰이는 표현이고, bring이 back과 함께 쓰여 Bring back my umbrella.(내 우산 돌려 줘.)처럼 쓰이기도 한다.

> **A:** Is it raining outside?
> 밖에 비 내리니?
>
> **B:** It looks like it. Make sure to bring an umbrella.
> 그런 것 같아. 우산 꼭 챙겨 가렴.

2. **The revolution will bring great change to the nation.** 동
이 혁명은 국가에 커다란 변화를 **불러일으킬** 것이다.

bring은 '야기하다', '불러일으키다'라는 의미로도 쓰인다. 불러일으키게 되는 원인도, 그 이후로 생기는 결과도 스케일 면이나 중요도에 있어 상당히 크다.

A: So what happens next in the novel?
그래서 이 소설의 다음 내용은 어떻게 되는데?

B: The king's iron-fisted rule brings fear to the people.
왕의 철권통치가 국민들에게 공포를 불러일으키지.

3. I couldn't bring myself to open the box. 동
나는 **차마** 상자를 열 수**가 없었다**.

⟨**bring**+재귀대명사(myself, herself...)+to부정사⟩의 패턴에서 bring은 '간신히 ~을 하다'라는 의미를 갖는다. 하고 싶지 않고 피하고 싶지만 상황을 봤을 때 책임감이나 의무감에 어쩔 수 없이 해야 해서 스스로를 채찍질한다는 뉘앙스이다.

April showers bring May flowers.
4월의 소나기는 5월의 꽃을 데려온다. (고생 끝에 낙이 온다.)

effect
[ɪfékt]

영 영향, 효능, 효과 (장치)

1. The explosion had tremendous effect on the environment. 명

그 폭발은 환경에 막대한 **영향**을 끼쳤다.

effect는 '영향', '효과', '결과'를 뜻한다. effect에는 좋은 효과, 안 좋은 효과 모두 포함된다.

effect는 affect와 많이들 혼동하기 때문에 정리하고 갈 필요가 있겠다. affect는 '영향을 미치다'를 의미하고, 품사가 동사이다. 그래서 How will the change affect us?라고 하면 "그 변화는 우리에게 어떻게 영향을 미칠까?"가 된다. 참고로 '원인과 결과'는 cause and effect이다.

> **A:** How did it go?
> 어떻게 됐니?
>
> **B:** It had no effect whatsoever. Back to the drawing board!
> 효과가 전혀 없었어. 처음부터 다시 해!

2. The medicine had no effect. 명

그 약은 **효능**이 없었다.

약이나 약물의 '효험', '효능'도 **effect**이기 때문에 약을 복용했을 때 얼마나 잘 드는지를 설명할 때 사용한다. 약의 '부작용'은 side effect라고 하고, the placebo effect(플라시보 효과)는 환자에게 가짜 약, 즉 속임 약(placebo)을 썼는데 환자가 진짜 약으로 믿어 좋은 반응을 나타내는 현상을 일컫는다. 참고로 '만병

통치약'은 panacea 또는 cure-all이라고 한다.

> **A:** When will the medicine take effect?
> 약은 언제 효능이 나타날까?
>
> **B:** Right about now. You're not drowsy?
> 바로 지금쯤. 너 안 졸리니?

3. The new *Star Wars* movie is full of spectacular special effects. 명

새로 나온 〈스타워즈〉 영화는 눈부신 **특수 효과**로 가득하다.

영화나 연극에서 사용되는 다양한 효과의 종류들도 **effect**라고 한다. 특수 효과(special effect), 조명 효과(lightening effect), 음향 효과(sound effect)가 이들이다.
한편, 색채나 형태의 배합에 의한 효과나 광경도 effect라고 하는데, 예를 들어 The shadow on the wall created an eerie effect.라고 하면 "벽에 비친 그늘이 으스스한 광경을 연출했다."가 된다.

Shallow men believe in luck. Strong men believe in cause and effect.
– Ralph Waldo Emerson

천박한 사람은 운을 믿는다. 강한 사람은 원인과 결과를 믿는다.
– 랄프 왈도 에머슨

quite
[kwaɪt]

1. I felt quite sad when I heard the news. 부
나는 그 소식을 들었을 때 **꽤** 슬펐다.

'꽤', '상당히', '제법'이라는 뜻이다. very(아주)나 extremely(굉장히)보다 덜 강조하고자 할 때 사용한다. 그래서 quite를 문장에 포함시키면 지금 다루고 있는 내용에 대해 화자가 굉장히 강조하고 싶기보다는 살짝 유보적인 느낌을 갖고 있다는 뉘앙스를 풍기게 된다.

- The book is quite interesting. 그 책은 꽤 흥미롭다.
- That's quite a huge bag you're carrying. 넌 꽤나 큰 가방을 들고 있구나.
- My room is quite messy. 내 방은 상당히 지저분하다.
- I like it quite a bit. 그게 제법 마음에 든다.

2. Sleeping is quite the best way to relax. 부
수면이야말로 **단연코** 최고의 휴식 방법이다.

quite는 '지극히', '더없이', '완전히', '전혀', '단연코', '전적으로'라는 뜻도 된다. 뭔가가 그럴 것이라는 확신이 있거나 그렇다는 점을 제대로 강조하고 싶을 때 문장에 추가하는 용도이다. 이렇다 보니 위의 1번 해설과 헷갈리면 어쩌나 싶겠지만 앞뒤 문맥을 따져가며 뜻을 파악하면 구분하기 어렵지 않다.

- Wow! This ice cream is quite delicious.
  우와! 이 아이스크림 완전 맛있다.

- I've had quite enough of you. I'm leaving.
  너에게 완전 질렸어. 나 간다.
- The restaurant wasn't quite full.
  그 식당이 완전히 다 찬 것은 아니었다.

A: I'm so sorry.
정말 미안해.

B: That's quite all right.
전혀 아무렇지도 않아요. (완전 괜찮아요.)

---

3. I can't quite believe it. 부
나는 그것을 믿기 **다소** 어렵다.

'다소', '좀'도 된다. 말하는 내용이 부정문일 때 문장의 어조가 너무 강하다고 생각되어 부드럽게 톤 다운시키고 싶을 때 quite를 쓴다.

A: What's the matter? You're making me nervous.
무슨 일이에요? 당신 땜에 불안해지잖아요.

B: I don't quite understand why there are only nine little Indian figurines.
작은 인디언 조각상들이 왜 아홉 개만 있는지 이해가 좀 안돼서요.

significant
[sɪgnífɪkənt]

1. This discovery has a significant meaning to the society of apes. 형
이 발견은 유인원 사회에 **중요한** 의미를 갖는다.

significant는 '중요한', '의미 있는', '커다란'이라는 뜻이다. 대표 예문을 보면 어떤 연구를 통한 발견(discovery)이 유인원 사회(society of apes)에 특별한 의미가 있거나 커다란 영향을 주어 궁극적으로 변화를 일으킨다는 상황이다.

- Kyle's unfortunate childhood had a significant effect on his adult life.
  카일의 불행한 어린 시절은 어른이 되어서의 그의 생활에 커다란 영향을 끼쳤다.
- It is significant that Wanda is willing to make new friends.
  완다가 새로운 친구를 사귀려고 한다는 것은 의미가 있다.
- What is the most significant change you've seen in the last 10 years?
  지난 10년 동안 당신이 봤던 것 중 가장 커다란 변화는 무엇인가요?

2. Avocados offer a significant amount of protein. 형
아보카도는 **상당히 많은** 양의 단백질을 제공한다.

significant는 '상당한', '현저한', '아주 큰'이라는 의미로 양(amount)을 나타낼 때도 사용된다. 이때의 양은 크기가 상당하여 중요성을 띄거나, 변화를 가져오거나, 차이를 낳을 정도이다. 그래서 A significant number of children are illiterate. 하면 "상당히 많은 수의 아이들이 문맹이다."가 되어 물리적인 양을 나타내고, significant change in people's attitude의 경우에는 '사람들 태도의 현저한 변화'가 되어 추상적인 양을 나타내기도 한다.

A: What can you tell me about Tina?
티나에 대해 뭘 알려주실 수 있나요?

B: Let me see… Oh, yes. She is showing significant interest in playing musical instruments.
가만 있자…… 아, 네. 그녀는 악기 연주에 상당한 관심을 보이고 있습니다.

Humor is by far the most significant activity
of the human brain.
– Edward de Bono

유머는 단연코 인간 두뇌의 가장 중요한 활동이다.
– 에드워드 드 보노

afford
[əfɔ́:rd]

동 (~할·살) 여유가 있다, ~할 수 있다

1. **I *can* afford to buy a house.** 동
나는 집을 장만**할 여유가 된다**.

afford는 '금전적으로 여유가 있다'를 의미한다. 결국 afford는 형편을 의미하는데, '형편이 된다'고 할 때는 can afford, '형편이 안 된다'고 할 때는 can't afford로 활용된다. 이처럼 afford는 조동사 can과 함께 세트로 사용된다.
한편, afford는 금전적 여유 외에 시간적 여유로도 사용 가능한데, 이에 대해서는 2번 설명에서 자세히 다뤘다.

- I *can't* afford to buy a car. 난 자동차를 살 형편이 안 돼.
- I *can't* afford to pay the monthly rent. 난 월세를 낼 형편이 안 돼.
- I *can't* afford it. 난 그걸 살 형편이 안 돼.

참고로 위의 세 번째 예문에서는 afford 안에 자체적으로 '구매하다', '돈을 내다'라는 의미가 들어 있기 때문에 buy(구매하다)나 pay(돈을 지불하다)라는 단어가 생략이 가능하다. 첫 번째, 두 번째 예문에서도 buy와 pay를 생략할 수 있으며, 생략해 보면 아래 예문처럼 되고 의미는 동일하다.

- I *can't* afford a car. 자동차를 살 형편이 안 돼.
- I *can't* afford the monthly rent. 월세를 낼 형편이 안 돼.

2. I *can't* afford to lose more time. 동

난 더 이상 시간을 낭비**할 수는 없어**.

afford는 부정문에서 cannot과 함께 '~할 수 없다' '~하면 안 된다'는 뜻으로 사용되고, 결국 '시간적 여유가 없다'라고 하는 용도로 활용된다. 즉, afford가 이런 의미일 때는 돈보다는 시간, 그리고 시간적 여유이되 그 여유가 있다기보다는 없다고 할 때 주로 사용된다. 그만큼 상황이 촉박하고, 상대방에게 경각심을 불러일으키거나 재촉할 필요가 있을 때 쓴다.

> **A:** We *cannot* afford any more delays.
> 우린 더 이상 지체할 수 없어.
>
> **B:** Don't you think I know that?
> 내가 그걸 모르는 줄 알아?
> I'm doing the best I can.
> 최선을 다하고 있단 말이야.

Reading well is one of the great pleasures that solitude can afford you.
– Harold Bloom

제대로 된 독서는 고독이 줄 수 있는 훌륭한 기쁨 중 하나이다.
– 해럴드 블룸

keep
[ki:p]

동 가지다, ~을 계속하다, 지체하게 하다

1. You can keep it. 동
그거 너 **가져도** 돼.

keep은 '가지다', '가지고 있다'이다. 대표 예문처럼 상대방에게 하는 말일 경우에는 '안 돌려 줘도 된다'는 의미가 된다. You can keep it.에는 선심쓰듯 '그냥'이라는 뉘앙스가 들어 있어 "그냥 너 가져도 돼."로 해석해도 된다.
한편, keep은 물건뿐 아니라 동물에게 사용해도 되는데, 만약 유기견을 발견한 꼬마가 부모에게 Can we keep it? 하면 집에 데려가도 키워도 되느냐는 질문이 된다.

> **A:** That will be 82 dollars and 50 cents, sir.
> 82달러 50센트 되겠습니다, 손님.
>
> **B:** Here's 100 dollars in cash. Keep the change.
> 여기 현금으로 백 달러입니다. 잔돈은 가지세요.

2. I keep *forgetting* his name. 동
난 그 애 이름을 **자꾸** 잊어버**려**.

keep은 '~을 계속하다'의 의미로도 쓰인다. 같은 행위가 계속되어 이어지거나 같은 동작이 반복되는 상황이다. keep은 현재 계속하는 행동을 묘사하다 보니 흔히 진행형과 함께 쓰여 〈keep+동사-ing〉의 형태로 활용된다. Keep going!(계속 가!), Keep dancing!(계속 춤을 춰!), Keep singing!(멈추지 말고 노래해!)처럼 짧은 명령어로도 많이 사용된다.

A: It's late and I'm tired. Let's go home.
시간도 늦었고 난 피곤해. 집에 가자.

B: You go ahead. I'm going to keep studying.
너 먼저 가. 난 계속해서 공부할 거야.

3. What's keeping Hermione? 동
헤르미온느는 왜 이리 **오래 걸려**?

keep은 사람이 어떤 사연에 의해 지체될 때도 사용된다. 그래서 keep은 '사람을 지체하게 하다'로 이해하면 된다. 지체되는 이유는 당사자가 어쩔 수 없는 상황에 의해 시간이 걸리는 것일 수도 있고, 그냥 본인이 시간을 질질 끌다 보니 약속 시간에 늦게 되는 것일 수도 있다. What kept you?는 "왜 이리 오래 걸렸어?"가 되고, 좀 더 응용해 보자면 What's keeping you from asking her out?은 "무엇 때문에 그녀에게 데이트 신청을 못하고 있는 거니?"가 된다.

The only way to keep a secret is to say nothing.
비밀을 지키는 유일한 방법은 입을 다무는 것이다.

stuff
[stʌf]

동 (재빨리·되는대로) 쑤셔 넣다, (빽빽이) 채워 넣다
명 것[것들], 물건

1. **Just stuff it in here.** 동
그냥 여기다 **쑤셔 넣어**.

물건을 재빨리 되는대로 쑤셔 넣는 행위를 **stuff**라고 한다. stuff는 '쑤셔 넣다'인데 이렇게 하는 이유는 상황이 급하기 때문에 그럴 수도 있고, 아니면 물건이 그다지 중요하지 않기 때문에 구겨지거나 망가질 것에 대해 염려하지 않아서일 수도 있다.

A: You can stuff your dirty laundry in this bag.
　이 가방 안에 네 빨랫감을 **쑤셔 넣어**도 돼.

B: No thanks. I have a weird habit of folding my dirty laundry.
　괜찮아. 나는 빨랫감을 접는 이상한 습관이 있거든.

2. **Ben's mouth was stuffed with popcorn.** 동
벤의 입은 팝콘으로 **한가득 채워져** 있었어.

보관함이나 공간에 뭔가를 빽빽이 채워 넣는 것도 **stuff**이다. '채우다'의 의미로 쓰이는 stuff는 위의 1번 설명에서와는 달리 서두르지 않고 꽉꽉 제대로 채워 넣는다는 뉘앙스가 있다.

한편, 팝콘에 관한 대표 예문 내용을 1번 설명의 stuff로 응용해 보면 Ben was stuffing his mouth with popcorn.이 되고 "벤은 팝콘을 입에 쑤셔 넣고 있었어."로 해석되어 벤이 팝콘을 게걸스럽게 먹고 있던 모습이 묘사된다.

3. Look at this stuff in your drawer! 명

네 서랍 속에 들어 있는 이**것들** 좀 봐!

명사 **stuff**는 물건들을 정확히 명칭으로 지칭하지 않고 뭉뚱그려 말할 때 쓴다. 그렇다 보니 별로 중요하지 않은, 하찮은 것들을 가리킬 때 어울리는 비격식적인 표현이다. 또한, 명사 stuff는 셀 수 없는 명사이다 보니 아무리 많아도 -s가 붙지 않는다. '것'을 의미하는 thing과 바꿔 쓸 수 있지만 thing은 셀 수 있는 명사이기 때문에 뒤에 -s가 붙어 things가 된다. Look at these things in your drawer!처럼 말이다.

한편, stuff는 사물 외에 아래의 대화문과 같이 '현상'도 지칭한다.

A: Have you heard the rumour about aliens?
외계인에 대한 소문 들었니?

B: Hey, I don't believe in that stuff.
야, 난 그런 거 안 믿어.

Dost thou love life? Then do not squander time,
for that is the **stuff** life is made of.
— Benjamin Franklin

그대는 인생을 사랑하는가? 그렇다면 시간을 낭비하지 말라.
시간이야말로 인생을 형성하는 것이기 때문이다.
— 벤자민 프랭클린

expect
[ɪkspékt]

동 예상하다, 기다리다, 요구하다, 기대하다

1. I wasn't expecting a delay. 동
난 지연을 **예상하지** 못했어.

'예상하다'라는 의미가 기본인 **expect**는 앞으로 일어날 일에 대한 기대를 포함하고 있다. 기대하고 있는 이유는 그렇게 되기로 어느 정도 약속이 되어 있기 때문이다. 대표 예문의 경우는 차를 타고 가는데 예상치 못한 교통체증 때문에 도착 시간이 지연되었다는 상황으로 이해하자.

> A: When is Greg arriving?
> 그레그는 언제 도착한대?
>
> B: I expect him to arrive any minute.
> 곧 올 거라고 봐.

2. Are you expecting someone? 동
누구 **기다리는** 사람이 있나요?

expect는 오기로 되어 있는 대상을 '기다리다'라고 할 때도 사용된다. 서로 사전에 만나자는 약속이 되어 있기 때문에 오는 것을 당연시하며 예상하고 있는 것이다.
한편, "누구를 기다리나요?"는 동사 wait(기다리다)를 사용해 Who are you waiting for?라고 한다.
참고로 expect는 아기를 임신했을 때도 사용할 수 있는데, 아기가 도착하기를 기다린다는 뉘앙스이다. 그래서 She is expecting a baby.는 "그녀는 임신 중이야."가 된다.

A: I'm expecting a special guest tonight.
오늘 밤에 특별한 손님을 기다리고 있어.

B: Is it Roslyn? I hope she accepts your marriage proposal.
로슬린이니? 그녀가 너의 청혼을 받아들였으면 좋겠다.

3. I expect more from you. 동
난 네가 이보다 더 잘 해내기를 **바라**.

상대방에게 어떤 일을 하기를 '요구하다'할 때도 **expect**이다. 상대방에게 그만큼 기대치가 있기 때문이다. 이렇다 보니 이런 기대가 포함된 요구를 받는 입장인 상대방은 부담이 될 수밖에 없다. 대표 예문의 상황은 화자가 이미 실망을 한 채 상대방에게 꾸지람을 하고 있다고 보면 된다.

한편, The coach expects his players to conduct themselves in the proper manner.라고 하면 "그 코치는 그의 선수들이 적절하게 행동하기를 요구[기대]하고 있지."가 된다.

You have to *expect* things of yourself before you do them.
— Michael Jordan

어떤 일을 하기에 앞서 스스로 그 일에 대한 기대를 가져야 한다.
— 마이클 조던

interest
[íntərest]

동 ~의 관심을 끌다, ~에 관심을 보이다
명 관심, 흥미, 취미, 이자

1. The history of 17th century pirates interests me. 동
나는 17세기 해적의 역사에 **흥미를 느낀다**.

interest는 '~에 대한 관심을 보이다', '~의 관심[흥미]을 끌다'라는 의미를 나타낸다. I am interested in writing a mystery novel.(나는 추리소설을 집필하는 것에 관심이 있다.)처럼 be interested in(~에 관심이 있다)의 형태로 많이 활용된다.
한편, 미국에서 쇼핑하러 백화점에 가면 점원이 May I interest you in these earrings?라고 하며 말을 걸어올 수도 있는데, "이 귀걸이는 어떠신가요?"라는 뜻이고, 직역해 보면 "제가 이 귀걸이로 당신의 관심을 끌어봐도 될까요?"가 되어 제품 구매를 부드럽게 유도하는 것이다.

2. I have no interest *in* computer games. 명
나는 컴퓨터 게임에 **흥미**가 없다.

interest가 명사일 때는 '관심', '흥미', '호기심'을 뜻한다. 대표 예문의 전치사 in은 '~에'라는 의미로 관심의 대상과 연결해주는 역할을 한다. 흥미가 없다는 표현을 더욱 강조하고 싶을 때는 whatsoever(정말이지, 전혀)를 문장 맨 뒤에 추가하면 된다. 이를 대표 예문에 적용해 보면 I have no interest in computer games whatsoever.(나는 정말이지 컴퓨터 게임에는 관심이 없다.)가 된다.
한편, interest에는 '취미', '관심사'라는 뜻도 있어서 I have many interests.라고 하면 "나는 취미가 많아."가 되어 hobby와 동의어가 된다.
참고로 interest의 의미가 '관심', '흥미', '호기심'일 때는 셀 수 없는 명사이고, '취미'일 때는 셀 수 있는 명사이다.

- The only interest I have is reading comic books.
  나의 유일한 관심사는 만화책을 읽는 것이다.
- Parents should encourage their children to have a wide range of interests.
  부모들은 자식들이 다양한 취미를 가지도록 장려해야 한다.

3. The interest rate is too high. 명
이자율이 너무 높아요.

명사 **interest**는 은행 등에서 빌린 돈을 갚을 때 함께 내는 '이자'도 된다. 이때의 interest는 셀 수 없는 명사이다. '이자를 내다'는 pay interest이고, '이자를 갚다'는 pay back interest이다.
참고로 '이자율'은 interest rate이고, '융자금'은 loan이다.

> **A:** Could you lower the interest rate?
>   이자율을 낮춰주실 수는 없나요?
> **B:** No, I can't. This is our lowest rate, 7.4%, for a car loan.
>   안 됩니다. 이건 자동차 융자금에 대한 저희의 최저 이자율인 7.4%입니다.

He who lends to the poor, gets his interest from God.
가난한 이들을 돕는 자는 그 이자를 신으로부터 받는다.

contribute

[kəntríbjuːt]

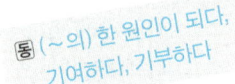

1. **The habit of chain-smoking contributed *to* her death.** 동

   줄담배를 피우는 습관이 그녀가 죽은 **원인이었다**.

   contribute는 '~의 원인이 되다'이다. 안 좋은 결과에 사용되는 표현이다. 이때는 전치사 to가 contribute의 뒤에 붙어 '~의'라는 뜻을 나타내준다. 한편, '원인'이라는 의미인 명사 cause를 사용하여 대표 예문을 재구성해 보면 The habit of chain-smoking was the cause of her death.가 된다. 이때는 cause와 her death를 전치사 of가 연결시켜 '그녀의 죽음의 원인(cause of her death)'이 된 것이다.

   - Engine failure contributed *to* the tragedy.
     엔진 고장이 비극의 원인이 되었다.
   - Extreme stress may have contributed *to* his suicide.
     극도의 스트레스가 그가 자살을 택한 원인이 되었을 수도 있다.

2. **Your expert knowledge will contribute greatly to our expedition.** 동

   당신의 전문 지식이 우리의 탐험에 큰 **기여를 할** 것입니다.

   contribute는 '기여하다', '이바지하다'도 된다. 무엇이 성공적으로 끝나거나 수확을 이루는 데 직접적인 도움을 준다는 것이다. 비슷한 표현으로 play a role이 있는데 '역할을 하다', '한몫을 하다'라는 의미이다. role(역할) 앞에 important(중요한), crucial(중대한, 결정적인), vital(필수적인)이 놓여 그 역할을

강조해주곤 한다. 그래서 Confidence plays an important role in job interviews. 하면 "취업 면접에서 자신감은 중요한 역할을 한다."가 된다.

- K-pop has contributed to spreading the greatness of Korean culture.
  K팝은 한국 문화의 위대함을 퍼뜨리는 데 이바지했다.
- Your opinion contributes little to our discussion.
  너의 의견은 우리의 토론에 그다지 기여하는 바가 없다.

3. My family contributed $10,000 to stem-cell research. 동

우리 가족은 줄기세포 연구에 만 달러를 **기부했다**.

contribute는 '기부하다', '기증하다'도 된다. 기부를 하는 주체는 사람 외에 조직이나 국가도 된다. contribute와 흔히 함께 쓰이는 명사는 money, time, talent인데 contribute money(돈을 기부하다), contribute time(시간을 기부하다), contribute talent(재능을 기부하다)로 활용된다.
한편, 병력과 장비도 contribute할 수 있는데 이때는 contribute를 '지원하다'로 해석하면 된다. contribute troops(병력을 지원하다), contribute equipment(장비를 지원하다)처럼 쓰면 된다.

It is well to be up before daybreak, for such habits contribute to health, wealth, and wisdom.
– Aristotle

동이 트기 전에 일어나는 것은 좋다. 그런 습관들은 건강과 부, 지혜에 기여하기 때문이다.
– 아리스토텔레스

hold
[hoʊld]

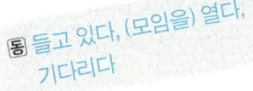 들고 있다, (모임을) 열다, 기다리다

1. Can you hold this for me? 동
이것 좀 **들어줄래**?

'남의 손을 잡다', '물건을 손으로 들다'가 **hold**이다. 물건을 드는 경우라면 너무 무겁지 않아 부담 없이 손으로 들 수 있는 무게이다. 따라서 꽤 무게가 나가는 짐을 든다는 의미를 포함하는 carry(들다, 휴대하다)보다는 사용 범위가 좁다. 그리고 hold가 그냥 들고 있는 상태를 나타낸다면, carry는 단지 들고 있는 것 외에 들고 움직인다는 뉘앙스도 포함한다.

> **A:** I need to go to the bathroom. Can you hold my bag for me?
> 화장실에 가야겠어. 내 가방 좀 들어줄래?
>
> **B:** Of course. Take your time.
> 물론이지. 천천히 갔다 와.

2. The meeting will be held in ten minutes. 동
회의는 10분 뒤에 **열립니다**.

hold는 '모임을 열다', '행사를 개최하다'도 된다. 다만, 격식이 있는 표현이라 파티나 개인적인 모임에 사용하기에는 부적합하고 회사나 단체에서 갖는 공식적이고 진중한 모임을 묘사하는 데 주로 사용한다.
한편, We had a meeting yesterday.(우린 어제 회의를 가졌다.)라고 하면 비록 회사의 사무 환경에서 사용되었지만 서로를 잘 아는 팀원끼리 때가 되면 자주 하는 일상적인 미팅이라서 hold 대신 have를 사용한 것임을 알 수 있다.

3. Could you please hold? 동

잠시 **기다려** 주시겠습니까?

hold에는 '기다리다'라는 뜻도 있는데, 전화를 걸어온 상대방에게 전화 바꿔줄 때까지 끊지 말고 수화기를 들고 대기하라고 할 때 사용한다. 길게 기다리게 하지는 않을 거라는 뉘앙스가 들어 있다. 굳이 phone(전화)이란 단어를 사용하지 않아도 상대방은 알아듣는다. please를 맨 뒤로 빼서 Could you hold, please?라고 해도 된다.

한편, 거꾸로 전화가 오는 것이 싫어서 동료 직원이나 비서에게 Hold all my calls.라고 하면 "나한테 걸려오는 전화는 다 막아줘."라는, 즉 "나는 전화를 받지 않겠어."라는 말이다.

A: Hello? May I speak to Mr. Devlin?
여보세요? 데블린 씨와 통화할 수 있을까요?

B: He is on the other line. Could you hold, please?
그는 다른 전화를 받고 있습니다. 잠시 기다려 주시겠습니까?

He that grasps too much, holds nothing.
너무 많이 움켜쥐려는 사람은 아무것도 못 잡는다.

proceed
[prousí:d]

동 나아가다, (계속) 진행하다, 이어서 ~을 하다

1. Please proceed to Gate 9. 동
9번 게이트로 **가 주십시오**.

proceed는 '나아가다', '가다'이다. 구어체인 go(가다)에 비해 격식을 차리는 표현이다. 쭉쭉 힘차게 걸어 나간다는 뉘앙스가 들어 있다. 대표 예문에서 보듯 공항에서 직원이 안내할 때 사용하는 표현으로 공식적인 장소나 상황에 어울린다. 한편, 사람 외에 기계도 proceed를 할 수 있어서 The dump truck was allowed to proceed after the inspection.(검사를 마친 덤프트럭은 통과가 허락되었다.) 처럼 쓰고, 더 나아가 어떤 일이 proceed할 수도 있어서 The preparations for the wedding are proceeding according to plan.(결혼식 준비는 계획대로 진행되고 있다.) 같은 식으로 말하면 된다.

2. After hearing the shocking news, the couple were hesitant to proceed *with* their climb. 동
충격적인 소식을 들은 후 그 커플은 등산을 **계속할지** 망설였다.

proceed는 '계속 진행하다'도 된다. 이미 앞서 시작한 일을 이어서 한다는 표현이다. 대표 예문을 보면 이 커플은 충격적인 소식을 듣기 전부터 등산을 해왔고, 들은 후에도 같은 일인 등산을 계속할 수 있는 상황이다 보니 proceed를 사용한 것이다. 이때의 proceed는 전치사 with(~와 함께)와 함께 쓰이고, with 다음에 나오는 내용은 무엇에 대해 진행을 계속할지에 대한 답이 되겠다. 대표 예문의 경우에는 그 답이 '등산'이다.

A: Can we take a break?
우리 휴식을 취해도 될까요?
I've been working for two hours straight.
두 시간 연속으로 일했어요.

B: No. There's no time. Proceed with your work.
안돼. 시간이 없어. 일을 계속 진행해.

3. The fox sniffed the ground and then proceeded to dig a hole. 동

여우는 땅 냄새를 맡은 **후 이어서** 구멍을 **팠다**.

proceed는 '다른 일을 한 후에 이어서 ~을 하다'도 된다. 옆의 2번 설명에서 proceed가 하던 일을 계속하는 거라면 지금은 별개의 일을 먼저 한 다음 계속해서 또 다른 일을 이어서 하는 경우이다. 상황이나 행동을 세밀하면서도 매끄럽게 묘사할 때 쓰면 유용한 표현이 되겠다.

A: Tell me what I have to do.
제가 뭘 해야 하는지 말씀해 주세요.

B: Go to this village and then proceed to search for a woman named "Jane Doe."
이 마을에 간 다음 '제인 도우'라는 이름을 가진 여성을 찾으세요.

right
[raɪt]

1. That's right. 형
네, **맞습니다**.

right는 상대방이 나에게 방금 다룬 내용이 맞는지 틀리는지를 확인해 올 때 '맞다'고 하는 용도로 쓰인다. That's correct.와 같은 표현이기 때문에 이와 번갈아 가며 사용해도 된다.

> A: So you didn't see the thief?
> 그러니까 도둑을 보지 못하셨다고요?
>
> B: That's right. I was taking a nap.
> 네, 맞습니다. 낮잠을 자고 있었거든요.

2. You got it right. 형
네가 **맞혔어**.

right는 '틀리지 않고 맞는', '정확한'이란 뜻이다. 그래서 대표 예문 You got it.은 "너는 해냈다.", 그리고 right은 '정확하게'라는 의미이므로 "너는 정확하게 해냈다.", 즉 "넌 정답을 맞혔다."가 된다. 좀 더 자세하게 들어가자면 대명사 it 은 맞춘 정답을 의미하고, it 대신 the answer(정답)를 넣어 You got the answer right.라고 해도 된다.

> **A:** How did I do?
> 나 어땠어?
>
> **B:** Wow! You got all the answers right.
> 우와! 너 답을 다 맞혔어.

3. I'll be right back. 부
금방 돌아올게.

right가 부사로 쓰일 때는 '바로', '꼭', '정확히'이라는 강조의 뜻으로 쓰인다. 상대방을 안심시킬 때 쓰는 표현이라서 대표 예문의 I'll be right back.에는 지체 없이 돌아오겠다는 뉘앙스가 들어 있다. I'll be right back.의 back은 형용사이고 부사 right이 앞에서 수식해주고 있다.

참고로 I'll be right here.라고 하면 "나는 정확히 여기 있을게."가 된다.

An angry man cannot see right.
화난 사람은 올바로 보지 못한다.

Review Test III

※ 각 문장의 빈칸에 알맞은 단어를 단어 박스에서 골라 문장에 맞게 바꿔 쓰세요.

discipline	offer	account	material	whether	suggest
once	otherwise	indicate	provide	drive	either	bring
effect	quite	significant	afford	keep	stuff	expect
interest	contribute	hold	proceed	right		

01. 나는 그 소식을 들었을 때 꽤 슬펐다.
→ I felt _____ sad when I heard the news.

02. 일단 개가 잠들면 안으로 들어가자.
→ Let's go in _____ the dog goes to sleep.

03. 회의는 10분 뒤에 열립니다.
→ The meeting will be _____ in ten minutes.

04. 다른 식당에 가보자.
→ I _____ we try the other restaurant.

05. 첸 씨는 내게 일자리를 제안했다.
→ Mr. Chen _____ me a job.

06. 이 발견은 유인원 사회에 있어 중요한 의미를 갖는다.
→ This discovery has a _____ meaning to the society of apes.

07. 금방 돌아올게.

→ I'll be _____ back.

08. 누구 기다리는 사람이 있나요?

→ Are you _____ someone?

09. 이 넥타이는 무슨 천으로 만들어졌나요?

→ What kind of _____ is this tie made of?

10. 수업 중에는 엄격한 규율이 필요하다.

→ Strict _____ is needed during class.

11. 헤르미온느는 왜 이리 오래 걸려?

→ What's _____ Hermione?

12. 너무 심하게 흥정하시네요.

→ You _____ a hard bargain.

13. 9번 게이트로 가 주십시오.

→ Please _____ to Gate 9.

14. 나는 그가 오는지 궁금하다.

→ I'm curious _____ he is coming.

15. 그 약은 효능이 없었다.

→ The medicine had no _____ .

16. 나는 내 가족을 부양해야 한다.

→ I have to _____ for my family.

17. 나는 그날 저녁에 일어난 일에 대해 자세히 설명했다.
    → I gave a detailed _____ on what happened that evening.

18. 내가 우리 핼러윈 파티를 하기에 가까운 장소를 알아냈어. 게다가 비싸지도 않아.
    → I've found a nearby place for our Halloween party. It's not expensive, _____.

19. 전부 다 받아 적어라, 안 그러면 기억 못할 거야.
    → Write them all down, _____ you will forget them.

20. 난 더 이상 시간을 낭비할 수는 없어.
    → I can't _____ to lose more time.

21. 그는 손가락으로 보물이 묻혀 있는 곳을 가리켰다.
    → He _____ where the treasure was buried with his finger.

22. 나는 컴퓨터 게임에 흥미가 없다.
    → I have no _____ in computer games.

23. 줄담배를 피우는 습관이 그녀가 죽은 원인이었다.
    → The habit of chain-smoking _____ to her death.

24. 나는 차마 상자를 열 수가 없었다.
    → I couldn't _____ myself to open the box.

25. 그냥 여기다 쑤셔 넣어.
    → Just _____ it in here.

Answers

01. quite 02. once 03. held 04. suggest 05. offered
06. significant 07. right 08. expecting 09. material 10. discipline
11. keeping 12. drive 13. proceed 14. whether 15. effect
16. provide 17. account 18. either 19. otherwise 20. afford
21. indicated 22. interest 23. contributed 24. bring 25. stuff

※ 활용법을 모두 알고 있는 단어에 체크(V)해 보세요.

- ☐ discipline
- ☐ offer
- ☐ account
- ☐ material
- ☐ whether
- ☐ suggest
- ☐ once
- ☐ otherwise
- ☐ indicate

- ☐ provide
- ☐ drive
- ☐ either
- ☐ bring
- ☐ effect
- ☐ quite
- ☐ significant
- ☐ afford
- ☐ keep

- ☐ stuff
- ☐ expect
- ☐ interest
- ☐ contribute
- ☐ hold
- ☐ proceed
- ☐ right

estimate
[éstɪmət] [éstɪmeɪt]

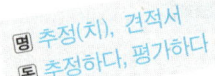

1. Give me your rough estimate. 명

대략적인 **추정치**를 알려 주십시오.

명사 **estimate**는 '추정치', '추산'을 의미한다. estimate는 동사 make와 함께 쓰여 make an estimate(견적을 내다, 추산을 하다)처럼 쓸 수 있다. 그래서 I've made a rough estimate.라고 하면 "대략적인 견적을 내봤어."가 된다. 대표 예문의 형용사 rough는 원래 '표면이 고르지 않은', '거친'이라는 뜻이지만 여기서처럼 '대략적인', '대충'의 의미도 지닌다.
참고로 명사 estimate에는 '견적서'의 의미도 있다.

2. The loss is estimated at one million dollars. 동

손실은 백만 달러로 **추산되고** 있다.

estimate가 동사일 때는 '추정하다', '견적하다', '어림하다'라는 뜻이다. 추정하는 대상은 가격을 포함한 숫자이다 보니 estimate 뒤에는 비용과 같은 수치가 나온다. estimate와 숫자 사이에는 전치사 at가 놓여 '~으로'를 의미해 준다. 그래서 대표 예문의 at one million dollars를 보면 '백만 달러로'가 된다. 물론 아래의 대화문처럼 estimate가 at 없이 사용되는 경우도 있다.

> **A:** She will estimate the value of your mansion.
> 그녀가 귀하의 저택 가치에 대한 견적을 매길 것입니다.
>
> **B:** Please send me the estimate as soon as possible.
> 최대한 빨리 견적서를 제게 보내주십시오.

3. Never underestimate your opponent. 동

절대로 상대를 과소**평가하지** 말아라.

동사 **estimate**에는 '인물을 평가하다', '판단하다'라는 의미도 있다. 다만, 실전에서 사용될 때는 그냥 estimate보다는 과대(over-) 또는 과소(under-)와 함께 한 단어로 쓰여 '과대평가하다(overestimate)', '과소평가하다(underestimate)'로 많이 활용된다.

A: I can't do it anymore.

저 더 이상 못하겠어요.

B: Hmm… Maybe I have overestimated your ability.

음…… 어쩌면 내가 자네의 능력을 과대평가했는지도 모르겠군.

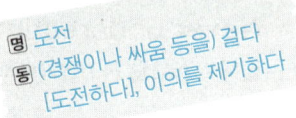

명 도전
동 (경쟁이나 싸움 등을) 걸다 [도전하다], 이의를 제기하다

1. **That would be a huge challenge.** 명
그건 엄청난 **도전**이 되겠다.

명사 **challenge**는 '도전'을 의미한다. 사람의 능력이나 기술을 시험하는 도전이다. 어렵고 도달하기 힘들지만 해보고 싶거나 한번 해볼만하다는 뉘앙스를 가진다. 경쟁이나 시합에 잘 쓰이고 과학이나 인간의 한계를 다룰 때도 어울리는 단어이다. face the challenge(도전에 직면하다), accept[take] the challenge(도전을 받아들이다), interesting challenge(흥미로운 도전), exciting challenge(신나는 도전) 등으로 활용된다.

2. **I challenge you *to* a duel!** 동
너에게 결투를 **신청한다**!

challenge가 동사일 때는 경쟁이나 싸움을 '걸다'이다. 대표 예문의 to는 '~을', '~에 대해'란 의미가 되어 뭐에 대해 싸우는지를 나타내주는 역할을 한다. 상대방에게 요구하는 상황이다 보니 일단 그 상대방이 받아들여야 성사되겠다. challenge는 대표 예문의 경우 문맥상 '신청하다'로 해석하면 자연스럽고, 아래의 대화문에서는 '도전하다'로 해석하면 된다.

> **A:** Claudia has challenged me to a game of go.
> 클라우디아가 바둑을 한 판 두자고 도전해 왔어.
>
> **B:** Are you going to accept the challenge?
> 도전을 받아들일 거니?

3. I **challenged** him on his hypocrisy. 동

나는 그의 위선에 대해 **이의를 제기했다**.

challenge는 '~에 이의를 제기하다'라는 의미도 된다. 무엇에 대한 진실, 정당성, 가치, 권위 등을 의심하여 그러는 것이다. 법원, 정치, 토론장에서 일어나는 문제나 상황에 어울리는 표현이다. 예의를 지키되 굳건하고 강한 어조로 이의를 제기한다는 뉘앙스를 담고 있다.

- Many people will challenge your decision.
  많은 사람들이 당신의 결정에 이의를 제기할 것입니다.
- The lawyer will challenge the court's ruling.
  변호사는 법원의 판결에 대해 이의를 제기할 것이다.

Challenges are what make life interesting; overcoming them is what makes life meaningful.

– Joshua J. Marine

도전은 인생을 흥미롭게 만들며, 도전의 극복이 인생을 의미있게 한다.
– 조슈아 J. 마린

should
[ʃʊd]

조 ~해야 한다, (아마) ~일 것이다

1. You should be on time. 조
너 시간 잘 **지켜야 해**.

should는 '~해야 한다'이다. 특히 상대의 행동을 비판하되 살짝 돌려서 다소 부드럽게 말할 때 쓴다. 참고로 should보다 강하게 비판하려면 must를 쓰면 된다. You must be on time.(넌 반드시 시간을 잘 지켜야 해.)처럼 말이다. should를 셀프 비판하는 어조로도 쓸 수 있는데, 이때는 I should have known better.(내가 더 잘 알았어야 했는데.)가 되어 "진작에 알았으면 그러지 않을 텐데."라고 후회하는 심리상태를 나타낸다. 보통 〈should have + 과거분사〉의 패턴을 따른다.

> **A:** Shouldn't you be at the library studying?
> 너 도서관에서 공부하고 있어야 되지 않니?
>
> **B:** I overslept. You should *have called* me to wake me up.
> 늦잠 잤어. 나한테 전화해 나를 깨웠어야지.

2. Should I quit my job? 조
나 직장을 그만두는 게 **좋을까**?

should는 충고를 하거나 구할 때도 사용한다. 대표 예문처럼 충고를 구할 때 쓰는 Should ~?는 말하는 이의 진지함이 묻어나고, 아래의 예문과 같이 충고를 할 때 쓰는 should는 어조에 부드러움이 담겨져 있다.

- You shouldn't worry too much about it.
  네가 그것에 대해 너무 걱정하지 않았으면 해.
- We should be going now.
  우리 이제 그만 가보는 게 좋을 것 같아.

3. It should get dark about now. 조
지금쯤 어두워**질 거야**.

should는 '아마 ~일 것이다'도 된다. 앞으로 일어날 일에 대한 예상이나 추측을 나타낸다. 예측이 틀릴 수도 있지만 얼추 맞을 확률이 높고 틀려도 할 수 없다는 뉘앙스이다. 그만큼 다루는 내용이 아주 중요하거나 상황이 긴박하지는 않다.

> A: What's going on? When will they come?
> 무슨 일이야? 그들은 언제 올 거야?
>
> B: They should arrive in ten minutes.
> 그들은 아마 10분 후에 도착할 거야.

Prayers should be accompanied by good works.
기도에는 선행이 따라야 한다.

develop
[dɪvéləp]

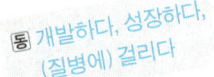

1. The company is secretly developing a new product. 동
그 회사는 비밀리에 신제품을 **개발하고** 있다.

develop는 '개발하다'의 의미이다. 대표 예문처럼 회사에서 신제품을 개발할 때 외에 토지나 자원 등을 개발할 때도 develop를 사용하여, develop the land into a business center(부지를 비즈니스 센터로 개발하다), develop natural resources(천연자원을 개발하다)가 된다. 계획을 세우는 것도 일종의 개발이기 때문에 develop a plan(계획을 세우다)으로도 사용이 가능하다.

> A: Doctor Hunter has successfully developed a new vaccine.
>   헌터 박사가 새로운 백신을 개발하는 데 성공했습니다.
>
> B: Let's hope it doesn't have side effects like last time.
>   지난번과 같은 부작용이 없기를 바라봅시다.

2. The cub has developed into a healthy adult bear. 동
아기 곰은 건강한 어른 곰으로 **성장했다**.

develop는 '성장하다', '성장시키다'도 되는데, 여기에는 동물이나 아이가 성장, 발육되는 경우는 물론 근육과 같이 신체가 발달하는 경우도 포함된다. 그래서 동물의 성장을 다룬 대표 예문 외에 The triplets are developing normally.(세 쌍둥이는 정상적으로 성장하고 있습니다.)라고 하면 아기의 발육을 의미하고, Chris developed huge muscles by working out every day.(크리스는 매일 헬스 운동을 통해 엄청난 근육을 키웠다.) 하면 육체적 근육 발달을 의미한다.

3. My colleague at work has developed lung cancer. 동

내 직장 동료는 폐암에 **걸렸다**.

'병이 생기다', '질병에 걸리다'라고 할 때도 **develop**를 쓸 수 있다. 다만, develop cancer(암에 걸리다), develop asthma(천식이 생기다), develop osteoporosis(골다공증에 걸리다)처럼 develop 뒤에 정확한 세부 병명이 나와야지 그렇지 않고 그냥 뭉뚱그려 질병의 총칭인 disease, illness나 sickness를 쓰면 어색하다.

A: Why doesn't Andy eat lunch with us?
앤디는 왜 우리랑 점심을 같이 안 먹는 거지?

B: He brings a packed lunch to work because he has diabetes.
당뇨병이 있어서 직장에 도시락 점심을 가져와.

He developed it at the age of twelve.
열두 살 때 당뇨에 걸렸대.

Great ability develops and reveals itself increasingly with every new assignment.
– Baltasar Gracian

탁월한 능력은 새로운 과제를 할 때마다 점점 스스로 발전하고 드러난다.
– 발타사르 그라시안

yet
[jet]

부 아직, 이제
접 그런데도, 그렇지만

1. **I'm not ready yet.** 부
난 **아직** 준비가 안 됐어.

yet은 부정문과 의문문에서 '아직 안 했거나 못 했다'라는 뜻을 나타낼 때 쓰인다. 대표 예문에서 부사인 yet은 형용사인 ready(준비된)를 뒤에서 꾸며주고 있다.
한편, I'm not ready yet.은 또 다른 부사인 quite가 추가되어 쓰이기도 한다. 이 때의 quite은 '충분히'란 뜻이 되고, I'm not quite ready yet.(난 아직 충분히 준비되지 않았어.)으로 해석된다.

> **A:** Are you done using the computer?
> 컴퓨터 다 썼니?
>
> **B:** No, not yet. Give me five more minutes.
> 아니, 아직. 5분이면 돼.

2. **Don't go yet!** 부
아직 가지 마!

yet은 '아직 하지 말라'고 말할 때 사용한다. 다 이유가 있으니 조금 더 기다리라는 뉘앙스이다. 아래의 대화문에는 yet이 두 번 등장하는데, 우리말로는 둘 다 '아직'이라고 해석했지만, 첫 번째 yet은 지금 배운 뜻이고 두 번째 yet은 위의 1번 설명에서 소개한 yet의 뉘앙스를 띤다.

> **A:** Don't eat the potatoes yet. They're not properly cooked yet.
> 아직 감자를 먹지 마. 아직 제대로 익혀지지 않았거든.
>
> **B:** I don't mind.
> 상관 안 해.

3. It was a hot day, yet I was trembling. 접
더운 날**인데도** 나는 떨고 있었다.

yet은 접속사로도 쓰일 수 있는데 이때는 '그렇지만', '그런데도'라는 의미이다. yet은 같은 의미를 가진 but(그러나)과 교체 사용 가능하다.
참고로 영작을 할 때 같은 의미인 yet과 but을 굳이 번갈아 가며 쓰는 이유는 같은 문단 안에서 동일한 단어가 반복되면 지루해 보여 이를 피하기 위해서이다.

The eye is small, yet it sees the whole world.
눈이 작아도, 온 세상을 본다.

issue
[íʃuː]

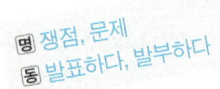

1. The issue of the day is "fire prevention." 명
오늘의 **사안**은 '화재 예방'입니다.

issue는 '주제', '쟁점', '사안'을 뜻한다. 다루게 되는 이유는 그것이 현재 논쟁이 되거나 중요하기 때문이다. 정부 기관이나 회사 조직, 그리고 뉴스나 신문기사에서 많이 사용하는 단어이다. 우리가 흔히 하는 "지금 이슈가 되고 있어."라는 말의 '이슈'가 바로 이 issue이다.

한편, issue와 함께 자주 사용되는 형용사로는 key, sensitive, controversial 등이 있다. '핵심 사안(key issue)', '민감한 주제(sensitive issue)', '논란이 많은 쟁점(controversial issue)'이 되겠다.

> **A:** You are sexist!
> 당신은 성차별주의자예요!
>
> **B:** What do you mean?
> 무슨 소리입니까?
> This issue has nothing to do with sexual equality.
> 이 쟁점은 남녀평등과 전혀 상관이 없어요.

2. That's not the issue right now. 명
지금 그게 **문제**가 아니잖아.

사람들이 일상생활에서 일반적으로 다루는 '문제'도 **issue**이다. 지금 당장 걱정거리가 되고 있는 문제이며, 해소되려면 당사자들끼리 많은 대화가 오가야 하는 상황에서 쓴다.

> **A:** But… We live so far apart.
> 하지만…… 우리는 너무 멀리 떨어져 살잖아요.
>
> **B:** I hope distance is not an issue. Is it an issue?
> 거리가 문제가 아니길 바라는데. 그게 문제니?

3. The mayor issued a statement regarding the allegations. 동

시장은 그 혐의에 관련해 입장 **발표를 했다**.

issue가 동사일 때는 '발표하다', '발부하다'를 뜻한다. '발표하다'는 대표 예문처럼 공식적인 입장 발표를 할 때 사용하고, '발부하다'는 I was issued a new passport.(나는 새 여권을 발부 받았다.)나 A warrant has been issued to arrest Jack the Ripper.(잭 더 리퍼에 대한 체포영장이 발부되었다.)처럼 활용한다.

The last five minutes determine the issue.
마지막 5분이 문제를 해결한다.

implement
[ímplɪment] [ímplɪmənt]

동 시행하다
명 도구

1. The government promised to **implement** a new law against animal abuse. 동

정부는 동물 학대에 대한 새로운 법을 **시행하기**로 약속했다.

implement가 동사일 때는 '시행하다', '이행하다', '실행하다'이다. 준비한 계획이 반드시 현실화되도록 진행한다는 것이다. 치밀하고도 강력하게 밀어붙인다는 뉘앙스가 들어 있다. 격식 표현이고, implement와 함께 잘 쓰이는 명사는 plan, system, law이다. 그래서 implement a plan(계획을 이행하다), implement a system(제도를 시행하다), implement a law(법을 시행하다)처럼 활용된다.

> **A:** The plan to revitalize the economy is finally ready.
> 경제 활성화를 위한 계획이 드디어 준비되었습니다.
>
> **B:** Good! Let's implement it right away.
> 좋아요! 당장 실행에 옮깁시다.

2. There are knives and other **implements** in this drawer. 명

이 서랍 안에는 칼을 포함한 다른 **도구들**이 들어 있다.

명사 **implement**는 간단한 '도구'를 뜻한다. 격식 표현이고, implement보다 더 널리 쓰이는 tool(도구, 공구, 연장)과 동의어이다. knife(칼)나 shovel(삽)이 implement에 포함되고, '농기구' 하면 agricultural implements가 되겠다.

한편, implement는 더 넓은 의미로도 쓰이는데 writing implements 하면 '필기도구', surgical implements 하면 '외과기구', implements of war 하면 전쟁 때 동원되는 '병기'이다.

- You have to watch out for injuries when using agricultural implements.
  농기구를 사용할 때는 부상을 조심해야 한다.
- Elephants were used as implements of war in ancient warfare.
  고대 전투에서는 코끼리가 병기로 사용되었다.
- Surgical implements should be handled with care.
  외과기구는 조심스럽게 다뤄져야 한다.

benefit
[bénɪfɪt]

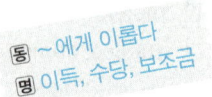

1. The sudden change has benefitted him greatly. 동

그 갑작스러운 변화는 그에게 큰 **이득이 되었다**.

동사 **benefit**는 '득을 보다', '이익을 얻다', '덕을 보다', '이롭게 되다'로 쓰인다. 언제 이득이 될지 모르기 때문에 뜻하지 않은 행운이라는 뉘앙스가 들어 있고 수혜자는 기분이 좋을 수밖에 없다.

> A: Who will benefit from Countess Buvier's death?
> 부비에 백작부인의 죽음으로 인해 누가 덕을 볼까?
>
> B: It's difficult to say. There are too many.
> 말씀드리기가 어렵네요. 너무 많아서요.

2. It will be of benefit *to* you, so accept the offer. 명

너에게 **이득**이니 제안을 받아들이렴.

benefit가 명사일 때는 '이득', '혜택'이라는 의미가 된다. 본인에게 도움이 되니 거절하지 말고 챙기라는 것이다. 대표 예문처럼 to나 아래의 대화문처럼 of가 benefit와 연결고리 역할을 하여 뒤따르는 명사나 명사 형태의 내용과 합쳐진다.

> A: How did your education help you succeed?
> 당신이 받은 교육이 성공에 어떤 도움이 되었나요?

B: It gave me the benefit of learning how to think analytically.
분석적인 사고를 하는 법을 배웠다는 점에서 이득이 되었습니다.

3. I'm on unemployment benefits. 명
나 실업 **수당**을 받고 있어.

정부가 실업자나 장애인 등에게 제공하는 수당이나 보조금도 **benefit**이다. 대표 예문처럼 본인이 사유가 되어서 받는 보조금이면 be on(~을 받고 있다, ~의 대상이다)으로 쓰일 수 있다. 따라서 본인에 해당하는 unemployment benefits(실업 급여)와 sickness benefit(질병 수당)는 be on과 활용될 수 있는 반면, 본인이 사유가 아닌 child benefit(육아 수당)이나 housing benefit(주택 보조비)는 be on 뒤에 놓여 사용될 수 없다.

Write injuries in dust, benefits in marble.
– Benjamin Franklin

상처는 먼지에 기록하고, 혜택은 대리석에 새기라.
– 벤자민 프랭클린

upon
[əpáːn]

전 ~ 위에, ~하자마자, ~에 더하여

1. The man set his briefcase upon the desk. 전
남자는 자신의 서류 가방을 책상 **위에** 놓았다.

upon은 '~ 위에 있는'이다. 뭔가가 다른 뭔가의 위에 있는 상태를 묘사할 때 쓴다. 전치사 on(위에)과 같은 의미이지만 격식 표현이다. 그리고 on 대신 upon을 사용하면 문장 안에서 이 upon 부분이, 즉 '위에 있는'이 강조되고 돋보이는 효과가 있다.

한편, upon은 아래의 예문처럼 비유적인 의미로도 사용된다. 아래의 예문을 직역하면 "하객들의 눈이 신부의 위로 쏠린다.", "소원을 별 위에다 빈다."가 되지만, 네이티브들은 upon을 자연스럽게 각각 '~에게로', '~을 향해'로 이해한다.

- The bride could feel the eyes of the guests upon her.
  신부는 자신에게로 **쏠린** 하객들의 눈길을 느낄 수 있었다.
- If you wish upon a star, your dream will come true.
  별**에다가** 소원을 빌면, 너의 꿈은 이루어질 거야.

2. You will see a large sycamore tree upon entering the gate. 전
당신은 대문으로 들어**오자마자** 커다란 플라타너스 나무를 보게 될 것이다.

'~하자마자'라는 뜻도 **upon**에 있다. 한 사건이 일어난 직후 바로 이어서 또 다른 사건이 일어날 때 upon을 쓴다. 한편, as soon as라는 표현도 '~하자마자'라는 의미이기 때문에 upon과 교체 사용이 가능하다. 그래서 대표 예문을 바꿔보면 You will see a large sycamore tree as soon as you enter the gate.가 된다.

참고로 upon 이하 부분 전체가 문장 맨 앞으로 이동이 가능하다.

- The bull charged forward upon entering the bullring.
= Upon entering the bullring, the bull charged forward.
  황소는 투우장에 들어서자마자 앞으로 돌진했다.

3. The pop singer received *hundreds* upon *hundreds* of fan letters. 전

그 팝가수는 수백 수 천 통의 팬레터를 받았다.

누적의 의미나 수·양이 많다는 것을 강조하기 위해 **upon**을 사용하기도 하는데, upon이 문장 속에서 어떻게 사용되느냐에 따라 한글 뜻이 달리 해석되기 때문에 표준화시켜 표현하기가 어렵다. 중요한 점은 upon의 앞뒤에 연달아 오는 대상은 서로 같은 단어, 그것도 명사여야 한다는 것이다. 대표 예문에서는 hundreds가 upon의 앞뒤에 연결되었다.

- *Pile* upon *pile* of garbage are left on the ground.
  쌓이고 쌓인 쓰레기 더미가 땅 위에 남겨져 있다.
- The artist worked for *hour* upon *hour* in order to complete his painting.
  미술가는 그림을 완성하기 위해 많은 시간을 들였다.

There are as many pangs in love as shells upon the shore.
사랑에는 해변의 조가비들처럼 숱한 고통이 있다.

release
[rɪlíːs]

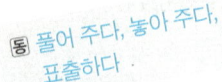
동 풀어 주다, 놓아 주다, 표출하다

1. **The prisoner was released from jail.** 동
그 죄수는 **석방되었다**.

'풀어 주다'라는 뜻인 **release**는 다양한 상황에서 사용된다. 감옥에 갇혀 있다가 풀려나는 것도 release이고, 병원에서 치료 받다가 완쾌되어 퇴원하는 것도 release이다.
한편, 동물이 자연 보호 지역과 같이 보살핌을 받던 시설로부터 방생의 의미로 풀려날 때도 release를 쓴다.

- I was released from hospital today.
  나는 오늘 병원에서 퇴원했다.
- The tiger was released into the wild.
  호랑이는 야생으로 되돌려졌다.

2. **Release your grip! You're hurting my arm!** 동
움켜쥔 손을 **놓으란 말이야**! 팔이 아프잖아!

손으로 잡고 있는 신체의 일부나 물건을 놓을 때도 **release**를 쓴다. 주로 사람의 신체 중 잡기 쉬운 팔이나 손목을 잡았다가 놓는 것을 의미한다. 스포츠에서 타이밍에 맞춰 공을 놓거나 팽팽히 당겨진 활시위를 놓는 것도 release이다.
한편, 놓는 행위는 한 번에 깔끔하게 일어나며, 행위자가 실수로 또는 손에서 힘이 빠져서가 아니라 충분한 의도를 가지고 놓는 것이다.

A: Darn it! My bowling ball has rolled into the gutter again.
이런 젠장! 볼링공이 또 옆으로 빠져 버렸네.

B: Try releasing the ball more smoothly next time.
다음에는 공을 더 부드럽게 놓아 봐.

3. She finally released her anger. 동
그녀는 드디어 분노를 **표출했다**.

감정을 '발산하다', '표출하다', '풀다'도 **release**이다. 마음속에 담아 두었던 감정을 화끈히, 한꺼번에 마음껏 내보낸다는 뉘앙스이다. release anger(분노를 표출하다) 외에 release tension(긴장을 풀다)도 많이 쓰인다.

A: I'm so stressed out these days.
나 요즘 스트레스를 많이 받고 있어.

B: Try doing yoga. It will help you release tension.
요가를 해 봐. 긴장을 푸는 데 도움이 될 거야.

draw
[drɔː]

 (그림을) 그리다, 끌어당기다, (숨을) 들이마시다

1. I'm good at drawing cartoons. 동
나는 만화를 잘 <u>그린</u>다.

'그림을 그리다'라고 할 때 **draw**를 쓴다. 비슷한 표현으로 paint가 있는데 둘의 차이를 아는 게 중요하겠다. draw가 연필, 펜, 숯, 크레용이나 파스텔, 잉크를 이용해 그림을 그리는 것이라면, paint는 물감과 붓, 팔레트 나이프를 사용해서 그림을 그리는 것이다. 벽에다 걸어 놓는 '그림'은 -ing를 붙여 drawing이나 painting이라고 쓴다.

> **A:** This picture was drawn by an elephant.
> 이 그림은 코끼리가 그린 그림이야.
>
> **B:** Oh? I thought you drew it.
> 그래? 난 네가 그린 줄 알았는데.

2. The sled is drawn by six Alaskan Malamutes. 동
여섯 마리의 알래스카 말라뮤트가 그 썰매를 **끈다**.

무거운 무언가를 '끌어당기다'라고 할 때도 **draw**이다. 부드럽게 끈다는 뉘앙스가 들어 있다. draw는 대상이 주로 끌림을 당하는 입장이기 때문에 대표 예문처럼 수동태(be drawn)로 활용된다.

- The wagon was drawn by two black horses.
  두 마리의 검은 말이 그 4륜 마차를 끌었다.

3. **Draw** *a* deep *breath*. 동

숨을 크게 **들이마시세요**.

숨을 들이마실 때도 **draw**이다. 평소처럼 무의식적으로 숨을 쉬는 게 아니라 의도적으로 필요에 의해, 그래서 다소 과장되게 하는 경우이다. 병원에 가서 청진기를 가슴에 대거나 마음을 가라앉히려고 숨을 들이마시는 경우가 되겠다. draw만 가지고 '숨을 들이마시다'가 성립되지는 않고 뒤에 a breath가 와야 한다. 참고로 draw의 자리에 take를 대신 집어넣어 Take a deep breath.라고 해도 되는데, 회화체에서는 take를 사용한 쪽이 더 많이 쓰인다.

A: Draw *a* deep *breath*, please.
숨을 크게 들이마시세요.

B: Wow, I have never taken an X-ray before.
우와, 엑스레이 촬영은 처음이에요.

Beauty draws more than oxen.
아름다움은 황소보다 더 많이 끌어당긴다(힘이 세다).

commitment
[kəmítmənt]

1. The king made a commitment to peace and prosperity. 명

왕은 평화와 번영에 대한 **약속**을 했다.

commitment에는 미래에 어떤 일을 하겠다는 '약속'이라는 뜻이 있는데, 개인이 일상 생활에서 가볍게 하는 약속 수준을 넘어 널리 공약하는, 그래서 책임이 중대하고 스케일도 있고 시간도 걸리는 약속이다. 헌신적으로 해내겠다는 굳은 결심과 의지가 느껴지는 격식 표현이다. commitment는 동사 have, make, meet와 함께 자주 쓰인다. make a commitment(약속을 하다), meet a commitment(약속을 지키다), have a commitment(약속한 일이 있다)처럼 쓴다.

- They made a commitment to start working together.
  그들은 함께 일을 시작하기로 약속했다.
- Don't worry, I will fulfill my commitment.
  걱정 마세요, 제가 한 약속을 지킬 테니까요.
- I have other commitments that I have to meet.
  내가 지켜야 할 다른 약속들이 있다.

2. Bob's commitment to his work is beyond question. 명

밥이 그의 일에 **헌신**하고 있음은 의심의 여지가 없다.

어떤 활동이나 정치 또는 사회적 운동에 헌신하거나 전념한 상태도 **commitment**로 나타낸다. 약속을 했거나 책임을 지기로 했기 때문에 정기적으로 그 사람의 시간과 에너지가 투입되는 상황이다. 쉽지 않고 부담이 되긴 하지만 많은 노력을 하고 있다는 뉘앙스이다. 이때의 commitment는 앞서 1번 설명에서와는 달리 동사 make, meet, have와 함께 쓰이기보다는 문장 안에서 홀로 명사로서 자기 역할만을 한다.

- You all have shown great passion and commitment.
  여러분들 모두는 많은 열정과 헌신을 보여 주었습니다.
- I have no doubt about your commitment to the team.
  팀에 대한 당신의 헌신에 대해 믿어 의심치 않습니다.
- Katie's commitment to her job and family is amazing.
  케이티의 일과 가족에 대한 헌신은 놀랍다.

Passion is the quickest to develop, and the quickest to fade. Intimacy develops more slowly, and commitment more gradually still.
– Robert Sternberg

정열적인 사랑은 빨리 달아오른 만큼 빨리 식는다.
친밀감은 그보다는 천천히 생기며, 헌신적인 마음은 그 보다도 더디다.
– 로버트 스턴버그

ensure
[ınʃύr]

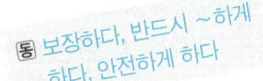

1. Signing this contract will ensure your success. 동
이 계약서에 서명하면 당신의 성공이 **보장될 것이다**.

동사 **ensure**는 '보장하다'이다. 어떤 일이 반드시 일어나게 하거나 일어나지 않게 한다는 것이다. 예를 들어, The pharmacist ensured that the new medicine would work well on Mr. Hyde.(약사는 신약이 하이드 씨에게 잘 들을 것이라고 보장했다.)와 같이 어찌됐든 결과가 좋은 일에 대한 보장을 주로 나타낸다. 따라서 '자유(freedom)', '성공(success)', '(직업 관련) 자리(post)'처럼 긍정적인 단어와 함께 쓰인다.

한편, ensure는 모양새나 발음이 또 다른 동사 insure와 흡사해 혼동이 올 수 있어 구분해 둘 필요가 있다. 결론부터 말하면 둘은 교체 사용할 수 없다. ensure가 뭔가를 보장해주는 것이라면, insure는 '돈'과 관련된 표현으로 의미는 '보험에 들다'가 되기 때문이다. insurance(보험) 할 때 그 insure이다. 아래는 참고를 위해 insure를 사용해 만들어 본 예문이다.

- It's all right, my jewelry is insured.
  괜찮아요, 내 보석은 보험에 들어있어요.
- It is compulsory for drivers to insure their vehicles.
  운전자들은 의무적으로 자동차에 보험에 들어야 한다.

2. Our company is going to buy safety devices to ensure *against* accidents. 동

우리 회사는 사고로부터 **안전하기** 위해 안전장치들을 구입할 예정이다.

ensure에는 '안전하게 하다', '지키다'라는 뜻도 있다. 전치사 against나 from 이 세트로 함께 쓰이기도 한다. '반드시 안전하게 지킨다'라는 뉘앙스가 들어 있다. 결국 여기서 쓰인 ensure를 좀 더 쉬운 단어로 표현하면 protect(보호하다, 지키다)가 되겠지만, ensure 안에는 '안전하게'라는 의미가 제대로 녹아 있다는 점이 차이이다.

- The devices will ensure workers *against* accidents.
  그 장치들은 노동자들을 사고로부터 안전하게 할 것이다.

Don't be intimidated by what you don't know.
That can be your greatest strength and ensure that you do
things differently from everyone else.
— Sara Blakely

모르는 일이라고 겁내지 마라. 그것이 당신의 최대 강점이 될 수 있고, 반드시 당신이 타인과 다르게 일할 수 있게 만들 수 있다.
— 사라 블레이크리

whereas
[weræz]

접 ~에 반하여, 그러나, (공식 문서의 첫 부분) ~이므로

1. Zelda enjoys outdoor activities, whereas Mario prefers to stay home and read books. 접

젤다는 야외 활동을 즐기는 데 **반해** 마리오는 집에서 독서하는 것을 선호한다.

접속사인 **whereas**는 '~에 반하여'라는 의미이다. 두 가지 사실이나 사건을 비교하거나 대조할 때 쓴다. 〈절1, whereas+절2〉의 형태를 취하고 〈whereas+절2〉 부분을 앞으로 빼서 〈Whereas+절2, 절1〉 형태로도 사용 가능하다. whereas는 또 다른 접속사인 while과 번갈아 가며 사용할 수 있기는 한데 한 가지 제약이 있기 때문에 둘의 차이점을 정리해 둘 필요가 있다.
즉, 둘 다 '그런데'라는 뜻으로 대조를 나타내는 기능을 할 때는 바꿔 사용할 수 있다. 하지만 while이 '~하는 동안에'라는 의미로 시간을 다룰 수 있는 데 비해 whereas는 그렇지 않다. 무슨 말인가 하면 두 가지 행동이 같은 시간에 동시에 이뤄지는 Tom watched TV while Cindy talked on the phone.(신디가 전화통화를 하는 동안에 톰은 TV를 시청했다.)에 whereas를 대신 넣어 Tom watched TV, whereas Cindy talked on the phone.이라고 할 수 없다는 것이다.
반면, 일이 동시에 이뤄지지 않는 맨 위의 대표 예문과 같은 경우에는 whereas 대신 while을 넣어 Zelda enjoys outdoor activities while Mario prefers to stay home and read books.로 바꿔도 같은 뜻이 된다. 그럼, while과 whereas의 차이를 예문을 통해 한 번 더 정리해 본다.

while vs **whereas**

- 내 개는 비만**인데** 네 개는 호리호리하구나.
  My dog is obese **while** your dog is slim. (o)
  My dog is obese, **whereas** your dog is slim. (o)

- 한석봉은 어머니가 떡을 썰 동안 붓글씨를 연습했다.
  Han Sukbong practiced calligraphy **while** his mother sliced rice cake. (o)
  Han Sukbong practiced calligraphy, **whereas** his mother sliced rice cake. (x)

2. Whereas, Acuren is a leading provider of educational content; 접

아큐렌은 선두적인 교육 콘텐츠 제공업체**이므로**;

whereas는 계약서 등의 공식적인 법률 문서에서 본문에 들어가기에 앞서 사실관계를 나열하는 문장의 앞에 오기도 한다. 이럴 때의 뜻은 '~라는 사실을 고려하여', '~이므로'이다. 영문 계약서에서는 관례적으로 이런 whereas clause(설명 조항)를 두어 whereas가 이끄는 절이 계약 당사자에 대해 설명 또는 소개하도록 한다. 보통 두세 개 이상의 whereas clause가 있으며, 통상적으로 끝에 구두점으로 semi-colon(;)을 사용한다.

- Whereas, Signal, a company in Korea providing IT solutions for the financial industry, requires Mop Shop to provide janitorial service in its headquarters in Seoul;

  금융 산업을 위한 IT 솔루션 제공업체인 한국의 시그널사(社)는 서울 본사의 청소업무를 몹샵에 일임하고자 하**므로**;

attend
[əténd]

동 (~에) 다니다, 참석하다, 주의를 기울이다

1. I <u>attend</u> Richmond High School. 동
나는 리치몬드 고등학교에 **다닌다**.

attend는 '~에 다닌다'라는 뜻으로 학교와 같은 교육 기관에 다닌다고 할 때 쓴다. '학교에 다니다(attend school)', '수업에 출석하다(attend class)' 또는 '대학 강의나 강연을 듣는다(attend a lecture)' 등에 사용된다.
한편, '대학교에 다닌다'고 할 때는 attend를 사용하면 어색해서 이때는 I go to Harvard University.(나 하버드대에 다녀.)라고 하는 것이 무난하다.

> A: I attend Tiffin High School.
> 저는 티핀 고등학교에 재학 중입니다.
>
> B: Really? I graduated from Tiffin.
> 정말? 나 티핀 나왔어.

2. All the members <u>attended</u> the meeting. 동
회원들은 모두 회의에 **참석했다**.

attend는 회의나 모임에 '참석하다'로도 쓰인다. 참고로 회의나 모임이 열리기로 한 시간에 맞춰 오는 것을 be on time(시간을 잘 지키다)이라 하여 You are requested to attend the meeting on time.(당신은 시간에 맞춰 회의에 참석해야 한다.) 또는 I will attend on time.(나는 제시간에 참석할 것이다.)로 활용된다.

3. Is he attending your lectures? 동

그는 당신의 강의에 **집중하고 있나요**?

attend는 '주의를 기울이다'라는 의미도 되어 결국 '~에 집중하다'로 통한다. 다만 격식 표현이다 보니 문장 안에서 활용되면 딱딱하게 느껴지고 회화용으로는 잘 사용하지 않는다. 그러니 아래 대화문에서처럼 attend의 명사형인 attention (주의, 집중, 주목)을 활용한 표현인 pay attention(집중하다)를 사용하자.

A: You were not paying attention during my lecture.
자네는 내 강의 때 집중하지 않더군.

B: I'm so sorry, Professor Mosley. It won't happen again.
정말 죄송합니다, 모슬리 교수님. 다시는 그러지 않겠습니다.

Baseball is like church. Many attend, few understand.
– Leo Durocher

야구는 교회와 같다. 사람들은 많이 오지만, 이해하는 사람은 별로 없다.
– 레오 듀로셔

influence
[ínfluəns]

명 영향, 영향력
동 영향을 주다, 영향을 끼치다

1. Dan was driving under the influence of alcohol. 명
댄은 음주운전을 했다.

influence는 '영향', '영향력'이다. 영향은 긍정적일 수도 있고 대표 예문처럼 부정적일 수도 있는데, 문장에서 어떻게 사용되느냐에 따라서 달라진다. under the influence라고 하면 '영향력 밑에' 있다는 뜻이니 영향을 받는 상황이라는 말이 된다. 그래서 under the influence of alcohol은 '술의 영향력 밑에', under the influence of drugs 하면 '마약의 영향력 밑에'가 되어 결국 술에 취했고 마약을 해서 정신이 몽롱한 상태라는 뜻이다.

또한, 이 influence가 동사 have와 같이 사용되면 '~에 영향력을 갖고 있다'가 된다. '세력', '힘'을 뜻하고 대상에 따라 긍정적이든 부정적이든 어떤 형식으로든 영향을 끼친다는 것이다. Melanie has influence in the entertainment world.(멜라니는 엔터테인먼트 업계에 영향력이 있다.)처럼 사용된다. 이때 사용되는 전치사 in은 '~에'라는 뜻이다.

한편, 사람에게 영향을 미칠 때는 전치사 over가 in 대신 사용되어 Wanda has strong influence over her boyfriend.(완다는 자신의 남자 친구를 좌지우지한다.)가 된다.

참고로 명사 influence는 셀 수 있는 명사, 셀 수 없는 명사 둘 다 되기 때문에 상황에 따라 앞에 관사가 있기도 하고 없기도 하다.

- He was still under the influence of his parents.
  그는 여전히 부모의 영향 하에 있었다.

2. **A book can <u>influence</u> its readers to have hope and courage.** 동

한 권의 책은 독자들로 하여금 희망과 용기를 갖도록 **영향을 줄 수 있다**.

동사 **influence**는 '영향을 주다', '영향을 끼치다'이다. influence는 사람의 행동이나 사고에 영향을 주어 마음을 움직이거나 결정을 좌우할 수도 있고 단순히 상황에 영향을 미칠 수도 있다. 대표 예문은 좋은 의미로 영향을 주어 독자들이 감화를 받게 되는 경우를 표현한다.

한편, 상황에 영향을 미친 경우를 예로 들어 보면 다음과 같다. E-commerce has greatly influenced the way that consumers do their shopping.(전자 상거래는 소비자들이 쇼핑을 하는 방식에 큰 영향을 미쳤다.)에서는 '전자 상거래'라는 사회의 흐름이 '쇼핑객들의 물건 구매 방식'이라는 현상에 영향을 미쳤다는 것이 된다. 위의 대표 예문이 사람에게 직접적인 영향을 미쳤다면 이번에는 사람의 '소비 트렌드'라는 상황, 습관, 과정에 영향을 준 경우가 되겠다.

He that would be superior to external influences
must first become superior to his own passions.
- Samuel Johnson

외적인 영향에 좌우되고 싶지 않다면 먼저 자기 자신의 열정부터 다스려야 한다.
- 사무엘 존슨

despite
[dɪspáɪt]

전 ~에도 불구하고, 엉겁결에

1. Henry continued to study despite the noise. 전
헨리는 소음**에도 불구하고** 계속해서 공부했다.

despite는 '～에도 불구하고'라는 뜻을 지닌다. 대표 예문은 소음이 커서 공부를 못할 정도인데 그럼에도 불구하고 꿋꿋이 헨리가 공부를 해나갔다는 뜻이다. 이때 despite 이하의 despite the noise를 통째로 들어다 문장 맨 앞에 옮겨 놓아 Despite the noise, Henry continued to study.라고 해도 의미는 같아진다. 둘의 차이는 앞에 온 Despite the noise가 이제는 상대적으로 더 강조된다는 점이다.

한편, despite를 '비록 ～이지만'이라는 뜻을 가진 접속사 though, 그리고 though와 같은 의미인 접속사 although, even though와 구분해 정리해 볼 필요가 있겠다. 한글 뜻만 보면 의미가 얼추 같아 헷갈릴 수 있기 때문이다. (p.28~29의 랭킹 008 though의 설명을 참고할 것!)

둘의 차이점은 despite는 전치사이다 보니 despite 뒤에 절이 올 수 없고 구가 오는 반면에 though 등은 뒤에 절이 올 수 있다는 점이다. 그래서 대표 예문을 보면 〈절+despite+구〉의 구조로 되어 있는데, 만약 이 문장을 though 등을 넣어서 같은 의미로 표현하려면 Henry continued to study even though the noise was loud.가 되어야 한다. 당연히 even though 자리에 though, although를 대신 넣을 수도 있다.

- I believe we'll be friends despite the language barrier.
  언어 장벽에도 불구하고 나는 우리가 친구가 될 거라고 생각한다.

2. **He burped in front of his guests despite *himself*.** 전

그는 손님들 앞에서 **자기도 모르게** 트림을 했다.

despite는 '자기도 모르게', '엉겁결에'라는 뜻으로도 사용된다. 어쩔 수 없다는, 자신의 잘못이 아니라는 뉘앙스가 들어 있다. 당사자 본인에 대한 것이기 때문에 재귀대명사가 사용되어 despite oneself 형태를 이룬다.

A: Why are you suddenly so serious?
 너 갑자기 왜 그렇게 심각해졌어?

B: Despite *myself*, I started to think about the environment after listening to that man's speech.
 저 남자의 연설을 듣고 난 후 나도 모르게 환경에 대해 생각하게 되었지 뭐야.

then
[ðen]

1. Then, a stranger came through the door. 부
그때 낯선 사람이 문을 열고 들어왔다.

then은 '그때', '그 무렵'을 의미한다. 대표 예문처럼 현재 외에 과거나 미래의 '그때'를 나타낼 경우에 사용 가능하다. then을 과거에 사용해 보면 When I had a job, I never had to worry about money then.(내가 직업이 있었을 때, 그때는 돈에 대해 걱정을 할 필요가 없었다.)가 되고, 미래에 then을 사용해 보면 I want to pass the exam badly. So until then, I'm going to study day and night.(나는 너무나도 시험에 합격하고 싶어. 그러니 그때까지 불철주야로 공부할 거야.)가 된다.

2. You knock on the door first, and then shout "Trick or treat!" 부
우선 문을 두드린 **다음** '과자 안 주면 장난칠 테야!'라고 소리쳐.

then은 '그 다음에', '그러고 나서', '그러더니'도 된다. 연속적으로 연결되는 동작을 설명하기 위해 사용된다. 문장을 끊어 가지 않고 담고자 하는 내용을 한 문장 안에서 모두 처리할 때 유용하다.

- A cat came towards me, then two dogs ran towards me, and then three horses galloped towards me.
  내가 있는 쪽으로 고양이 한 마리가 다가오더니 그 다음에 개 두 마리가 달려왔고, 그러고 나서는 말 세 마리가 전속력으로 나에게 달려왔다.
- The phone rang, then the lights went out.
  수화기가 울리더니 불이 나갔다.

3. If you are late, <u>then</u> call me on my cell phone. 부

늦게 **되면** 내 핸드폰으로 전화 줘.

then은 '그렇다면', '그러면'도 의미한다. 만약의 경우를 가정하기 때문에 '만약에'라는 의미의 if와 같이 사용된다. if는 문장 맨 앞에, then은 문장 중간에 놓인다. if부터 then 사이의 내용은 일어날 수 있는 사건에 대해서, then 이하부터는 그럴 경우 결과론적으로 어떻게 한다는 내용을 담는다.

> **A:** If you feel that way, then does this mean you are leaving me?
> 그런 마음이라면 나를 떠나겠다는 거니?
>
> **B:** Yes, that's right. I'm so sorry.
> 응, 맞아. 정말 미안해.

First deserve and **then** desire.
먼저 자격을 갖추고 다음에 바라라.

due
[duː]

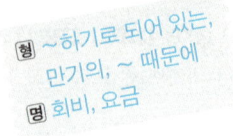

1. The homework is due tomorrow. 형
숙제는 내일**까지**야.

형용사 **due**는 '마감 기간'을 나타낸다. When's it due? 하면 "언제까지야?" 또는 "언제가 마감이야?"가 된다.
참고로 due date는 '지불 만기일' 또는 '출산 예정일'이 되겠다.

> **A:** When's the report due?
> 리포트는 언제까지 제출해야 되지?
>
> **B:** It was due yesterday.
> 어제가 마감이었어.

2. The picnic was cancelled due *to* rain. 형
소풍은 비 **때문에** 취소되었다.

형용사 **due**가 to와 함께 쓰여 due to가 되면 '~ 때문에'가 된다. due to 뒤에 나오는 명사나 구는 왜 그렇게 되었는가 하는 '이유'를 나타낸다. 즉, 대표 예문을 보면 소풍이 취소된 이유는 바로 '비' 때문인 것이다.
참고로 due to는 because of와 같은 의미이기 때문에 위의 대표 예문은 The picnic was cancelled because of rain.으로 바꿔 써도 된다.

> **A:** Why are you late?
> 너 왜 늦었어?

B: The car broke down *due to* some faulty parts.
자동차가 부품 결함 때문에 고장 나서 그랬어.

3. You have to *pay* your membership dues. 몡
회비를 내셔야 합니다.

due가 명사로 쓰일 때는 클럽이나 모임에 소속되어 있는 회원이 마땅히 내야 하는 '회비', '돈'을 의미한다. 이렇다 보니 due는 동사 pay(돈을 지불하다)와 함께 쓰여 활용된다. 그러니 pay your (membership) dues를 통째로 '회비를 내다'로 외워두자. 참고로 due가 복수형인 dues로 사용되는 이유는 회비를 꾸준히 여러 번 내기 때문이다.

Mistakes are part of the  one pays for a full life.
- Sophia Loren

실수는 충만한 삶을 위해 치러야 할 비용의 일부이다.
- 소피아 로렌

engage
[ɪngéɪdʒ]

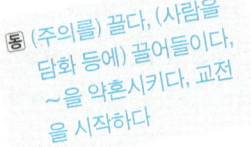

1. **This movie engaged our interest.** 동
이 영화가 우리의 관심을 **끌었다**.

뭔가가 사람의 주의를 끌어들이고, 사로잡을 때 **engage**라고 한다. 그만큼 매력과 흥미가 있기 때문에 쇠가 자석에 끌려가듯 자신도 모르게 집중하게 되는 것이다. 기분 좋게 몰입한다는 뉘앙스가 들어 있다. 이 동사에서 파생된 형용사 engaging도 '매력적인', '호감이 가는'이라는 뜻으로 많이 쓰인다. The novel has many engaging characters.라고 하면 "그 소설은 빠져들게 하는 등장인물들이 많다."가 되는데, 원서의 표지에 책을 묘사하거나 홍보하는 문구에 어울리는 표현이다. 참고로 이 문장에서의 engaging은 형용사로서 명사인 characters를 꾸며준다.

> **A:** John, I called you three times.
> 존, 너를 세 번이나 불렀잖아.
>
> **B:** Sorry. I didn't hear you.
> 미안해. 못 들었어.
> Wow, this book is really engaging.
> 우와, 이 책은 정말 **몰입하게 만드네**.

2. **We *were* engaged *in* an interesting conversation.** 동
우리는 흥미로운 대화에 **참여하고 있었다**.

engage는 누군가를 어떤 활동이나 대화, 토론에 '끌어들인다'는 의미로, be engaged in이라고 쓰면 '~에 집중해서 참여하고 있다'가 된다. 지금 이 순간

만큼은 시간 가는 줄 모를 정도로 집중하고 있다는 뉘앙스이다.
한편, engage에는 '~을 약혼시키다'라는 뜻도 있어, 수동형으로 써서 '약혼하다'라는 의미를 나타낼 수도 있다. She is engaged to Tom.(그녀는 톰과 약혼한 사이야.)처럼 말이다.

- My uncle *was* forced to engage *in* illegal activities.
  삼촌은 불법적인 활동에 관여하도록 강요받았다.
- They *were* eagerly engaged *in* a debate about sexual discrimination.
  그들은 성차별에 관한 토론에 열성적으로 참여하고 있었다.

3. The soldiers were engaged in a shootout. 동
병사들은 교전을 **벌였다**.

병사들이 어떤 지역에서 서로 전투를 벌일 때도 '교전하다'의 의미로 **engage**가 사용된다. 다만, 규모가 전쟁급은 아니고 한 지역에서 제한된 수의 병사들이 제한된 시간 안에 벌이는 치열한 전투이다. 그렇다 보니 engage in a war(전쟁)라고 하면 어색하고 engage in a battle(전투) 또는 engage in combat(전투)라고 해야 자연스럽다. Engage! Engage! 하면 "교전하라! 교전하라!"라는 전투 명령이 된다.

demonstrate
[démənstreɪt]

동 입증하다, 발휘하다, 보여주다, 설명하다

1. **The evidence demonstrates that the accused was not inside the room that night.** 동
그 증거는 그날 밤 피고가 방 안에 있지 않았다는 사실을 **입증해 준다**.

demonstrate는 '보여주다', '입증하다'이다. 의심의 여지가 없는 확고한 증거나 사례를 보여줄 때 사용한다. 그래서 동의어이되 더 일반적으로 쓰이는 show(보여 주다)보다 더 강력하고 특화된 용도가 있다. 여기에 소개된 demonstrate는 법과 관련되어 있다 보니 경찰이 사건을 수사하는 과정에서, 또는 변호사나 검사가 법원에서 주장을 펼칠 때 주로 사용한다.

2. **He demonstrated self-control in a tight situation.** 동
그는 힘든 상황에서 자제력을 **발휘했다**.

'보여주다', '발휘하다'도 **demonstrate**로 나타낼 수 있다. 행동으로 보여주고 타인의 귀감이 된다는 뉘앙스가 들어 있다.
demonstrate와 잘 어울리는 명사들과 짝을 이루는 표현들을 소개해 보면 demonstrate leadership(지도력을 발휘하다), demonstrate self-control(자제력을 보이다), demonstrate prowess(기량·용감함을 보이다) 등이 있다.

> **A:** What is the greatest merit of your team captain?
> 당신 팀의 주장이 가지고 있는 가장 큰 장점이 뭐죠?
>
> **B:** He has the ability to demonstrate leadership in any situation.
> 어떤 상황에서라도 지도력을 발휘할 줄 아는 능력이 있어요.

3. Let me **demonstrate** to you how it works. 동

이것이 어떻게 작동되는지 제가 **설명해드리겠습니다**.

'설명하다', '보여주다'의 뜻도 있는데, 이때는 상대방에게 기계 등의 작동 과정이나 사용법을 몸소 보여준다는 것이다. 확실히 알고 있어서 자신이 있다는, 그래서 뽐낸다는 뉘앙스가 들어 있는 동시에 처음부터 끝까지 자세하고 친절하게 설명해주겠다는 의도도 들어 있다. to you(너에게)처럼 말을 전달하는 대상이 확실한 경우라면 생략해서 그냥 Let me demonstrate how it works.라고 해도 된다.

A: Could you demonstrate to me how this lawn mower works?
이 잔디 깎는 기계의 사용법을 알려줄 수 있겠니?

B: I'll ask Paul to demonstrate it for you.
폴이 설명해줄 수 있는지 물어볼게.

It's a sign of mediocrity when you demonstrate
gratitude with moderation.
– Roberto Benigni

온건하게 감사를 표현하는 것은 평범의 표시이다.
– 로베르토 베니니

allow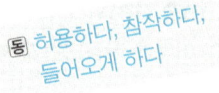

[əláʊ]

1. I will not allow for any mistakes, so be careful. 동

그 어떠한 실수도 **용납** 안 할 테니 조심해라.

'허용하다', '허락하다' 할 때 **allow**를 쓴다. 무엇을 하거나 가지도록 하게 하는 것이다. 대표 예문처럼 남이 하는 것을 허락할 수도 있고, I allow myself a bottle of whiskey every Friday night.(나는 매주 금요일 저녁이면 스스로에게 위스키 한 병을 허락한다.)처럼 본인 자신이 하는 것을 허락해도 자연스럽다. allow는 강력한 통제 효과가 있는 표현이라서 허락 받지 않으면 그대로 안 되는 것이고, 따로 여지가 없다는 뉘앙스가 있다.

참고로 Allow me to explain.이란 표현은 겉으로는 "내가 설명하도록 허락해 달라."이지만 실제로는 이제부터 내가 설명을 시작하려고 한다는 공손한 시그널이라고 보면 된다.

> **A:** What are you doing?
> 지금 뭐 하는 건가?
> You are not allowed to speak during the test.
> 시험 도중 말을 하면 안 돼.
> **B:** Professor Dickens, please allow me to explain.
> 디킨스 교수님, 제가 설명 해드리겠습니다.

2. We need to allow for some unexpected delays. 동

예기치 않은 지연을 **고려해야** 할 필요가 있다.

allow는 '참작하다', '고려하다'도 된다. 상황이나 상대방이 어쩔 수 없거나 어떤 피치 못할 사정이 있을 수 있으니 각박하게 굴지 말고 여유를 가지고 '생각해 주자', '계산에 넣어 두자'가 된다.

> **A:** Hmm… He's not coming.
> 음…… 그가 오질 않는군.
> Start the engine, let's get out of here.
> 시동을 걸어, 여기서 떠나자고.
>
> **B:** No, wait a little longer!
> 안돼요, 조금 더 기다려봐요!
> Please allow for any possible unforeseen delay.
> 예상치 못한 지연의 가능성을 참작해 주세요.

3. No pets are allowed in the restaurant. 동
애완동물은 식당 안에 **들어올 수** 없습니다.

allow는 '들어오게 하다'이다. 역시 허락을 의미하는데 어느 장소 안으로 들어올 때 사용하는 표현이다. 그러니 대표 예문에서 in the restaurant 부분을 생략하고 No pets are allowed.만 가지고도 "애완동물들은 안으로 들어오면 안 된다."는 의미가 전달된다. 실제 표지판으로도 사용되는 이 문구는 편의상 No pets allowed.로 줄여서 사용되기도 한다. allow는 사람과 동물 모두에게 사용할 수 있다.

prefer
[prɪfɜː(r)]

1. I prefer *apples to kiwis*. 동
나는 키위보다 사과를 **더 좋아한다**.

prefer는 '~을 선호하다', '~을 더 좋아하다'라는 뜻이다. 〈prefer A to B〉라는 비교용 패턴으로 쓰고, 'B보다 A를 더 선호하다'라고 이해하면 된다. 전치사 to는 '~에 비하여', '~보다'의 역할을 한다. 대표 예문처럼 문장 안에서 비교되는 두 대상 A, B가 동시에 소개되는 경우도 있고, 비교하는 대상들이 분명할 때는 I prefer tea.(나는 차요.)라고 그냥 한 가지만 말해도 된다.

> **A:** What would you *prefer* to drink, a cocktail or whiskey?
> 칵테일 또는 위스키 중에서 뭘 선호하시나요?
>
> **B:** Neither. I'd like a beer if you have one.
> 둘 다 별로네요. 맥주가 있으면 맥주 주세요.

지금까지는 선호하는 대상이 물건이었지만 사람한테도 prefer를 사용할 수 있다. 그래서 I prefer Stephanie to Gina.라고 하면 "나는 지나보다 스테파니를 더 좋아해."가 된다.

한편, prefer에는 선택할 수만 있다면 더 마음이 끌리는 것을 고를 것이라는 뉘앙스가 들어 있다. 이런 마음가짐까지 문장에 넣어 표현해 본다면 I prefer meat to fish, so I'll have steak instead of salmon.이 되어 "나는 생선보다 고기를 선호하기 때문에 연어 대신 스테이크로 할게."가 된다.

'만약에 ~면 좋겠다'를 영어로 표현하고자 할 때도 prefer를 쓰면 되는데, 이때는 가정을 나타내주는 조동사 would가 함께 사용된다. 그래서 I would prefer that you don't smoke. 하면 "당신이 담배를 피우지 않았으면 좋겠어요."가 되고, Would you prefer me to go? 하면 "제가 갔으면 좋겠어요?"가 된다.

한편, prefer와 비슷한 표현으로는 비교급 better than이 있는데 〈I like A better than B〉는 '나는 B 보다 A를 더 좋아한다'는 뜻으로 〈I prefer A to B〉와 같다. 예를 들어 보면 아래와 같다.

- I like reading books better than watching movies.
= I prefer reading books to watching movies.
나는 영화를 보는 것보다 책을 읽는 것을 선호한다.

My own business always bores me to death;
I prefer other people's.
- Oscar Wilde

내 자신의 일은 항상 지겨워 죽겠다. 남의 일이 더 좋다.
- 오스카 와일드

alert
[ələ́ːrt]

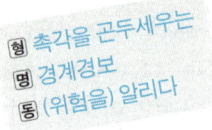
- 형 촉각을 곤두세우는
- 명 경계경보
- 동 (위험을) 알리다

1. You should be **alert** at all times. 형
너 항상 **정신을 차리고** 있어야 한다.

형용사 **alert**는 '기민한', '촉각을 곤두세우는'이라는 뜻이다. 사람이 스스로 정신을 바짝 차리고 있거나 주변 돌아가는 일에 대해 경계 태세를 갖추고 있는 것이다. 일상생활이나 군대, 또는 정부 관련의 공식적인 상황에서 모두 어울리는 표현이다. alert는 아래와 같이 다양한 형용사 형태로 문장에서 활용된다.

- Stay alert, we can still be spotted.
  경계를 계속해, 아직 발각될 수 있단 말이다.
- We are alert to the dangers.
  우리는 위험에 대해 경계하고 있다.
- An alert neighbor noticed something suspicious.
  기민한 이웃은 뭔가 수상하다는 것을 알아차렸다.

2. There has been a security **alert**. 명
경계경보가 발하였다.

alert는 명사도 되는데, '경계태세'라고 이해하면 되고 warning(경고)과 바꿔 쓸 수 있다. 그래서 issue a cyber security warning 하면 '사이버 보안 주의보를 발령하다'가 된다. 참고로 security와 terror는 품사가 명사이지만 alert 앞에 놓여 사용될 때는 형용사 취급이 되기 때문에 security alert(경계 경보)와 terror alert(테러 경보)는 문법적으로 옳은 표현이다.

3. I think we should alert the police. 동

우리 경찰에 **알리는** 게 좋겠어.

alert가 동사일 때는 '위험 등을 알리다', '경보를 발하다'이다. 대표 예문에서는 '신고하다'라는 의미로 사용되었다. 다른 사람들에게 현재 있는, 또는 곧 닥칠 위험에 대해 적극적으로 알린다는 뉘앙스가 들어 있다.

> **A:** The building is on fire!
> 건물에 불이 났어요!
>
> **B:** Alert the residents to escape through the emergency exits!
> 주민들에게 비상구를 통해 탈출하라고 알려!

contain
[kəntéɪn]

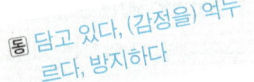

1. **This glass jar contains leeches and snails.** 동

이 유리병에는 거머리와 달팽이가 **들어 있다**.

contain은 '~이 들어 있다', '담고 있다', '함유되어 있다'이다. 뭔가가 상자나 용기 안에 통째로 들어 있거나 그 일부로 함유되어 있는 것이다. 대표 예문의 경우 생물이 통째로 들어 있는 것이고, 아래 대화문을 보면 해당 성분이 액체의 일부로 함유되어 있는 경우이다.

> **A:** No thanks. It's late in the evening and I have to get up early tomorrow.
> 사양할게. 밤이 늦었고 내일 아침 일찍 일어나야 해서 말이야.
>
> **B:** Don't worry. You can drink it.
> 걱정 마. 마셔도 돼.
> This coffee doesn't contain caffeine.
> 이 커피에는 카페인이 함유되어 있지 않아.

2. **I couldn't contain my laughter any longer.** 동

나는 더 이상 웃음을 **참을 수**가 없었다.

contain은 '감정을 억누르다', '참다'이다. 감정 중에서 소위 폭발하는 감정인 웃음(laughter), 흥분(excitement), 분노(rage)와 잘 어울려서 contain laughter (웃음을 참다), contain excitement(흥분을 참다), contain rage(분노를 억누르다)와 같이 사용한다. contain은 주로 '~할 수 없었다'라는 형태로 쓰이고 '~하려 했는데 결국에는 못했다'라는 뉘앙스를 나타낸다.

한편, contain 뒤에 감정을 나타내는 단어 없이 그냥 I couldn't contain myself. 라고 해도 되는데 이때는 "참을 수가 없었다.", "억제할 수 없었다."가 되고, 참을 수 없었던 것이 감정이라는 것을 문맥적으로 충분히 알 수 있다.

3. The firemen are struggling to contain the forest fire. 동

소방관들은 산불을 **막기 위해** 고군분투하고 있다.

contain은 '방지하다', '억제하다'도 된다. 좋지 않은 일이 더 퍼지거나 증가하지 않도록 상황을 통제하고 예방하는 것이다.

참고로 '전염병을 방지하다'는 contain an epidemic이다.

> **A:** Have you succeeded in containing the situation?
> 상황을 통제하는 데 성공했는가?
>
> **B:** Not yet, but it will be over in a few minutes.
> 아직 못했습니다만, 몇 분 후에는 종료될 것입니다.

Every cask smells of the wine it contains.
모든 술통에서는 그것이 담고 있는 포도주 냄새가 난다.

Review Test IV

※ 각 문장의 빈칸에 알맞은 단어를 단어 박스에서 골라 문장에 맞게 바꿔 쓰세요.

estimate	challenge	should	develop	yet	issue
implement	benefit	upon	release	draw	commitment
ensure	whereas	attend	influence	despite	then	due
engage	demonstrate	allow	prefer	alert	contain

01. 젤다는 야외 활동을 즐기는 데 반해 마리오는 집에서 독서하는 것을 선호한다.
    → Zelda enjoys outdoor activities, _____ Mario prefers to stay home and read books.

02. 늦게 되면 내 핸드폰으로 전화 줘.
    → If you are late, _____ call me on my cell phone.

03. 소풍은 비 때문에 취소되었다.
    → The picnic was cancelled _____ to rain.

04. 손실은 백만 달러로 추산되고 있다.
    → The loss is _____ at one million dollars.

05. 내 직장 동료는 폐암에 걸렸다.
    → My colleague at work has _____ lung cancer.

06. 우리 경찰에 알리는[신고하는] 게 좋겠어.
    → I think we should _____ the police.

07. 밥이 그의 일에 헌신하고 있음은 의심의 여지가 없다.

→ Bob's _____ to his work is beyond question.

08. 지금 그게 문제가 아니잖아.

→ That's not the _____ right now.

09. 이 계약서에 서명하면 당신의 성공이 보장될 것이다.

→ Signing this contract will _____ your success.

10. 정부는 동물 학대에 대한 새로운 법을 시행하기로 약속했다.

→ The government promised to _____ a new law against animal abuse.

11. 댄은 음주운전을 했다.

→ Dan was driving under the _____ of alcohol.

12. 나는 키위보다 사과를 더 좋아한다.

→ I _____ apples to kiwis.

13. 이것이 어떻게 작동되는지 제가 설명해드리겠습니다.

→ Let me _____ to you how it works.

14. 나는 더 이상 웃음을 참을 수가 없었다.

→ I couldn't _____ my laughter any longer.

15. 애완동물은 식당 안에 들어올 수 없습니다.

→ No pets are _____ in the restaurant.

16. 헨리는 소음에도 불구하고 계속해서 공부했다.

→ Henry continued to study _____ the noise.

17. 그 갑작스러운 변화는 그에게 큰 이득이 되었다.
→ The sudden change has _____ him greatly.

18. 나는 그의 위선에 대해 이의를 제기했다.
→ I _____ him on his hypocrisy.

19. 당신은 문으로 들어오자마자 커다란 플라타너스 나무를 보게 될 것이다.
→ You will see a large sycamore tree _____ entering the gate.

20. 나 직장을 그만두는 게 좋을까?
→ _____ I quit my job?

21. 더운 날인데도 나는 떨고 있었다.
→ It was a hot day, _____ I was trembling.

22. 그녀는 드디어 분노를 표출했다.
→ She finally _____ her anger.

23. 나는 리치몬드 고등학교에 다닌다.
→ I _____ Richmond High School.

24. 이 영화가 우리의 관심을 끌었다.
→ This movie _____ our interest.

25. 숨을 크게 들이마시세요.
→ _____ a deep breath.

Answers

01. whereas 02. then 03. due 04. estimated 05. developed
06. alert 07. commitment 08. issue 09. ensure 10. implement
11. influence 12. prefer 13. demonstrate 14. contain 15. allowed
16. despite 17. benefitted 18. challenged 19. upon 20. Should
21. yet 22. released 23. attend 24. engaged 25. Draw

※ 활용법을 모두 알고 있는 단어에 체크(V)해 보세요.

- ☐ estimate
- ☐ challenge
- ☐ should
- ☐ develop
- ☐ yet
- ☐ issue
- ☐ implement
- ☐ benefit
- ☐ upon

- ☐ release
- ☐ draw
- ☐ commitment
- ☐ ensure
- ☐ whereas
- ☐ attend
- ☐ influence
- ☐ despite
- ☐ then

- ☐ due
- ☐ engage
- ☐ demonstrate
- ☐ allow
- ☐ prefer
- ☐ alert
- ☐ contain

PART V	**PART VI**
랭킹 101~125	랭킹 126~150
Review Test V	Review Test VI

PART VII	**PART VIII**
랭킹 151~175	랭킹 176~200
Review Test VII	Review Test VIII

lie
[laɪ]

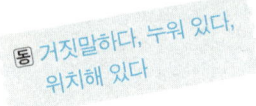 거짓말하다, 누워 있다, 위치해 있다

1. **Your friend is lying to you.** 동
당신의 친구는 당신에게 **거짓말을 하고 있어요**.

사람이 사실이 아닌 거짓말을 하는 행위를 **lie**라고 한다. lie에 현재진행형을 나타내는 -ing를 붙일 때는 끝의 ie를 y로 바꿔 lying으로 써야 한다.
참고로 과거형과 과거분사형은 모두 lied인데, 이는 아래 2번 설명의 뜻(누워있다)을 가질 때와 다르기 때문에 문장 안에서 lie가 무슨 뜻으로 사용된 것인지 파악하는 데 유용한 팁이 된다.

2. **The patient is lying on a bed.** 동
환자는 침대에 **누워 있다**.

lie는 사람이나 동물이 어딘가에 수평으로 누워 있는 자세와 물건이 평평하게 놓여 있는 상태를 묘사한다. 이때 lie의 동사 변형은 과거형일 때는 lay, 과거분사형일 때는 lain이기 때문에 위의 1번 설명에서의 lie-lied-lied와 차이가 있음을 구분해 놓자!

3. **The village lies deep in the forest.** 동
그 마을은 숲속 깊숙이 **자리 잡고 있다**.

어떤 장소가 특정한 위치나 방향으로 '놓여 있다', '위치해 있다'고 할 때도 **lie**라고 한다. 오래전부터 그 장소에 쭉 있었다는 뉘앙스로 규모가 큰 대상에 어울리는 표현이다.

although
[ɔ:lðóʊ]

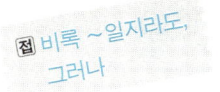

1. **Although** I was tired, I continued to study. 접
비록 나는 피곤**했지만** 계속해서 공부했다.

although는 '비록 A이지만 B이다'라는 뜻으로 각각 절인 A와 B의 내용을 한 문장 안에서 대조시킬 때 사용한다. 대표 예문을 보면, '피곤했지만(A) 쉬지 않고 계속 공부했다(B)'는 내용이다. A절과 B절의 위치를 바꿔서 I continued to study although I was tired.라고 써도 된다.

2. He is a spy, **although** only his wife knows about his secret. 접
그는 스파이다. **하지만** 그의 아내만은 그의 비밀을 알고 있다.

'그러나', '하지만'이란 뜻도 된다. although의 앞에 놓인 절의 내용에 대한 의견을 덧붙여 뒤따르는 절에서 부연 설명을 하되 반대의 뜻인 '그러나'로 시작한다. 영어에서는 한 문장에 다 들어가지만, 한글 해석에서는 두 문장으로 처리되는 게 자연스럽다.

admit
[ədmít]

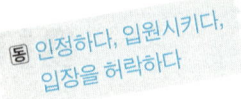

인정하다, 입원시키다, 입장을 허락하다

1. I admit that I lied to you. 동
내가 너에게 거짓말을 한 거 **인정한다**.

나쁘거나 불쾌하거나 부끄러운 일에 대해 그것이 사실이라고 인정하는 것이 admit이다. 처음에는 아니라고 하다가 마지못해 그렇다고 시인하는 경우가 많다. 범행이나 잘못 등을 '자백하다'라고 할 때도 admit를 쓴다.

2. Terry was admitted to the hospital last night. 동
테리는 어젯밤 병원에 **입원했다**.

몸을 다쳐서 병원에 입원하는 경우에도 admit를 쓸 수 있다. 치료(treatment)를 받기 위해 입원 절차를 밟아 퇴원할 수 있을 때까지 병원에서 머무는 것을 말한다.
참고로 '입원'은 hospitalization이고, '입원하다'는 enter a hospital 또는 be hospitalized로도 표현할 수 있다.

3. The drunken man wasn't admitted into the theater. 동
술에 취한 남자는 극장에 **입장이** 불허**되었다**.

극장과 같은 장소에 입장하게 하는 것도 admit이고, 조직이나 단체의 일원으로 입회하는 것도 admit이다. 허락을 받는 것이다 보니 수동태로 주로 쓰인다. 참고로 명사형 admission은 '들어감', '가입', '입회', '입장'이고, admission ticket은 '입장권'을 말한다.

appear
[əpír]

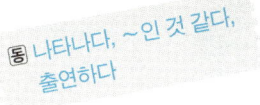
나타나다, ~인 것 같다, 출연하다

1. A hairy monster appeared behind the bushes. 동

털로 뒤덮인 괴물이 덤불 뒤에서 **나타났다**.

시야에 들어오게끔 사람이나 물체가 눈앞에 나타나는 것을 **appear**라고 한다. 바로 정확히 안 보여도, 즉 이제야 보이기 시작하는 것도 appear이다. 참고로 명사형은 appearance(나타남, 출현, 모습을 보임)이다.

2. The store appears to be closed. 동

그 가게는 닫힌 것**처럼 보인다**.

사실인지 아닌지 확실하지는 않지만 본인이 듣거나 믿고 있는 정보를 묘사하거나 설명하는 것도 **appear**이다. '~인 것 같다', '~처럼 보인다'는 뜻이다. 어떠한 경로를 통해서든 어느 정도 확인이 된 정보를 전달할 때 사용한다. 참고로 appear와 비슷한 표현으로 seem이 있지만, appear가 주로 객관적인 사실을 이야기할 때 쓰인다면 seem은 객관적인 사실은 물론 주관적인 느낌이나 감정을 전달할 때도 사용할 수 있다는 게 차이점이다.

3. My girlfriend appeared in the play *Romeo and Juliet* as Juliet. 동

내 여자 친구가 연극 〈로미오와 줄리엣〉에서 줄리엣 역으로 **출연했다**.

영화, 연극, 공연, TV 프로그램 등에 출연하는 것도 **appear**이다. 영화와 연극에 출연할 때는 전치사 in을 써서 appear in a movie[play]라고 쓰고, 텔레비전에 출연하는 것은 appear on television으로 나타낸다.

for
[fə(r)]

1. **This present is for you and your family.** 전
   이 선물은 당신과 당신의 가족**을 위한** 겁니다.

   누구에게 뭔가를 줄 때 사용되는 전치사가 **for**이다. 받으면 득이 되는 상황이다. 이때의 for는 '~을 위한'이고, for 뒤에는 명사나 명사형이 뒤따른다. 위의 대표 예문은 "당신과 당신의 가족에게 드리는 선물입니다."로 의역할 수 있다.

2. **Let's go for a walk in the park.** 전
   공원에 산책**하러** 가자.

   목적을 나타내기 위해 **for**가 쓰이기도 한다. '~을 위하여'의 뜻이고, for 뒤에 그 목적에 대한 내용이 나온다. 위의 예문은 의역이 된 것이고, '~을 위하여'를 그대로 직역해 보면 "공원에 산책을 위하여 가자."가 된다.

3. **I work for a shipping company.** 전
   나는 운송 회사**에서** 일한다.

   누구를 위해 일을 하거나 어느 회사에 속해 직장을 가지고 있음을 표현할 때 **for**를 쓴다. 직역하면 '~을 위해'이지만 '~에서'라고 풀이하면 된다. 그래서 위의 예문도 직역하면 "나는 운송 회사를 위해 일한다."지만 자연스럽게 번역하면 "나는 운송 회사에서 일한다."가 된다.

specific
[spəsífɪk]

1. The teacher gave us specific instructions. 형
선생님께서 우리에게 **구체적인** 지시를 내리셨다.

'구체적인', '명확한', '분명한'이란 의미로 **specific**이 있는데, 어떤 상황이나 지시에 대한 설명이나 묘사를 더 잘 해달라고 할 때 많이 쓴다. Could you be more specific? 하면 방금 해준 설명에 대해 "좀 더 자세히 말해 주실래요?"라고 요청하는 것이다.

2. I want to talk about a specific problem today. 형
오늘은 **특정한** 문제에 관해 이야기하고 싶습니다.

어떤 특정한 장소나 문제, 또는 화제를 콕 짚어 언급하거나 다룰 때도 **specific**을 쓴다. 특정하다 보니 그만큼 중요도 면에서 우선순위가 높거나 특별히 다뤄줄 필요가 있다는 뉘앙스이다.

application
[æplıkéıʃn]

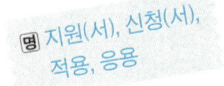

1. **You need to *submit* your application as soon as possible.** 명
   최대한 빨리 **지원서**를 제출하셔야 합니다.

   일자리에 지원하기 위해 준비하는 지원서나 단체의 회원이 되기 위해 내는 신청서가 **application**이다. 공식적이고 글로 쓴 지원서를 지칭하고, 동사 submit(제출하다)와 함께 쓰이는 경우가 많다. '지원 신청서'는 application form이라고 한다.

2. **Does it have practical applications? I thought it didn't.** 명
   이것이 실제적으로 **응용**될 수 있나요? 전 안 되는 줄 알았거든요.

   주어진 특정한 상황에서 그 상황에 연관된 규칙이나 지식을 '적용', '응용', '사용'하는 것이 **application**이다. 그래서 이때의 application은 요즘 많이 사용하는 스마트폰 앱의 '앱(App)'을 말하기도 하는데, 이것이 application의 줄임말이다.

observe

[əbzə́ːrv]

1. **Ancient astronomers <u>observed</u> the stars with their naked eyes.** 동

고대 천문학자들은 맨눈으로 별을 <u>관찰했다</u>.

알아내기 위해 사람이나 뭔가를 유심히 살펴보고 관찰하는 것을 **observe**라고 한다. 이렇다 보니 과학적인 활동이나 연구 실험에서 많이 사용된다. 이 단어에서 파생된 observatory를 '관측소', '천문대', '기상대'라고 한다.

2. **I <u>observed</u> the gun was missing from the holster.** 동

나는 권총집에서 총이 사라진 것을 <u>알아챘다</u>.

일상생활에서 사람이나 뭔가를 보는 것도 **observe**인데 단순히 보는 것에 그치지 않고 신경을 써서 알아채고, 목격하고, 인지하는 수준이다. 그래서 대상의 특징이나 차이를 알아내는 데 observe가 쓰인다.

accept
[əksépt]

1. This is too expensive. I cannot accept your present. 동
이건 너무 비싸네요. 당신의 선물을 **받을** 수가 없습니다.

accept는 기본적으로 '받다', '받아들이다'이지만 상대방이 제안하거나 제공하는 내용에 대해 기꺼이 동의하고 받아들인다는 심리적인 부분까지 포함하고 있다.
한편, 또 다른 '받다'인 receive는 사람이 주거나 보내준 것을 단순히 받는다는 물리적인 의미를 가지고 있다.

2. I'm sorry. We don't accept discount coupons on the weekend. 동
죄송합니다. 저희는 주말에는 할인권을 **받지** 않습니다.

객관적으로 봤을 때 적절하다고 판단되어 받아 주거나 수락하는 것도 **accept**이다. 품질이나 성능, 상황, 규칙에 맞아서 accept 하는 상황이다.

3. I accept full responsibility. 동
제가 모든 책임을 **인정합니다**.

책임이 있음을 받아들이고 인정하는 것도 **accept**라고 한다. 인정하는 만큼 적절한 후속 조치를 이어 가겠다는 의미도 내포하고 있다. accept the consequences는 '결과를 받아들이다'이다.

extend
[ɪksténd]

1. Ben is planning to extend his house. 동
벤은 집을 **확장할** 계획을 하고 있다.

물건의 길이나 크기, 또는 넓이를 물리적으로 늘리는 것을 **extend**라고 한다. 집 외에 도로, 울타리 등이 대상이며 공사를 통해 이뤄진다.
한편, extend a non-smoking area(금연 구역을 확대하다)처럼 공간을 넓히는 것도 extend이다.

2. The play was so popular that it was extended for another three months. 동
그 연극이 워낙 인기가 있다 보니 3개월 더 **연장되었다**.

기간을 연장하는 것도 **extend**이다. '생명을 연장하다'는 extend one's life 이고, '비자를 연장하다'는 extend a visa, '마감 기한을 연장하다'는 extend a deadline이다.

deserve

[dɪzɜ́ːrv]

1. You deserve a pay raise. 동
너는 임금 인상을 **받을 만하다**.

사람이나 무엇이 뭔가를 마땅히 받거나 누릴 만한 자격이 있는 것을 **deserve**라고 한다. 그래서 She deserved the praise from the headmaster.라고 하면 "그녀는 교장 선생님으로부터 칭찬받을 만했다."가 된다.

상장이나 명예와 같이 뿌듯하고 긍정적인 내용도 deserve 할 수 있지만, 처벌이나 불행과 같은 불명예스럽고 부정적인 내용도 deserve 한다.

한편, Leave Jake. He doesn't deserve you.는 "제이크를 차버려. 너는 그에게 과분해."가 되는데, 직역하면 "그는 너를 누릴 자격이 없다."이다. 결국, 제이크는 이 여성의 사랑과 마음을 받기에는 자격이 없다 보니 "너는 그에게 과분해."로 의역된다. 남녀 관계를 다루는 영화나 미드에서 자주 등장할 법한 회화 표현이다.

reflect
[rɪflékt]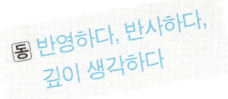

1. Max's stern face <u>reflects</u> his feelings towards Kimberly. 동

맥스의 딱딱하게 굳은 표정이 킴벌리를 향한 그의 감정을 **반영해 준다**.

사람의 태도나 감정을 반영하거나 사물의 속성을 나타내는 게 **reflect**이다. reflect에는 가리고 싶어도 숨겨지지 않고 그대로 겉으로 드러난다는 뉘앙스가 들어 있다.

2. The sunlight is <u>reflected</u> off of the building made of glass. 동

햇살이 유리로 만든 건물로부터 **반사된다**.

거울, 유리, 물 위에 상이 비치거나 빛, 열, 음을 반사하는 현상을 **reflect**라고 한다. 자연적인 현상이며, 명사형인 reflection((거울 등에 비친) 모습)으로도 자주 활용되어 The witch was looking at her reflection in the mirror.라고 하면 "마녀는 거울 속에 비친 자신의 모습을 보고 있었다."는 말이 된다.

3. I need more time to <u>reflect</u>. 동

나는 **생각할** 시간이 더 필요하다.

깊게 심사숙고하는 행위도 **reflect**이다. 시간을 들여 곰곰이 이성적으로 생각하고 고민하여 결정을 내린다는 뉘앙스이다. '~에 대해 깊이 생각하다'라고 하고 싶으면 reflect on이라고 쓰면 된다. I reflected on my future with this company.는 "나는 이 회사에서의 나의 미래에 대해 심사숙고했다."라는 뜻이다.

critical
[krítɪkl]

형 대단히 중요한, 위험한, 비판적인

1. **Securing funds is <u>critical</u> to your success.** 형
자금을 확보하는 것이 너의 성공에 **매우 중요하다**.

시간이나 요인, 상황이 **critical**하면 앞으로의 결과에 큰 영향을 미치기 때문에 그만큼 대단히 중요하다는 뜻이다. 그렇기 때문에 이를 위해 거기에 상응하는 액션이 먼저 취해져야 한다는 뉘앙스를 담고 있다.

2. **The patient *is in* <u>critical</u> *condition*.** 형
그 환자의 건강 상태는 **심각하다**.

흘러가고 있는 상황이 매우 심각하고 위험하거나 사람의 건강 상태가 위태로울 때도 be in **critical** condition이라고 한다. 전자는 더 큰 상황으로 번지거나 끔찍한 결과를 낼 수 있고, 후자일 경우는 사람이 목숨을 잃을 수도 있다. 위의 예문을 직역하면 "환자는 심각한 상태에 처해 있다."가 된다.

3. **Don't *be* so <u>critical</u> *of* him.** 형
그를 너무 **비난하지** 마라.

사람이나 상황에 대해 비판적인 태도나 비난하는 언행을 보일 때 **critical**이라고 한다. be동사와 함께 쓰여 be critical of로도 많이 활용된다. of 뒤에는 무엇에 대해 비판적인지에 대한 내용이 나온다.

quote
[kwoʊt]

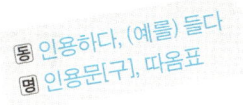

1. **May I quote you on that?** 동
   방금 하신 말씀을 **인용해도** 되겠습니까?

   상대방이 했던 말이나 앞서 적은 글 또는 말을 누군가가 그대로 반복하여 인용하는 게 **quote**이다. Why didn't you bring him?(당신은 왜 그를 데려오지 않았죠?)라고 물었을 때, He screamed, "Go away!"(그가 "꺼져!"라고 소리쳤어요.)라고 답했다면 따옴표 안의 내용이 바로 인용되고 있는 부분이다.

2. **This passage is a quote from a Shakespeare play.** 명
   이 구절은 셰익스피어의 한 희곡에서 따온 **인용구**이다.

   책이나 시, 연극 또는 연설 일부에 속한 구절을 가져온 것을 **quote**라고 한다. 참고로 quotation mark를 '따옴표', '인용 부호'라고 하는데, " " 또는 ' '로 이뤄진 쌍이기 때문에 복수형 -s를 붙여 quotation marks 또는 quotes라고 부른다.

3. **The professor quoted last year's statistics to emphasize his argument.** 동
   교수는 자신의 주장을 강조하기 위해 작년의 통계를 **예로 들었다**.

   사실이나 법을 인용하는 이유는 자신이 주장하고 있는 내용을 뒷받침 해주기 때문이다. 그래서 '예증을 들다', '고증 삼아 예를 들다'라고 말할 때는 **quote**를 쓴다.

require
[rikwáiə(r)]

1. If you require more information, come and see me later. 동

정보를 더 **원한다**면 나중에 나를 찾아오세요.

뭔가를 원하거나 필요로 하는 것을 **require**라고 한다. 비슷한 표현이자 더 일반적인 단어인 want(원하다)보다는 딱딱하고 무게감이 있어 공식적인 상황에서 많이 쓴다. 위의 예문은 want로 대체 가능해서 If you want more information, come and see me later.로 바꿀 수 있다.

2. It is required for you to wear a helmet. 동

당신이 헬멧을 착용할 것이 **요구됩니다**.

질서나 안전 등의 이유로 법이나 규칙에 의해 요구되어 따라야 하는 상황에도 **require**를 쓴다. 원치 않더라도 그 규칙을 따라야 하는 상황이라 수동태로 자주 쓰인다. 전치사 by를 써서 It is required by law.라고 하면 "법에 의해 요구된다."가 된다.

request
[rikwést]

 요청하다, 요구하다
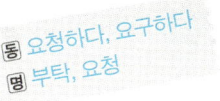 부탁, 요청

1. The customer requested that the window be left open. 동

손님은 창문을 열어 놓을 것을 <u>요청했다</u>.

정중히 또는 격식을 차려 요청하는 것을 request라고 한다. 위의 예문처럼 request 바로 뒤의 that절에는 무엇을 요청하는지에 대한 내용이 나오게 된다. 더 일반적인 표현을 쓰고 싶으면 ask(요청하다, 묻다)를 사용해도 된다.

2. The manager requested Eric to refrain from smoking. 동

지배인은 에릭에게 금연해 달라고 <u>요구했다</u>.

request는 누군가에게 뭔가를 해달라고 할 때 사용된다. 요청 자체는 예의를 갖추고 격식적인 의미이기 때문에 요구를 당하는 입장에서는 불쾌해할 필요가 없다.

3. She made another request to the librarian. 명

그녀는 사서에게 <u>요청</u>을 한 가지 더 했다.

request가 명사로 쓰일 때가 있는데 '요청'이란 뜻이다. I have a request.(요청이 있어요.)로도 쓰이지만, make 동사와 함께 make a request(요청을 하다)로 활용되기도 한다.

한편, 전치사 at과 함께 at his request(그의 요청으로)라는 형태로도 자주 쓰인다.

credit
[krédɪt]

1. I can get some credit to buy a car. 명

나는 자동차를 **신용 거래**로 살 수 있다.

credit가 명사일 때는 물품을 구매한 후 대금을 나중에 내도 되는 신용 거래를 뜻한다. 동사와 함께 get some credit(신용 거래를 하다), refuse somebody credit(신용 거래를 거부하다), approve somebody for credit(신용 거래를 승인하다), buy on credit(외상으로 사다) 등으로 활용된다.

2. The inventor *is* credited *with* inventing bullet-proof glass. 동

그 발명가는 방탄 유리를 발명한 **공이 있는 것으로 여겨진다**.

어떤 성과에 있어 사람이 그 공을 인정받을 때 동사 **credit**를 쓴다. 전치사 with(~으로)와 함께 자주 쓰이고, 〈A is credited with B〉의 패턴으로 주로 사용되며 'B를 A의 공으로 믿다'라는 의미이다.

3. I was surprised when *$10,000 was* credited *to my bank account.* 동

내 은행 계좌에 만 달러가 **입금되어** 놀랐다.

〈A is **credited** to B〉는 'A라는 돈의 액수가 B라는 은행 계좌에 입금되었다'라는 뜻이다. 이때 '~로', '~에'라는 의미로 전치사 to가 사용되었다. 계좌에 원래 있던 금액에 추가로 돈이 쌓인다는 뉘앙스이다.

value
[vǽljuː]

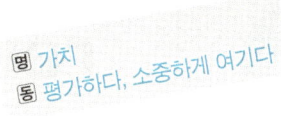

1. This crown has tremendous value. 명
이 왕관은 엄청난 **가치**가 있다.

무엇이 얼마나 중요하고 쓸모 있느냐에 따라 매겨지는 가치, 돈을 의미하는 경제적 가치 모두 **value**이다. "그것은 가치가 없다."라고 할 때는 It has no value. 또는 It is of no value.라고 하면 된다.

2. That vintage sports car *is* valued *at* a million dollars. 동
저 클래식 스포츠카는 가격이 백만 달러로 **평가되고 있다**.

물건의 가격을 가치로써 평가할 때 be **valued** at이라고 한다. 쉽게 말해 값이 얼마 나간다는 말의 고상한 표현이다.

3. I value my friendship with my friends very dearly. 동
나는 친구들과의 우정을 몹시 **소중하게 여긴다**.

사람이나 물건을 소중하게 여기고 고맙게 생각하는 것을 **value**라고 한다. 그만큼 아끼고 있고, 당연시하지 않는다는 뉘앙스이다.

relevant
[réləvənt]

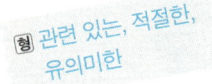

형 관련 있는, 적절한, 유의미한

1. Your question *is*n't relevant to the theme of the lecture. 형

당신의 질문은 강의의 주제와 **연관이** 없습니다.

뭔가가 해당 상황이나 사람에게 연관이 있어 중요하거나 의미가 있는 게 **relevant**이다. 전치사 to는 '~에'의 의미로 be relevant to라고 하면 '~에 연관되다'가 된다.
명사 앞에 쓰여 relevant question(적절한 질문), relevant suggestion(연관된 제안), relevant point(적절한 포인트)처럼 쓸 수 있다.

2. His teachings are still relevant today. 형

그의 가르침은 오늘날에도 여전히 **유의미하다**.

뭔가가 시간이 흘러도 사람들의 삶이나 생각에 변함없이 의의가 있는 것도 **relevant**로 나타낸다. 시대가 흐름에 따라 평가받기 때문에 '아직'이라는 still이나 '더 이상 ~ 아닌'이라는 no longer와 함께 쓰일 확률이 높다.

among
[əmʌ́ŋ]

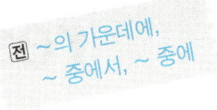

1. **My friends walked slowly among all the pedestrians.** 전

   내 친구들은 보행자들 **틈에서** 천천히 걸어갔다.

   사람이나 물체가 다른 사람들이나 물체에 둘러싸인 상태에서 가만있거나 움직이고 있을 때 **among**이라고 한다. 둘러싸여 서로 섞여 있다 보니 확실하게 구분이 되지 않는 상태이다.

2. **Let's divide the prize money among ourselves.** 전

   상금을 우리들 **사이에서** 분배하자.

   셋 이상이 관련된 분배의 결정에서 **among**을 사용하고, 이때는 '~ 간에', '~ 중에서'의 의미가 된다. 단, 두 명 사이에서 이뤄지는 것은 between(~ 사이에, ~ 중간에)이고, 두 명밖에 되질 않으니 구분이 확실히 지어지는 상태이다.

3. **A ten-year-old boy was among the missing people.** 전

   실종자 **중에** 열 살짜리 소년이 있었다.

   공통점을 갖고 있거나 같은 성격의 그룹 안에 속한 여러 명 중에 특정한 한 명 또는 몇 명을 지명할 때 **among**을 쓴다.

respect
[rɪspékt]

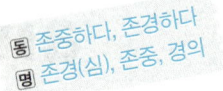

1. **I respect your opinion.** 동
   나는 너의 의견을 **존중한다**.

   누군가의 생각이나 지니고 있는 인성을 높게 평가하여 존경하는 것이 **respect**이다. 위의 예문처럼 respect 뒤에 무엇을 존중하는지가 나올 수 있고, 그냥 I respect you.라고 하여 존중하는 내용이 생략되어도 기본적으로 그 사람의 인성, 특히 생각을 존중한다고 보면 된다.

2. **I *have* tremendous respect *for* my homeroom teacher.** 명
   나는 담임 선생님을 매우 **존경**한다.

   〈have **respect** for + 사람〉은 '~에 대해 엄청난 존경심을 가지다', 즉 '~을 존경하다'이다. '엄청난'이란 뜻의 tremendous는 respect와 잘 어울리는 형용사이다.

3. **I *pay* my respect *to* you for your remarkable achievement.** 명
   나는 당신의 놀라운 업적에 **경의**를 표한다.

   〈pay **respect** to + 사람〉은 기본적으로 '~에게 경의를 표하다'이지만 상황에 따라 누구를 방문해서 '인사를 드리다'도 되고, 상가에 갔을 때는 '조의를 표하다'도 된다. pay 대신 show를 넣어 show respect to도 가능하다. 하지만 pay가 더 공손한 표현이다.

suspend
[səspénd]

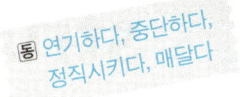

1. **The introduction of the new smartphone has been suspended.** 동

   신형 스마트폰의 도입은 **연기되었다**.

   특별한 이유나 문제가 생겨 진행을 얼마 동안 연기하거나 아예 중단하는 것을 **suspend**라고 한다. delay(연기하다)가 천재지변 등의 이유로 어쩔 수 없이 연기하는 것이라면, suspend는 의도적으로 연기하기로 결정하는 것이다. 개인보다는 공식적으로 단체나 기관, 회사에서 내리는 결정이다.

2. **Ryan *was* suspended from his job *for* sexual harassment.** 동

   라이언은 성희롱 때문에 직장에서 **정직을 당했다**.

   잘못하여 정해진 기간이나 결정이 내려지기까지 일자리나 맡은 임무에서 제외되는 경우, 즉 정직이나 정학되는 것을 **suspend**를 이용해 나타낸다. 문제를 일으킨 당사자가 정직을 당하는 입장이기 때문에 주로 수동태로 쓰이고, for(~로) 뒤에는 정직 당한 사유가 나온다.

3. **Fake bats were suspended on strings from the ceiling.** 동

   가짜 박쥐들이 천장의 줄에 **매달려 있었다**.

   물체가 높은 곳에서 매달려 있는 상태를 **suspend**로 표현한다. 보통 밧줄에 매달려 있기 때문에 '대롱대롱'이라는 의태어가 연상된다. 사람도 묘기를 하는 경우 suspend를 사용할 수 있다.

struggle
[strʌ́gl]

동 고군분투하다, 힘겹게 나아가다
명 투쟁, 몸부림

1. I'm still struggling to succeed. 동
나는 아직도 성공을 위해 **고군분투하고 있다**.

사람이 뭔가를 하거나 이뤄내려는데 장애물이 방해를 놓아 몸부림치거나 버둥거리거나 투쟁하는 것을 **struggle**이라 한다. 여기서 장애물이란 물리적인 방해물보다는 심리적으로 압박을 느끼게 되는 힘겨운 상황이 되겠다.

2. Jimmy was struggling *with* his heavy bag. 동
지미는 무거운 가방 때문에 **낑낑거리며 힘겨워하고 있었다**.

움직이거나 무거운 물건을 옮기기 위해 힘겹게 버둥거리며 나아가는 행위를 **struggle**이라고 한다. 속박된 상태에서 빠져나오려는 것도 struggle이다. 전치사 with 뒤에는 무엇 때문에 힘들어하는지가 나온다.

3. To Alice, office life became a struggle for survival. 명
앨리스에게 직장 생활은 생존을 위한 **몸부림**이 되었다.

무언가를 얻기 위해, 또는 박탈당한 것을 되찾기 위해 하는 투쟁이나 분투를 **struggle**이라 한다. 그래서 '자유', '독립', '권력' 등과 함께 사용되어 struggle for freedom(자유를 위한 투쟁), struggle for independence(독립을 위한 투쟁), struggle for power(권력을 위한 분투)처럼 쓰인다.

relative
[rélətɪv]

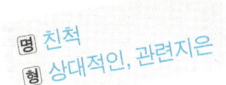

1. My relatives will visit my house this weekend. 명

내 **친척들**이 이번 주말에 우리 집을 방문할 것이다.

'친척'을 **relative**라고 한다. '먼 친척'이라고 할 때는 distant relative라고 쓰면 된다.
한편, 같은 맥락으로 뿌리가 같은 동물이나 식물, 언어 등을 지칭할 때는 전치사 of를 추가하여 The Asiatic water buffalo is a relative of the North American bison.(아시아 물소는 북아메리카 들소의 동족이다.)처럼 쓴다.

2. We talked about the relative merits of Harry's two designs. 형

우리는 해리의 두 가지 디자인의 **상대적** 장점에 관해 이야기를 나눴다.

두 가지를 비교하여 판단할 때 '상대적인'이라는 의미로 **relative**를 쓴다. 둘을 비교하는 것으로는 장점(merit), 중요성(importance), 힘(strength), 위험(danger) 등이 있겠고, relative와 함께 쓰일 때는 한 개 이상을 비교하다 보니 위의 예문처럼 복수형(-s)이 쓰인다.

3. It is important to notice the position of the moon relative *to* Earth. 형

지구와 **관련지어** 본 달의 위치를 주목하는 것이 중요하다.

relative는 역시 둘을 비교할 때 사용하지만, 이때는 A와 B를 '관련지은', A를 B에 '따라서 본'이란 의미로 쓰인다. 반드시 to가 붙어서 relative to로 활용된다.

get
[get]

1. It's getting hot; let's turn on the air conditioner. 동
더워지고 **있으니** 에어컨을 켜자.

get은 형용사와 같이 사용되어 '~가 되다'의 의미가 된다. 〈get + 형용사〉로 쓰는데, 이때 get은 become(~이 되다)과 같은 의미이다. 그래서 get hot은 '더워지다'이고, get sad는 '슬퍼지다', get bored는 '지루해지다'가 된다.

2. Yes! I got a fountain pen for Christmas. 동
신난다! 크리스마스 선물로 만년필을 **받았어**.

원하던 것이나 필요한 것을 가지게 될 때도 **get**을 쓴다. get 다음에 이어지는 내용은 가지게 되는 그 무엇이 된다.
한편, 물건뿐 아니라 기회를 잡는 것(get a chance), 택시를 잡는 것(get a taxi), 정보를 얻는 것(get information), 도움을 받는 것(get help)에도 get을 쓴다.

3. I got an A⁺ on my English test. 동
나 영어 시험에서 A⁺ **받았어**.

어떤 행동 또는 계산이나 실험을 통해 얻은 특정한 결과를 언급할 때도 **get**을 쓴다. 그 결과는 기대한 것과 다를 수도 있지만, 객관적으로 공정한 과정을 통해 얻은 결과이기 때문에 어쩔 수 없이 그대로 받아들인다는 뉘앙스가 있다.

Review Test V

※ 각 문장의 빈칸에 알맞은 단어를 단어 박스에서 골라 문장에 맞게 바꿔 쓰세요.

```
lie      although   admit     appear    for      specific    application
observe  accept     extend    deserve            reflect     critical    quote
require  request    credit    value              relevant    among       respect
suspend  struggle   relative  get
```

01. 나는 친구들과의 우정을 몹시 소중하게 여긴다.

→ I _____ my friendship with my friends very dearly.

02. 그 연극이 워낙 인기가 있다 보니 3개월 더 연장되었다.

→ The play was so popular that it was _____ for another three months.

03. 우리는 해리의 두 가지 디자인의 상대적 장점에 관해 이야기를 나눴다.

→ We talked about the _____ merits of Harry's two designs.

04. 그 가게는 닫힌 것처럼 보인다.

→ The store _____ to be closed.

05. 방금 하신 말씀을 인용해도 되겠습니까?

→ May I _____ you on that?

06. 너는 임금 인상을 받을 만하다.

→ You _____ a pay raise.

07. 신형 스마트폰의 도입은 연기되었다.

→ The introduction of the new smartphone has been _____.

08. 그는 스파이다. 하지만 그의 아내만은 그의 비밀을 알고 있다.

→ He is a spy, _____ only his wife knows about his secret.

09. 선생님께서 우리에게 구체적인 지시를 내리셨다.

→ The teacher gave us _____ instructions.

10. 그 마을은 숲속 깊숙이 자리 잡고 있다.

→ The village _____ deep in the forest.

11. 나는 권총집에서 총이 사라진 것을 알아챘다.

→ I _____ the gun was missing from the holster.

12. 그 발명가는 방탄 유리를 발명한 공이 있는 것으로 여겨진다.

→ The inventor is _____ with inventing bullet-proof glass.

13. 상금을 우리들 사이에서 분배하자.

→ Let's divide the prize money _____ ourselves.

14. 더워지고 있으니 에어컨을 켜자.

→ It's _____ hot; let's turn on the air conditioner.

15. 당신의 질문은 강의의 주제와 연관이 없습니다.

→ Your question isn't _____ to the theme of the lecture.

16. 그를 너무 비난하지 마라.
→ Don't be so _____ of him.

17. 최대한 빨리 지원서를 제출하셔야 합니다.
→ You need to submit your _____ as soon as possible.

18. 당신이 헬멧을 착용할 것이 요구됩니다.
→ It is _____ for you to wear a helmet.

19. 나는 너의 의견을 존중한다.
→ I _____ your opinion.

20. 지미는 무거운 가방 때문에 낑낑거리며 힘겨워하고 있었다.
→ Jimmy was _____ with his heavy bag.

21. 그녀는 사서에게 요청을 한 가지 더 했다.
→ She made another _____ to the librarian.

22. 술에 취한 남자는 극장에 입장이 불허되었다.
→ The drunken man wasn't _____ into the theater.

23. 공원에 산책하러 가자.
→ Let's go _____ a walk in the park.

24. 죄송합니다. 저희는 주말에는 할인권을 받지 않습니다.
→ I'm sorry. We don't _____ discount coupons on the weekend.

25. 맥스의 딱딱하게 굳은 표정은 킴벌리를 향한 그의 감정을 반영해 준다.
→ Max's stern face _____ his feelings towards Kimberly.

Answers

01. value 02. extended 03. relative 04. appears 05. quote
06. deserve 07. suspended 08. although 09. specific 10. lies
11. observed 12. credited 13. among 14. getting 15. relevant
16. critical 17. application 18. required 19. respect 20. struggling
21. request 22. admitted 23. for 24. accept 25. reflects

※ 활용법을 모두 알고 있는 단어에 체크(V)해 보세요.

- ☐ lie
- ☐ although
- ☐ admit
- ☐ appear
- ☐ for
- ☐ specific
- ☐ application
- ☐ observe
- ☐ accept

- ☐ extend
- ☐ deserve
- ☐ reflect
- ☐ critical
- ☐ quote
- ☐ require
- ☐ request
- ☐ credit
- ☐ value

- ☐ relevant
- ☐ among
- ☐ respect
- ☐ suspend
- ☐ struggle
- ☐ relative
- ☐ get

patient

[péɪʃnt]

1. The patient has fully recovered from his injury. 명

환자는 부상으로부터 완쾌되었다.

'환자'를 **patient**라고 한다. a cancer patient(암 환자)처럼 병명을 patient 앞에 붙여 어떤 병을 앓고 있는 환자인지 설명하기도 한다.
한편, patient는 특정 의사의 진료를 받는 환자를 뜻하기도 해서 Ellen is one of my patients.라고 하면 "엘렌은 나의 환자 중 한 명이야."가 된다.

2. The teacher was patient *with* his student. 형

선생님은 자신의 학생에게 **참을성 있게** 대했다.

침착함을 유지하고 짜증을 내지 않는, 즉 참을성 있는 상태가 **patient**이다. 예문처럼 전치사 with가 뒤에 붙어 참는 대상을 지칭해 준다. Be patient.로만 쓰일 경우 "참아라."라는 뜻의 명령문이 된다.

figure
[fígjər]

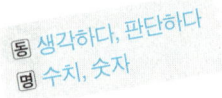

1. I figured it was you. 동
너일 거라고 **생각했다**.

특정한 상황이나 사람에 관련된 나의 생각이나 추측을 이야기할 때 **figure**를 쓴다. 이런 결론에 다다르는 데 직감, 눈치, 논리, 경험이 모두 총동원된 경우이다. 회화체에 어울리는 비격식 표현이다.

2. Tell me the figures of last night's earnings. 명
어젯밤 들어온 수입이 얼마나 되는지 알려줘요.

숫자로 표현이 가능한 특정한 양, 즉 '수치'를 말할 때도 **figure**를 사용한다. 명사인 figure는 특히 통계나 공식적인 자료로 제시되기 위해 사용된다. 위의 예문은 식당이나 가게와 같이 하루 매출의 총액을 계산해야 하는 상황에서 등장할 법한 내용이다.

3. Is that figure eight or nine on the chalkboard? 명
칠판에 쓰인 **숫자**가 8이냐 9냐?

0부터 9까지의 숫자도 **figure**라고 한다. 결국 number와 같은 의미이지만 number는 그 숫자가 무한대급인 반면, figure는 0부터 9로 제한되어 있다. 이렇다 보니 숫자를 말할 때 figure보다 number가 더 무난하고 더 흔히 사용된다.

matter
[mǽtə(r)]

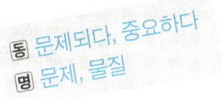

1. It matters to me. 동
나한테는 **상관있어**.

당사자에게 상관이 있어 중요하거나 문제 되는 것을 **matter**라고 한다. 그래서 〈matter to + 사람〉이라고 하면 '~에게 상관이 있다'가 된다. It doesn't matter anymore.는 "더는 상관없어."라는 말이다.

2. What's the matter? 명
뭐가 **문제**니?

사람이 고려하거나 처리해야 하는 '문제'가 **matter**이다. 문제란 맡은 일이나 주어진 상황, 또는 갑자기 일어난 일 등을 말한다. 이렇다 보니 matter에는 '상황'이라는 의미도 있어서 to make matters worse(설상가상으로)나 improve matters(상황을 개선하다)처럼도 쓰인다.

3. South Korean scientists discovered matter for hydrogen storage. 명
한국의 과학자들은 수소 저장을 위한 **물질**을 발견했다.

세상의 모든 것들을 구성하는 일반적인 '물질'을 **matter**라고 한다. 과학적인 전문 용어로 쓰이고, 셀 수 없는 명사이다. solid(고체), liquid(액체), gas(기체)는 matter에 포함된다. 관련 표현으로 particle이 있는데, 이것은 아주 작은 '입자'를 뜻하는 물리 용어이다.

establish
[ɪstǽblɪʃ]

동 설립하다, 수립하다, 확고히 하다

1.
The Coca-Cola company was established in 1892. 동
코카콜라 회사는 1892년에 **설립되었다**.

공식적이고 규모가 큰 단체나 조직을 설립하고, 더 나아가 법적 효력을 갖는 규칙을 설정하는 것을 **establish**라고 한다. 기업을 설립하다(establish a company), 위원회를 설립하다(establish a committee), 조약을 설정하다(establish a treaty) 등으로 활용된다.

2.
Wakanda is going to establish formal diplomatic relations *with* South Korea. 동
와칸다는 한국과 공식적인 외교 관계를 **수립할** 예정이다.

누군가와 접촉이나 의사소통을 통해 공식적인 관계를 갖는 것을 표현할 때도 **establish**를 사용할 수 있다. 격식 표현이고 사람 대 사람, 단체 대 단체, 국가 대 국가가 이런 관계를 맺을 수 있다. 전치사 with가 뒤에 붙어 누구와 관계를 맺는지를 알려준다.
참고로 establish contact는 '접촉하다'가 된다.

3.
Andy was already established as a famous pop singer at the age of twenty. 동
앤디는 이미 스무 살에 유명한 팝가수가 **되어 있었다**.

사람이 자기 일에 성공하여 사회적으로 지위나 명성을 확고히 하는 것도 **establish**이다. 출세한 것으로, 그 명성은 오래 지속된다.
한편, 명성 외에도 자신이 가지고 있는 좋은 자질을 확고히 하는 것도 establish를 쓸 수 있어서 establish innocence(결백을 입증하다)에도 활용된다.

adapt
[ədǽpt]

동 적응하다, 맞추다, 각색하다

1.
Danny was quick to adapt *to* the new digital environment. 동

대니는 새로운 디지털 환경에 재빠르게 **적응했다**.

새로운 상황에 맞게 적응하는 게 **adapt**이다. 본인이 원치 않더라도 피할 수 없는 변화에 맞춰 가는 것이며, 이렇게 하는 이유는 성공하거나 도태되지 않기 위해서이다. 전치사 to가 뒤에 붙어 무엇에 적응하는지를 알려준다.

2.
This tool has been adapted for use by dogs. 동

이 도구는 개들이 사용할 수 있도록 **맞춰져 있다**.

물건을 포함해 뭔가를 새로운 용도나 상황에 맞추거나 조정하여 쓸모 있게 만드는 것도 **adapt**이다. 도구, 기계, 공간 외에 디자인이나 스타일도 취향에 맞게 adapt 할 수 있다. The style can be adapted to suit your needs.(이 스타일은 당신의 요구에 맞게 조정될 수 있다.)처럼 쓴다.

3.
My mystery novel has been adapted *into* a movie. 동

내 추리 소설은 영화로 **만들어졌다**.

소설과 같은 원작을 연극, 영화, 텔레비전 방송용으로 각색하는 것도 **adapt**로 나타낸다. 주로 전치사 into(~으로)가 뒤에 붙어 어떤 매체로 개작되는지를 알려준다. 전치사 for(~으로)도 사용 가능하여 My play has been adapted for television.(나의 연극은 텔레비전극으로 각색되었다.)처럼 쓰기도 한다.

promote
[prəmóut]

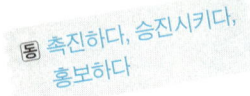

1. **We can't sacrifice our environment to promote economic growth.** 동

   경제 성장을 **촉진하기** 위해 환경을 희생시킬 수는 없다.

   어떤 현상이 실현되거나 증가하거나 퍼뜨려지도록 도움을 주거나 장려하는 게 **promote**이다. promote peace(평화를 증진하다), promote digestion(소화를 촉진하다)처럼 긍정적인 의미 외에 promote alcoholism(알코올 중독을 조장하다)처럼 부정적인 데에도 사용된다.

2. **I was promoted *to* section manager.** 동

   나는 부서장으로 **승진되었다**.

   직원이 직장에서 맡은 일을 잘해서 승진되는 게 **promote**이다. 승진은 당하는 입장이다 보니 흔히 수동태로 쓰인다. 〈promote A to B〉라고 하면 A라는 직급의 인물을 B라는 직급으로 승진시키는 것이 된다.

3. **Jenny Laine has begun a national tour to promote her second solo album.** 동

   제니 레인은 자신의 두 번째 솔로 앨범을 **홍보하기** 위해 전국 투어를 시작했다.

   판매량을 늘리거나 지명도를 높이기 위해 회사나 단체가 제품이나 서비스, 또는 자신을 홍보하는 것도 **promote**이다. 참고로 sales promotion은 '판매 촉진', advertising은 '광고', TV commercial은 '텔레비전 광고'가 되겠다.

convince
[kənvíns]

1. I still need to convince my parents. 동
나는 아직 부모님을 **납득시켜야** 한다.

뭔가가 사실이라거나 존재한다는 것을 이해시키는 것 또는 확신시키는 것이 **convince**이다. convince 뒤에는 누구를 이해시키는지가 나와야 한다. 그래서 convince myself처럼 내가 스스로 convince 될 수도 있고, convince them처럼 상대방을 convince 시킬 수도 있다.

2. I couldn't convince her to come to the party. 동
그녀를 파티에 오게끔 **설득하지** 못했다.

결정을 내리게 하거나 행동을 하게 설득하는 것도 **convince**이다. 용법은 위의 1번 설명과 같다. 동의어로는 persuade(설득하다, 설득시키다, 이해시키다)가 있다. 위의 예문에서 convince를 persuade로 바꿔 I couldn't persuade her to come to the party.라고 해도 된다.

cause
[kɔ:z]

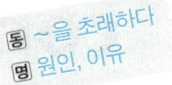

1. What caused the earthquake? 동
무엇이 지진을 **일으켰나요**?

어떤 일이나 상황이 일어나게끔 일으키는 것을 **cause**라고 한다. 주목할 점은 cause가 일으키는 일은 전부 안 좋은 일이라는 점이다. 그래서 예문처럼 안 좋은 사건인 '지진'이 왜 일어났는지를 물을 때는 cause를 이용해야 어울린다.

2. The cause *of* his death still remains a mystery. 명
그의 사**인**(死因)은 여전히 미궁으로 남아 있다.

어떤 일이 일어나게 하는 원인을 **cause**라고 한다. 역시 cause는 명사일 때도 '암의 원인', '실업률의 원인', '산불의 원인'처럼 나쁜 일에 대한 원인으로 쓰인다. 문장에서 활용될 때는 〈cause of + 명사〉의 형태로 흔히 쓰이는데 '~의 원인'이란 뜻이다.

3. Don't worry. There is no cause *for* concern. 명
걱정 마. 염려할 **이유**가 없어.

어떤 특정한 감정을 느꼈거나 행동을 한 것에 대해 이해할 만한 이유가 있을 때도 **cause**이다. 이때의 cause는 주로 부정적인 이유를 묘사할 때 쓰인다. 전치사 for가 cause 뒤에 붙으면 '~의 이유'가 된다.

accommodate
[əkáːmədeɪt]

동 충분한 공간을 제공하다, 수용하다

1. **My new external hard drive can accommodate up to ten terabytes of memory.** 동

내 새 외장 하드 드라이브는 메모리를 10테라바이트까지 **저장할 수** 있다.

건물이나 저장 공간에 충분한 공간이 있어 사람이나 물건을 수용하는 것이 **accommodate**이다. 건물이나 자동차처럼 사람이 들어갈 만한 공간이나 사물을 저장할 공간에 사용되는 단어이고, 무리 없이 넉넉히 들어갈 수 있다는 뉘앙스이다.

2. **The guest house can accommodate up to 30 guests.** 동

그 게스트하우스는 손님을 30명까지 **수용할 수 있다**.

호텔이나 어느 장소가 사람을 수용하는 것을 **accommodate**이다. 묵는 동안 편안하게 대접한다는 뉘앙스인데, 일시적으로 머무는 것이지 계속해서 사는 것은 아니다.

favor
[féivər]

1. Can you do me a favor? 명
내 **부탁** 좀 들어줄래?

상대방을 위해 베푸는 호의나 들어주는 부탁, 청이 **favor**이다. 위의 예문처럼 내가 상대방에게 해달라고 물어보는 형식으로 주로 활용된다. 반대로 내가 상대방에게 호의를 베푸는 식인 I will do you a favor.로는 어색해서 쓰이지 않는다. Can I ask a favor?(부탁 하나 해도 돼?)와 I have a favor to ask of you.(당신에게 한 가지 청이 있다.)라고 해도 위의 예문과 의미가 같다.

2. The politician has lost favor *with* her supporters. 명
그 정치인은 자신의 후원자들로부터 **지지**를 잃었다.

다른 사람들의 지지나 인정을 받는 것도 **favor**이다. 받아야 하기 때문에 favor 단독으로 쓸 수 없고, 관련 동사와 같이 win[gain] favor(지지를 얻다), lose[be out of] favor(지지를 잃다, 눈 밖에 나다)처럼 쓰인다. 위의 예문에서는 전치사 with(~의, ~로 부터)가 사용되었지만 of로 교체해도 된다.

3. Our CEO favors my colleague over me. 동
우리 대표 이사님은 나보다 내 동료를 더 **총애하신다**.

다른 사람보다 특정한 사람에게 더 잘 대해 주는 행위를 **favor**라고 한다. 이렇다 보니 형용사 favorite(마음에 드는, 매우 좋아하는, 총애하는)과 연관이 있다. 한편, '선호하다'라는 뜻도 있어서 Luck favors the prepared.는 "행운은 준비된 자를 선호한다."가 된다.

strike
[straɪk]

 때리다
 파업, (군사) 공격

1. Sandra struck him in the face. 동
샌드라는 그의 얼굴을 **가격했다**.

사람이 상대방이나 물체를 손이나 무기로 때리는 것도 **strike**이고, 움직이는 물체가 다른 물체나 사람을 치거나 부딪치는 것도 strike이다. A meteorite struck the roof of my house.(운석이 우리 집 지붕에 부딪혔다.) 처럼 모두 세게 이뤄지는 액션이고 격식 표현이 되겠다.

2. The factory workers decided to *go on* strike. 명
공장 노동자들은 **파업**을 벌이기로 했다.

노동자들이 회사를 상대로 벌이는 파업을 **strike**라고 한다. 동사 go와 함께 쓰여 go on strike(파업하다)로 활용된다. strike는 '파업하다'라는 뜻의 동사로도 쓰일 수 있지만 go on strike보다 활용도가 떨어진다.

3. The general is secretly planning an air strike. 명
장군은 비밀리에 **공습**을 계획하고 있다.

군사 작전에 해당하는 공격을 **strike**라고 한다. strike는 특히 공중에서 전투기로 하는 '공격'에 해당한다. 그래서 air strike라고 하면 '공습'이 되고, military strike(군사 공격), nuclear strike(핵 공격) 등의 표현으로도 활용된다.

about
[əbáut]

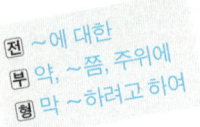

1. I'm not talking about you. 전
너**에 대해** 말하고 있는 게 아니야.

언급되고 있는 주제에 대한 연관성을 나타내어 주는 전치사가 **about**이며 '~에 대한'이란 뜻으로 통한다. I don't want to talk about it.(이야기하고 싶지 않아.)이라는 표현이 많이 쓰이는데, 여기서 it은 서로 알고 있는 '그것(화제, 주제)'이고 직역하면 "그것에 대해 이야기하고 싶지 않아."가 된다.

2. It's about ten kilometers from here. 부
여기서부터 **약** 10킬로미터야.

시간이나 가격, 거리를 측정할 때 정확하지 않고 '대략'이라고 하는 표현이 **about**이다. 이렇다 보니 about 뒤에 시간, 가격, 거리를 나타내주는 정보가 뒤따른다. I'll see you in about ten minutes, okay?(10분쯤 뒤에 보자, 알겠지?)에서 전치사 in은 about와는 상관없고, 원래 시간을 나타내는 표현으로서 in ten minutes는 '10분 후에'가 된다.

3. Hush! The movie *is* about *to start*. 형
쉿! 영화가 **막** 시작**하려 한다**.

사람이 뭔가를 곧 시작하려 하거나 어떤 일이 이제 막 일어나려 하는 순간을 묘사할 때 **about**를 쓸 수 있다. 〈be about to + 동사원형〉의 패턴으로 이때의 about는 형용사이다.

describe
[dıskráıb]

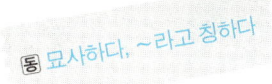

1. I can describe the monster to you. 동
너한테 그 괴물<u>이 어떻게 생겼는지 말해줄</u> 수 있어.

사람이나 물건, 일어난 일, 상황이 어떠한지를 묘사하고 서술하는 것이 **describe**이다. She described how it happened.(그녀는 그 일이 어떻게 발생했는지 설명했다.)처럼 쓰기도 하고, Describe your room.(너의 방을 묘사해 봐.)처럼 쓰면 명령어가 되기도 한다.

2. Mr. Thompson describes himself *as* a charming bachelor. 동
톰슨 씨는 자신을 매력적인 미혼남이<u>라고 말한다</u>.

사람을 '〜라고' 칭하거나 평할 때도 **describe**를 쓸 수 있다. 동사 describe 뒤에는 '〜으로서'라는 의미인 전치사 as가 뒤따라서 그 대상이 자신을 무엇으로 칭하는지, 또는 그 대상이 무엇으로 칭해지는지에 대한 정보가 나타난다. 위의 예문은 자신을 칭하는 경우이고, Ethan Hunt was described by the CIA as a dangerous spy.(이단 헌트는 CIA에 의해 위험한 첩보원이란 평을 받았다.)는 다른 이가 그 대상에 대해 평하는 경우이다.

raise
[reɪz]

통 (위로) 들어 올리다, (돈을) 모으다, (문제 등을) 언급하다

1. **Raise** your hand if you have a question. 통
질문이 있으면 손을 **드세요**.

무엇을 위로 들어 올릴 때 **raise**라고 한다. 가볍든 무겁든 간에 무게가 나가는 것을 어떤 목적이나 의도를 가지고 위로 올리는 것이다. 위의 예문도 질문을 하려면 손을 올리라는 상황이다.

2. I'm **raising** money for charity. 통
자선 단체를 위해 돈을 **모금하고** 있어.

자금이나 사람 등을 모을 때도 **raise**를 쓸 수 있다. 돈이나 사람의 마음을 한데 모아 놓으면 쌓이게 되고, 이렇게 쌓여 올라간다는 의미의 raise와 통하기 때문에 적절한 표현이다. 돈과 사람의 마음은 얻어 내기가 쉽지 않기 때문에 모으는 과정에는 어려움이 따른다는 뉘앙스가 들어 있다.
참고로 raise가 명사일 때는 '임금 인상'을 뜻하기도 한다.

3. You **raise** an interesting question. 통
흥미로운 질문을 **꺼내셨군요**.

어떤 안건이나 문제에 대해 질문을 하거나 언급할 때도 **raise**이다. 여럿이 모여 회의를 하는 상황에서 모두가 생각하고 논의해 볼 가치가 있는 문제를 제기했다는 것이다. 이렇다 보니 일상회화 표현은 아니고 정부 기관이나 공공단체, 또는 토론하는 모임에 어울릴 만한 다소 딱딱하고 유식해 보이는 표현이다.

occur
[əkɜ́:(r)]

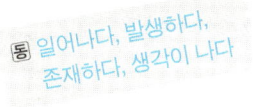 일어나다, 발생하다, 존재하다, 생각이 나다

1. The car accident occurred on a stormy night. 동
그 자동차 사고는 폭풍우가 부는 날 밤에 **일어났다**.

뭔가가 일어나거나 발생하는 것을 occur라고 한다. 예측할 수 없고 막을 수도 없는 자연현상이나 사고에 해당한다. 이렇다 보니 안타깝고 부정적인 일들일 수밖에 없다. occur의 일반적인 표현은 happen(일어나다)으로 위의 예문에도 교체 사용이 가능하다.

2. This phenomenon occurs only in the Northern Hemisphere. 동
이 현상은 북반구에서만 **존재한다**.

뭔가가 특정한 장소에만 존재하거나 발견되거나 나타나는 것도 occur라고 할 수 있다. occur가 '나타나다'라는 의미로 쓰일 때는 appear(나타나다)와 동의어가 된다. 그래서 This symbol occurs[appears] repeatedly in the book.(그 책에서는 이 기호가 반복해서 나타난다.)처럼 쓰인다.

3. It occurred to me that I didn't lock the door. 동
내가 문을 잠그지 않았다는 게 **떠올랐다**.

갑자기 떠오르거나 인지하는 것도 occur이다. 특별히 노력하지 않았는데도 나도 모르게 생각났다는 뉘앙스이다. 이렇다 보니 깜짝 놀랄 수밖에 없고, 이에 상응하는 행동을 즉각적으로 이어가게 된다. '갑자기'라는 부분을 강조하기 위해 suddenly occur로 쓰기도 한다. 누구에게 생각이 떠오르는지 나타내기 위해 뒤에 〈to+사람〉을 쓴다.

state
[steɪt]

 진술하다, 서술하다
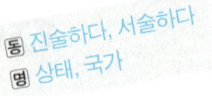 상태, 국가

1. **State your name and address, please.** 동
당신의 성명과 주소를 **말해 주세요**.

말이나 글을 공식적으로 남길 때 **state**를 쓴다. 내용이 확실하게 전달되어야 하고 모든 내용은 꼼꼼히 기록에 남는다. 진중하고 엄숙한 분위기와 상황에서 주로 쓰이는 표현이기 때문에 경찰서나 재판소와 같은 공공기관과 어울린다.

2. **My friend is in a state of depression after losing his job.** 명
내 친구는 직장을 잃은 후 우울한 **상태**에 빠져 있다.

사람이나 물건의 상태를 나타낼 때도 **state**라고 한다. 이때의 상태는 심리적일 수도 있고, 물건의 겉모습이나 상품적 가치를 의미할 수도 있다. 전치사 of(~에 대한, ~의) 뒤에는 무엇에 대한 상태인지에 대한 내용이 나온다.

3. **The Republic of Korea is a capitalist state.** 명
대한민국은 자본주의 **국가**이다.

state는 '국가', '나라'를 뜻하기도 한다. 다만, 동의어인 country와 다른 점은 country가 일반적인 의미에서 '국가', '나라'를 뜻한다면, state는 위의 예문에서 보듯이 그 나라의 정치적인 면을 나타낼 때 사용된다는 것이다.
참고로 미국의 공식 명칭은 the United States of America(미합중국)이다.

work
[wɜːrk]

1. I <u>work</u> *at* Samsong Electronics. 동
나는 삼송전자에서 **일해**.

자신이 속한 직장을 설명할 때 **work**를 쓴다. 소속을 나타내주는 전치사 at 외에 for도 사용 가능하다. 그래서 위의 예문을 for를 넣어 바꿔보면 I work for Samsong Electronics.가 된다. 전치사 for는 '~을 위해'인데, 영어에서는 사람이 아니라 회사를 위해 일한다고 해도 어색하지 않다.
참고로 I need work.(난 일자리가 필요해.)에서 work는 명사로 쓰였다.

2. I'm <u>working</u> right now. 동
지금 **일하고** 있어.

육체적, 정신적 에너지를 사용해 생계나 벌이를 위해 일할 때도 **work**를 쓴다. 좋든 싫든 책임감을 가지고 해야 하고 열심히 노력하고 있다는 뉘앙스가 들어 있다. 만약에 일하고 있는 대상까지 언급하고 싶으면 work on으로 해서 I'm working on a new project.(난 새로운 프로젝트를 작업하고 있어.)라고 하면 된다.

3. The machine is <u>working</u>. 동
기계가 **작동하고** 있어.

기계가 제대로 작동하거나 약의 효능이 제대로 발휘될 때도 **work**를 쓴다. 감기약이 효능이 있다고 하고 싶으면 This medicine works well on colds.(이 약은 감기에 잘 들어.)라고 하면 된다.

contact
[ká:ntækt]

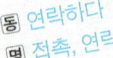

동 연락하다
명 접촉, 연락

1. I've already contacted Dr. Watson. 동

왓슨 박사는 이미 **연락해 놨습니다**.

누구에게 필요 때문에 전화나 편지로, 또는 직접 연락할 때 **contact**를 쓴다. 급하게, 갑자기, 정기적으로 연락하는 경우가 모두 포함된다. get in touch with (~와 연락[접촉]하다)와 교체 사용이 가능해서 위의 예문을 I've already got in touch with Dr. Watson.으로 바꿔 써도 된다.

2. There is little contact between the two countries. 명

두 국가 사이에는 **접촉**이 거의 없다.

명사 **contact**는 특히 상대방과의 정기적인 연락을 뜻하고, 셀 수 없는 명사이다. 동사 make와 함께 make contact with(~와 연락[접촉]하다)라는 형태로 자주 쓰여 I have made contact with an alien.(나는 외계인과 접촉했다.)와 같이 활용된다. 비슷한 표현으로는 get in contact with(~와 접촉[연락]하다)가 있고, 반대 표현은 lose contact with(~와 접촉[연락]이 끊기다)라고 하면 된다.

fancy
[fǽnsi]

 원하다, 반하다,
(~라고) 생각하다

1. Do you fancy a cup of tea? 동
차 한잔 어때?

뭔가를 원하거나 하고 싶을 때 **fancy**를 쓴다. 영국식 영어이며 비격식 표현이어서 친구들 사이에서 일상적인 활동에 대해 가벼운 마음으로 말할 때 쓰는 경우가 많다.

2. I fancy my neighbor Ben. 동
나는 이웃인 벤에게 **마음이 있다**.

상대방에게 매력을 느낄 때, 특히 성적으로 끌릴 때 **fancy**라고 한다. 위의 1번 설명과 마찬가지로 영국식 영어이자 비격식 표현이다. 비슷한 표현으로 I am attracted to Olga.(나는 올가에게 끌린다.)와 She was completely infatuated with James.(그녀는 제임스에게 완전히 미쳐 있었다.)가 있겠다.

3. Frank fancies *himself* as a postmodernism artist. 동
프랭크는 자기 자신을 포스트 모더니즘 예술가**라고 생각하고 있다**.

실제로 그럴지는 않더라도 스스로가 그렇다고 여기고 있거나 그러기를 좋아하는 것을 **fancy**라고 한다. 이런 생각은 자신만의 착각일 수도 있다. 이때의 fancy는 자기 자신을 그렇다고 생각하는 것이기 때문에 fancy oneself의 형태로 쓰인다.

alternative
[ɔːltɜ́ːrnətɪv]

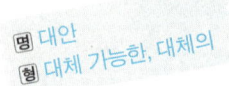

1. Do we even have an **alternative**? 명
우리에게 **대안**이 있기나 한 거야?

이미 있는 것 대신 고를 수 있는 대안이 **alternative**이다. 'A는 B의[에 대한] 대안이다'라는 표현은 〈A is an alternative to B〉 패턴으로 쓴다. 그래서 Rigorous exercise is an alternative to sleeping pills.라고 하면 "혹독한 운동은 수면제의 대안이다."가 된다.

2. There must be **alternative** ways to solve this problem. 형
이 문제를 해결할 수 있는 **다른** 방도가 분명히 있을 거야.

alternative가 형용사일 때는 '대체 가능한', '대안이 되는'이란 뜻이다. 명사 앞에서만 쓰이고 alternative plan(대안), alternative method(다른 방법), alternative solution(다른 해결책) 등의 표현에 주로 활용된다.

3. I'm interested in **alternative** medicine. 형
나는 **대체** 의학에 관심이 있다.

지금까지 주로 쓰였던 방법이나 전통적인 방식에서 탈피한 접근 방식을 묘사하기 위해 **alternative**가 쓰이고, '대안적인', '대체의'라는 의미를 가진다. alternative medicine(대체 의학) 외에 많이 쓰이는 표현으로 alternative energy(대체 에너지)가 있다.

effort
[éfərt]

 명 노력, (집단의 조직적인) 활동

1. You should make more effort. 명
너는 더 **노력**해야 해.

잘하기 위해 애를 쓰는 행위, 즉 '노력'이 **effort**이다. make an effort(노력하다) 외에 put (in) more effort(노력을 더 들이다), give one's best effort(최선을 다하다), require time and effort(시간과 노력을 요하다)로 활용된다.

2. A famine relief effort in sub-Saharan Africa is being carried out. 명
사하라 사막 이남의 아프리카에서 기근 구제 **활동**이 진행 중이다.

특정한 성과를 이루기 위해 결성된 단체의 조직적이고도 꾸준한 활동도 **effort**라고 부른다. 위의 예문의 a famine relief(기근 구제)처럼 무엇을 목표로 하는지에 대해 알려주기 위해 명사 effort 앞에 그 목표를 적어준다.

urge
[ɜːrdʒ]

1. **I want you to urge Cindy to take the offer.** 동
   신디가 제안을 받아들이도록 네가 **설득** 좀 해줘.

   노력을 들여 상대방에게 어떤 행동을 하도록 충고하거나 설득하려 하는 것을 **urge**라고 한다. 강제성을 띠는 것은 아니지만 이렇게 설득하는 이유가 있으므로 따르는 게 좋다.

2. **The government is urging its citizens to stay indoors during this period of yellow dust.** 동
   정부는 황사가 유입되는 이 기간에는 시민들이 실내에 머물 것을 **권고하고 있다**.

   어떠한 행동을 하게끔 강력하게 권고하거나 촉구하는 것도 **urge**라고 한다. 이렇게 하는 것은 중요하고 긴급하기 때문이고, 이 말을 들은 사람으로서는 따르는 것이 현명하고 이득이 된다.

3. **I *had* the urge *to eat* ramen in the middle of the night.** 명
   나는 한밤중에 라면을 먹고자 하는 **충동**을 느꼈다.

   본능적으로 뭔가를 하고 싶은 강한 욕구나 충동을 **urge**라고 한다. 참지 못하고 결국은 행동으로 옮긴다는 뉘앙스를 담고 있다. 욕구는 가지는 것이기 때문에 have 동사를 쓰고, urge 뒤에는 to부정사가 붙어 무엇에 대해 충동이 생기는 것인지 설명한다.

claim
[kleɪm]

1. He claims he can hold his breath for ten minutes. 동
그는 숨을 10분 동안 참을 수 있다고 **주장한다**.

뭔가 사실이라고 주장할 때 **claim**을 쓴다. 강하게 주장하는 경우이고, 이렇게 하는 이유는 주장에 대해 자신이 있기 때문이다. 다만, 이 단계에서는 아직 주장을 뒷받침할 증거를 내놓지 않은 채 오로지 말로만 하는 상황이다 보니 상대방으로부터 반박당할 여지가 있다. 같은 상황에서 claim이 명사로 쓰일 때는 '주장'이라는 뜻이 된다.

2. No one has claimed this bag yet. 동
아무도 아직 이 가방을 **찾으러** 오지 않았다.

자기 것이라며 재산 등에 대한 소유권을 주장하며 달라고 요구할 때도 **claim**이다. 자기 것이라고 요구하기 위해서는 우선 그 대상이 있는 곳으로 가야 하기 때문에 위의 예문을 "아무도 이 가방을 찾으러 오지 않았다."로 의역했다. 이런 비슷한 상황에서 claim이 명사로 쓰였을 때는 '권리'라는 뜻도 있다.

3. The airplane crash has claimed two hundred lives. 동
그 항공기 사고는 이백 명의 **목숨을 앗아갔다**.

재난이나 사고 등에 의해 목숨을 잃을 때도 **claim**을 쓴다. 위 예문의 한글 번역인 '목숨을 앗아가다'가 여기서의 claim의 뉘앙스를 잘 살려주고 있다. 즉, 아직 때가 되지 않았는데 죽음을 맞이하여 억울하다는 뉘앙스가 claim에 배어 있다.

assign
[əsáɪn]

1. **The teacher assigned additional homework to the student.** 동
선생님은 학생에게 추가 숙제를 **내주셨다**.

누군가에게 일이나 책임을 맡기거나 방과 같은 공간을 배정하는 것을 **assign**이라고 한다. 맡게 된 임무일 경우 책임감 있게 즉시 실행하여 완수해야 하고, 방을 배정받는 경우에는 그만큼의 공간이 허락되었다는 것이다.

2. **We'll assign our best man to the job.** 동
우리는 그 일에 우리의 가장 훌륭한 인재를 **선임할** 것입니다.

필요한 장소나 부서, 또는 사람에게 인재를 선임하거나 파견, 배치하는 것도 **assign**이다. 적합한 인물을 고르는 단계인 선임 및 실제로 보내는 단계인 파견, 배치도 모두 assign에 해당한다. 〈A is assigned to B〉 패턴으로 많이 쓰여, I was assigned to Denmark.라고 하면 "나는 덴마크에 파견되었어."라는 뜻이다.

vary
[véri]

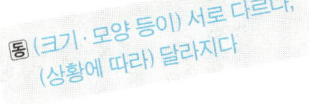 (크기·모양 등이) 서로 다르다, (상황에 따라) 달라지다

1. Because the porcelains are handmade, each one varies slightly in size and shape. 동
자기(磁器)들은 수작업으로 만들기 때문에 크기와 모양이 서로 조금씩 **다릅니다**.

물건들이 크기나 양, 정도에 있어서 각기 차이를 보이는 것이 **vary**이다. 이렇게 서로 다른 이유는 처음부터 그렇게 만들어졌기 때문이다. vary 뒤에는 그 정도를 알려주는 표현인 slightly(약간), a little(조금), a lot(많이), considerably(상당히, 많이) 등이 붙는다.

2. The price of the buffet varies *according to* the time of the day. 동
뷔페의 가격은 그 날의 시간대에 따라 **달라진다**.

상황에 따라 달라지거나 사람이 의도적으로 다르게 하는 것도 **vary**이다. 계절의 변화, 가격의 변동, 숫자의 차이 등에도 활용된다. with 또는 according to가 vary 뒤에 붙어 '~에 따라'라는 뜻으로 쓰이고, varies between 10 and 15이라고 하면 '10에서 15 사이로 다르다'가 된다.

Review Test VI

※ 각 문장의 빈칸에 알맞은 단어를 단어 박스에서 골라 문장에 맞게 바꿔 쓰세요.

```
patient    figure    matter    establish    adapt    promote
convince   cause     accommodate   favor    strike   about
describe   raise     occur     state    work    contact    fancy
alternative   effort    urge    claim    assign    vary
```

01. 선생님은 자신의 학생에게 참을성 있게 대했다.
  → The teacher was _____ with his student.

02. 흥미로운 질문을 꺼내셨군요.
  → You _____ an interesting question.

03. 뷔페의 가격은 그 날의 시간대에 따라 달라진다.
  → The price of the buffet _____ according to the time of the day.

04. 우리는 그 일에 우리의 가장 훌륭한 인재를 선임할 것입니다.
  → We'll _____ our best man to the job.

05. 쉿! 영화가 막 시작하려 한다.
  → Hush! The movie is _____ to start.

06. 걱정 마. 염려할 이유가 없어.
  → Don't worry. There is no _____ for concern.

07. 두 국가 사이에는 접촉이 거의 없다.

→ There is little _____ between the two countries.

08. 나한테는 상관있어.

→ It _____ to me.

09. 내 부탁 좀 들어줄래?

→ Can you do me a _____ ?

10. 기계가 작동하고 있어.

→ The machine is _____ .

11. 나는 한밤중에 라면을 끓여 먹고자 하는 충동을 느꼈다.

→ I had the _____ to eat ramen in the middle of the night.

12. 너한테 그 괴물이 어떻게 생겼는지 말해줄 수 있어.

→ I can _____ the monster to you.

13. 내가 문을 잠그지 않았다는 게 떠올랐다.

→ It _____ to me that I didn't lock the door.

14. 경제 성장을 촉진하기 위해 환경을 희생시킬 수는 없다.

→ We can't sacrifice our environment to _____ economic growth.

15. 그 항공기 사고는 이백 명의 목숨을 앗아갔다.

→ The airplane crash has _____ two hundred lives.

16. 내 친구는 직장을 잃은 후 우울한 상태에 빠져 있다.

→ My friend is in a _____ of depression after losing his job.

17. 와칸다는 한국과 공식적인 외교 관계를 수립할 예정이다.
   → Wakanda is going to _____ formal diplomatic relations with South Korea.

18. 그 게스트하우스는 손님을 30명까지 수용할 수 있다.
   → The guest house can _____ up to 30 guests.

19. 사하라 사막 이남의 아프리카에서 기근 구제 활동이 진행 중이다.
   → A famine relief _____ in sub-Saharan Africa is being carried out.

20. 그녀를 파티에 오게끔 설득하지 못했다.
   → I couldn't _____ her to come to the party.

21. 우리에게 대안이 있기나 한 거야?
   → Do we even have an _____?

22. 프랭크는 자기 자신을 포스트 모더니즘 예술가라고 생각하고 있다.
   → Frank _____ himself as a postmodernism artist.

23. 장군은 비밀리에 공습을 계획하고 있다.
   → The general is secretly planning an air _____.

24. 너일 거라고 생각했다.
   → I _____ it was you.

25. 내 추리 소설은 영화로 만들어졌다.
   → My mystery novel has been _____ into a movie.

Answers

01. patient 02. raise 03. varies 04. assign 05. about
06. cause 07. contact 08. matters 09. favor 10. working
11. urge 12. describe 13. occurred 14. promote 15. claimed
16. state 17. establish 18. accommodate 19. effort 20. convince
21. alternative 22. fancies 23. strike 24. figured 25. adapted

※ 활용법을 모두 알고 있는 단어에 체크(V)해 보세요.

☐ patient	☐ favor	☐ fancy
☐ figure	☐ strike	☐ alternative
☐ matter	☐ about	☐ effort
☐ establish	☐ describe	☐ urge
☐ adapt	☐ raise	☐ claim
☐ promote	☐ occur	☐ assign
☐ convince	☐ state	☐ vary
☐ cause	☐ work	
☐ accommodate	☐ contact	

291

exercise
[éksərsaɪz]

동 운동하다, (권리 등을) 행사하다
명 연습 문제, 운동, 행사

1. I need to exercise more. 동
나는 **운동을** 더할 필요가 있다.

몸을 건강하게 유지하기 위해 신체를 움직이고 근육을 자극시켜 운동하는 게 **exercise**이다. 자주 쓰이는 표현은 exercise regularly(규칙적으로 운동하다)이다. exercise가 명사일 때는 '운동'인데, get exercise(운동하다)와 a lack of exercise(운동 부족) 등으로 많이 활용된다.

2. I'm going to exercise my rights. 동
나는 내 권리를 **행사할** 것이다.

자신의 권위나 권리, 또는 역량을 효력이 생기게끔 발휘하거나 행사하는 것도 **exercise**이다. 명사로도 쓰이는데 동사 때와 마찬가지로 권력, 권리, 역량 등의 '행사', '발휘'가 되겠다. 그래서 exercise of power 하면 '권력 행사'가 된다.

3. This math exercise is giving me a headache. 명
이 수학 **연습 문제** 때문에 골치가 아프다.

학교 수업 시간에 학생들에게 주어지는 연습 문제를 통틀어 **exercise**라고 한다. do exercise 하면 '연습 문제를 풀다'라는 표현이다. 음악 연습과 노래 연습도 exercise라고 한다. 그래서 five-finger exercise 하면 피아노의 '다섯 손가락 연습'이고 vocal exercises 하면 '발성 연습'이다.

mean
[miːn]

동 의미하다, ~에게 의미가 있다
형 못된

1. What does this word mean? 동
이 단어의 **뜻이** 뭐예요?

mean은 '의미하다', '뜻하다'라는 뜻으로, 위의 예문처럼 보통 어떤 대상이나 상황에 대해 모르거나 이해가 안 될 때 의미를 확인하기 위해 쓴다. 그래서 주로 의문형으로 활용되며 내가 몰라서 상대방에게 물어볼 수도 있고 상대방이 내게 확인차 물어 볼 수도 있다. 과거형, 과거분사형 모두 **meant**임에 주의하자.

2. It means a lot to me. 동
그건 내게 큰 **의미를 갖고 있어**.

상대방이 나에게 보여준 행동이나 말, 내가 경험한 특정한 사건이 개인적으로 특별하게, 의미있게 와닿을 때도 **mean**을 사용한다. 다른 사람에게는 별다른 의미가 없을지 몰라도 나한테는 가슴 뭉클할 만큼 감동적이었다는 것이다. 정반대의 표현으로는 It meant nothing.(아무 의미 없었어.)가 있는데, 자신이 한 행동이나 말에 대해 책임 회피를 하거나 핑계를 댈 때 많이들 사용한다.

3. You're so mean. 형
너 진짜 **못됐다**.

mean은 형용사로도 쓰일 수 있는데, 이때는 상대방이 나에게 하는 언행이 못되거나 심술 궂음을 의미한다. He's a mean person.은 "그 사람은 심술 궂은 사람이야."로 그 사람의 성품을 묘사해 준다.
한편, 서로 친한 사이끼리 장난칠 때 쓸 수도 있는데 의도가 나쁘거나 상황이 심각하지 않다는 걸 알다 보니 약간 토라지되 웃으면서 내뱉는 말이다.

confirm
[kənfɜːrm]

동 확인하다, 뒷받침하다, 더 분명히 해주다

1. I'd like to confirm my reservation. 동
제가 한 예약을 **확인하고** 싶습니다.

앞서 정한 약속이나 결정을 확인할 때 confirm을 쓴다. 혹시 바뀌거나 취소될까봐 미리 한 번 더 체크하는 것이고, 주로 전화나 편지로 이루어진다. 국내 회사에서 직원들 간에 "거래처 컨펌 받아라.", "팀장님 컨펌 받았니?"라고 하는 표현도 여기서 유래되었다.

2. This discovery confirms my theory. 동
이 발견은 내 이론을 **뒷받침해 준다**.

앞서 제안했거나 말한 내용이 사실이라고 뒷받침해 줄 때도 confirm을 쓴다. 다만, 받아들여지기 위해서는 확실한 증거가 있어야 하고, 일단 증거가 뒷받침될 때에는 의심의 여지가 없기 때문에 받아들여진다. 맞아 떨어져서 통쾌하다는 뉘앙스가 들어 있다.

3. Bunjee jumping confirmed my fear of heights. 동
번지 점프를 해보니 내가 고소 공포증이 있다는 게 **확실해졌다**.

평소 의심하거나 두려워하는 대상에 대한 믿음이 확실해질 때도 confirm을 쓴다. 통계나 검사 등의 정확하고 믿을 만한 객관적 조사를 통해 사실로 밝혀졌기 때문에 확실한 것이다. 이때의 confirm은 부정적인 내용을 나타내기 위해 쓰이고, 더욱 분명해졌다는 뉘앙스가 들어 있다.

particular

[pərtíkjələ(r)]

1. Why are you treating that particular customer differently? 형
왜 저 **특정한** 고객을 다르게 대우하는 거죠?

한 가지 특정한 것을 콕 짚어 언급할 때 **particular**를 쓴다. 강조하기 위해 쓰이고, particular customer(특정한 고객), particular story(특정한 이야기), particular thing(특정한 것), particular job(특정한 직업)으로 활용된다.

2. PTSD is a particular problem for war veterans. 형
외상 후 스트레스 장애는 참전 용사들에게 **특별한** 문제이다.

상대적으로 더 도드라지거나 대단하여 특별한 경우도 **particular**라고 한다. 그만큼 중요하고 눈여겨봐야 한다는 뉘앙스이다.

bear
[ber]

동 가지고 가다, 참다,
(책임 등을) 떠맡다

1. I'll bear it in mind. 동
명심하겠습니다.

뭔가를 가지고 다닐 때 **bear**라고 한다. 그런데 이때의 bear는 실제 물건을 들고 다니는 것보다는 마음에 담고 다니는 심리적 묘사를 할 때 그 활용도가 빛을 발한다. 위의 예문처럼 bear가 in mind(마음 속에)와 합쳐져서 '명심하다', '유념하다'라는 회화체로 쓰이는데, I'll keep it in mind.와 일맥상통한다.

2. I *can't* bear it any longer! 동
난 더 이상 **참을** 수 없어!

사람이나 뭔가가 마음에 들지 않아 참지 못하는 상황일 때도 **bear**를 쓴다. 여기서의 bear는 '참다', '견디다'의 의미지만 정작 문장에서 활용될 때는 긍정형보다는 can't bear처럼 부정형으로 더 자주 쓰인다는 점에 유의하자.

3. My boss will bear the cost of my hospital fee. 동
사장님이 내 병원비를 **부담할** 것이다.

비용을 부담하기로 해 돈을 지불하거나 일어난 일에 대해 책임을 지겠다고 하는 것도 **bear**이다. 비용과 관련된 bear는 pay for와 대체 사용 가능하다. 다만, pay for는 단순히 지불한다는 의미지만 bear에는 심리적으로 다소 무겁게 부담을 느낀다는 뉘앙스가 들어 있다.

한편, 책임과 관련된 bear로 예문을 만들어 보면 I decided to bear all the responsibility.(내가 모든 책임을 짊어지기로 했다.)가 된다.

note
[noʊt]

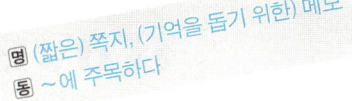
명 (짧은) 쪽지, (기억을 돕기 위한) 메모
동 ~에 주목하다

1. There is a note on the table. 명
탁자 위에 **쪽지**가 있다.

격식을 차리지 않은 짧은 편지, 즉 '쪽지'를 **note**라고 한다. write a note(짧은 편지를 쓰다), make a note(메모를 해두다), leave a note(쪽지를 남기다)로 활용된다. mental note는 '마음에 새김', '명심'이 되어 make a mental note of something(~을 기억해 두다)으로 활용된다.

2. I forgot to take notes during class. 명
나는 수업 시간에 **필기**하는 것을 깜빡했다.

기억을 돕기 위해 자기 자신에게 남기는 메모도 **note**이다. 본인을 위한 것이다 보니 위의 1번 설명보다 더 격식을 차리지 않는 형태이다. take a note 하면 '메모를 하다'가 된다. 비슷한 표현으로 memo나 message가 있겠고, 이들은 1번 설명에서의 note와도 교체 사용 가능하다.

3. I noted that the noise had died down. 동
나는 소음이 잦아든 것에 **주목했다**.

note가 동사로 쓰일 때는 '~에 주목하다', '~에 주의하다'가 된다. 위의 예문처럼 스스로 알아차릴 때 쓸 수 있고, Note that the painting has a strange mark in the corner.(이 그림의 모서리에 이상한 표시가 되어 있는 것을 주목해 주세요.)처럼 상대방에게 주의를 환기시키기 위해 하는 말에도 쓸 수 있다.

travel
[trǽvl]

1. **Phileas Fogg succeeded in <u>travelling</u> around the world in 80 days.** 동
필리스 포그는 80일 간 세계 **일주**를 하는 데 성공했다.

사람이 세계 곳곳이나 한 나라 안에서 여러 장소를 여행하는 것을 **travel**이라고 한다. 그런데 장거리 여행을 travel이라고 하지 가까운 데에 가는 것은 travel이라 하지 않는다.
travel의 명사형은 travelling이고, I like travelling. 하면 "나는 여행을 좋아해."가 된다.

2. **I <u>travel</u> 50 kilometers to work every day.** 동
나는 매일 출근을 위해 50킬로미터를 <u>다닌다</u>.

특정한 속도로 방향이나 거리를 이동하는 것도 **travel**이라고 한다. 사람이 직접 걸어서 가는 것도 travel이긴 하지만 교통수단을 이용할 때 travel을 쓰는 게 더 자연스럽다.
빛과 소리가 이동하는 것도 travel이라고 할 수 있어서 Light travels at around 300,000 km per second.라고 하면 "빛은 초속 약 30만 킬로미터로 이동한다."라는 말이고, Sound can travel through water.는 "소리는 물속으로 이동할 수 있다."가 된다.

suppose
[səpóuz]

1. I suppose he wants more money. 동
난 그가 돈을 더 원할 것이라고 **생각해**.

본인이 이미 알고 있는 지식이나 정보를 바탕으로 하여 현재 주어진 내용이 사실일 것이라 생각하거나 추정하는 게 **suppose**이다. 많이 쓰이는 간단한 회화체 표현으로는 I suppose so.(그럴 테지요.)와 I suppose not.(그렇지 않겠지요.)가 있겠다.

2. Let's suppose that you are alone on a deserted island. 동
가령 당신이 무인도에 혼자 있다고 합시다.

실제로 일어날 수 있는 상황이나 행동을 가정하거나 상상해 보자고 할 때도 **suppose**를 쓴다. 상대방을 이해시키거나 설득하기 위해 예를 들 때 쓴다. 결국, suppose를 '가령 ~' 또는 '~라고 가정하다'로 이해하면 된다.

authority
[əθɔ́:rəti]

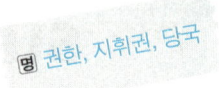

1. **I *have* no authority to open the bank vault.** 명

    저에게는 은행의 금고를 열 수 있는 **권한**이 없습니다.

    authority는 결정을 내리고 실행할 수 있는 권한을 뜻한다. have authority (권한이 있다)라는 형태로 사용된다. 이때의 authority는 셀 수 없는 명사이기 때문에 앞에 관사 a, the가 붙지 않고 뒤에 -s를 붙이는 복수형으로도 쓰지 않는다. 〈vest[invest]+사람+with authority〉 하면 '~에게 권한을 주다'가 된다.

2. **Paul is now in a position of authority.** 명

    폴은 이제 **지휘권**을 쥔 자리에 있다.

    authority가 '지휘권'을 뜻하기도 한다. 이때도 셀 수 없는 명사이고, person in authority는 '지휘권을 가진 사람'이다. 전치사 over를 써서 have authority over 하면 '~에 대한 지휘권이 있다'는 뜻이다.

3. ***The* health authorities have come up with a solution.** 명

    보건 **당국**은 해결책을 마련했다.

    정부 산하 단체로서 결정권이 있는 당국을 **authorities**라고 한다. 단수 형태보다는 복수형으로 쓰고 앞에 정관사가 붙어 the authorities가 된다. 위의 예문처럼 authorities 앞에 health처럼 어느 소속에 속해 있는 당국인지 묘사해주기도 한다.

enough
[ɪnʌ́f]

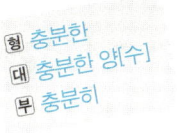

1. Hermione has enough books to read over the weekend. 형

헤르미온느는 주말 동안 읽을 책을 **충분**히 가지고 있다.

enough가 형용사일 때는 '충분한', '족한'이란 뜻이다. 만족하니 더 이상 필요 없다는 뉘앙스이다. 자주 쓰이는 간단한 회화체로는 That's enough.(그만하면 충분해요.)가 있겠다.

2. Stop, stop! That is more than enough. 대

그만, 그만! 너무 많아요.

enough가 대명사일 때는 충분한 양이나 수를 뜻한다. 즉, '많음', '풍족함'을 나타낸다. 위의 예문에서 쓰인 more than enough를 직역해 보면 '충분함을 넘어선 양'이어서 결국 '너무 많다'는 의미가 된다.

3. Are you warm enough? 부

충분히 따뜻하니?

enough가 부사로도 쓰이는데 '충분히', '~하기에 족할 만큼'이란 뜻이다. 위치는 수식하는 형용사나 부사, 또는 동사 뒤이다. 그래서 위의 예문의 enough는 형용사 warm을 뒤에서 꾸며주고 있고, The fish is fried just enough.(생선은 꼭 알맞게 튀겨졌다.)의 enough는 부사 just와 함께 생선이 튀겨진 정도를 묘사해주고 있다.

current
[kə́:rənt]

1. What is the current situation in Tibet? 형
티베트의 **현재** 상황은 어떻습니까?

현재 일어나고 있는 일을 묘사하고 싶을 때 **current**를 쓰며, 이때는 '현재의', '지금의'라는 뜻을 갖는다. 자주 쓰이는 표현으로는 current situation(현재 상황), current prices(현재 물가), current policy(현재의 정책), current job(현재 직업), current employer(현 고용주), current year(올해), current events(당면한 문제)가 있다. 형용사 current는 명사 앞에만 쓰인다.

2. Don't go in the ocean! The current is too strong. 명
바다에 들어가지 마! **물살**이 너무 세다.

물과 공기, 전기의 흐름을 **current**라고 한다. 그래서 '해류'를 ocean current, '기류'를 air current, '전류'를 electrical current라고 한다.

any
[éni]

1. Do you have <u>any</u> close friends who can lend you money? 한

당신에게 돈을 빌려줄 수 있는 가까운 친구들이 있나요?

any가 의문문에 사용될 때는 '누군가라도'라는 식으로 풀이된다. 위의 예문을 직역해 보면 "당신에게 돈을 빌려줄 가까운 친구들이라도 있나요?"가 되는데 보통 번역할 때는 '~라도'라는 부분을 떼어 풀이하는 게 자연스럽다. 그러나 이런 문장을 읽거나 들을 때는 any에 '~라도'라는 의미가 들어있다는 점은 알고 있자!

2. There isn't <u>any</u> left. 대

아무것도 남은 게 없어요.

any는 부정문에서 '전혀', '조금도', '아무런'이란 뜻으로 쓰인다. 참고로 긍정문에서는 any 대신 some을 써서 There's some left.(몇 개 남은 게 있어.)라고 한다.

3. Do you feel <u>any</u> better now? 부

이제는 기분이 **좀** 좋아졌니?

'좀', '조금은', '조금도'라는 뜻으로도 쓰인다. 이때의 **any**는 부사이다 보니 형용사와 부사의 비교급 또는 different 앞에서 사용된다. 위의 예문에서는 better라는 비교급 앞에 any가 쓰였고, She wasn't any different from me.라고 하면 "그녀는 나와 조금도 다를 바가 없었다."가 되어 any가 different 앞에 쓰였다.

individual
[ɪndɪvídʒuəl]

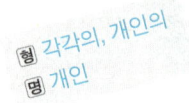

1. Don't worry, you will all get individual rooms. 형
걱정 마, 너희들 모두 **각각의** 방을 받을테니.

여러 명으로 구성된 단체가 아니라 각각의, 개개의 한 사람이나 한 개인 것을 **individual**이라고 한다.
한편, individual은 '개인의', '개인적인', '1인용[분]의'라는 뜻도 있어 give individual attention 하면 '개개인에게 관심을 기울이다'가 되고, an individual pizza 하면 '1인용 피자'가 된다.

2. All individuals need to behave responsibly. 명
모든 **개인**은 책임감 있게 행동해야 한다.

individual이 명사일 때는 '개인'이라는 뜻이다. 셀 수 있는 명사라서 -s가 붙을 수 있기 때문에 '개인들(individuals)'로 표현 가능하다.
참고로 the rights of the individual이라고 하면 '개인의 권리'가 된다.

around
[əráʊnd]

1. Danny put his arm around Helen's waist. 전
대니는 헬렌의 허리에 팔을 **둘렀다**.

around는 round(둥근, 동그란)에서 보면 알 수 있듯이 동그라미와 연관되어 있다. 그래서 '둘레에', '주위에', '건너편에서[으로] 돌아', '빙 돌아', '둥글게' 등을 뜻한다.

2. The guests will arrive around six o'clock. 부
손님들은 6시**쯤**에 도착할 것이다.

around가 부사로 쓰일 때는 어림잡아 판단하는 '약', '~쯤'을 의미한다. The lawyer's fee could be somewhere around 10,000 dollars.(변호사 수임료는 약 만 달러 정도 될 것이다.)의 경우에는 '어딘가에'라는 뜻의 부사 somewhere가 around 앞에 놓여 '대략'이란 의미를 더욱 부각시켜 주고, '정도'라는 뜻으로 의역되었다.

3. Go around the fence. 부
울타리를 **빙 둘러** 가라.

부사 **around**는 '사방에서', '빙 둘러', '이리저리', '여기저기'라는 뜻도 된다. The children were running around everywhere.라고 하면 "아이들은 사방으로 이리저리 뛰어다니고 있었지."가 된다.

serve
[sɜːrv]

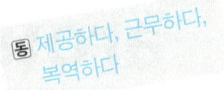
동 제공하다, 근무하다, 복역하다

1. When will the food be served? 동
음식 언제 **나와요**?

식당 등에서 음식을 제공하거나 가정에서 음식을 내올 때 **serve**를 쓴다. 위의 예문은 serve를 사용 안 하고도 같은 의미를 나타낼 수 있는데, 바로 Will our food be long?이라고 하면 된다. 여기서 long은 '시간이 오래 걸리는'으로 의문문에 쓰였으니 "음식이 오래 걸리나요?"가 된다.

2. I served *in* the Navy. 동
저는 해군에서 **복무했습니다**.

군대에 복무하거나 법률 기관을 위해 봉사할 때, 또는 어떤 사람을 위해 일할 때도 **serve**이다. 동사 serve가 군대에서 복무하는 걸로 사용되면 serve 다음에 전치사 in(~에서)이 오고, 그 다음에는 군대의 종류인 육군(the Army), 해군(the Navy), 공군(the Air Force), 해병대(the Marine Corps) 중 하나가 뒤따른다. 한편, 법원의 배심원 역할을 맡았을 때는 serve as a jury(배심원 역할을 하다)가 된다.

3. He's serving *time* for embezzlement. 동
그는 횡령으로 **복역하고 있다**.

죄를 지어 감옥에서 형량을 채울 때도 **serve**를 쓴다. 결국 serve time은 '복역하다', '형량을 채우다'를 의미하고 반드시 time과 같이 써야 말이 된다. 원래는 serve jail time이라고 해야 '복역하다'가 되지만, jail을 생략해도 serve라는 단어가 붙기 때문에 이 시간(time)이 그냥 평범한 시간이 아니라 감옥에 갇혀 보내는 시간임이 명백해진다.

choose
[tʃuːz]

동 선택하다, 선정하다, ~하기를 원하다(결정하다)

1. I'll choose the blue bottle. 동
난 파란색 병을 **선택하겠어요**.

여러 개 중에 하나를 선택하는 게 **choose**이다. to부정사와 함께 '~하기로 결정하다'라는 뜻으로도 자주 활용된다. 그래서 He chose to give up his diet.는 "그는 다이어트를 포기하기로 결정했어."가 되고, She chose to stay. 하면 "그녀는 머물기로 했어."가 된다.

2. William was chosen as the team captain. 동
윌리엄이 팀의 주장으로 **선출되었다**.

어떤 일을 할 사람을 '뽑다', '선출하다', '선정하다'라고 할 때도 **choose**를 쓴다. 위의 예문처럼 주어가 선택을 당하는 입장일 때는 당연히 수동태로 사용될 확률이 높다.
참고로 the chosen one 하면 '선택 받은 자'로 소설이나 영화에서 주인공이 이런 입장이 되곤 한다.

substitute
[sʌ́bstɪtuːt]

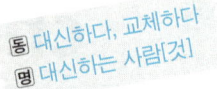

1. The injured player was substituted immediately. 동
부상을 당한 선수는 즉시 **교체되었다**.

substitute는 '대신하다', '교체되다', '대용하다'이다. 전치사 for와 with 모두 substitute와 짝을 이룰 수 있는데, 다만 Pork was substituted for beef.라고 하면 "쇠고기는 돼지고기로 대체되었습니다."가 되고, substitute pork with beef는 '돼지고기를 쇠고기로 대체하다'가 된다.

2. I was merely a substitute for her ex-boyfriend. 명
나는 단지 그녀의 전 남자 친구를 **대신하는 사람**에 불과했다.

명사일 때는 **substitute**가 '~을 대신하는 사람', '대용물', '교체 선수'를 뜻한다. Margarine is a substitute for butter.(마가린은 버터의 대용품이다.)처럼 말하면 된다.

한편, substitute가 다른 명사 앞에 놓이면 형용사 역할을 하여 substitute teacher(대리 교사)처럼 쓰인다.

랭킹 168

decline
[dıkláın]

명 감소, 축소
동 줄어들다, 거절하다

1. The graph shows a steady decline *in* the crime rate. 명
이 그래프는 범죄율의 꾸준한 **감소**를 보여주고 있다.

양이나 중요도, 품질의 감소를 **decline**이라고 한다. 지속적인 감소, 하락을 의미하며 주로 단수로 쓰인다. 위의 예문의 전치사 in은 '~에 있어'를 뜻하므로 직역해 보면 '범죄율에 있어(in the crime rate)'가 된다.

2. The birth rate is declining visibly. 동
출산율은 눈에 띄게 **감소하고 있다**.

decline이 동사로 쓰일 때는 '줄어들다', '감소하다', '축소되다'가 되고, 위의 1번 설명에서의 뜻과 일맥상통한다. 경제 성장(economic growth), 출산율(birth rate)의 감소를 나타내거나 customers(고객)가 줄었다든지 support(지지), health(건강) 등이 떨어진 상태를 묘사할 때도 decline을 쓸 수 있다.

3. I decline your offer. 동
당신의 제안을 **거절하겠습니다**.

상대방을 거절하거나 사양할 때도 **decline**을 쓴다. 예의를 차리고 정중히 거절하는 격식 표현이다. 그래서 단호하게 거절하는 refuse(거절하다)와는 느낌이 조금 다르다. decline an invitation(초대를 거절하다), decline to comment(논평을 거절하다)로도 자주 활용된다.

over
[óuvə(r)]

 넘어지게, 너머, 끝이 난

1. I accidentally knocked under an expensive statue.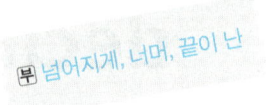
나는 실수로 값비싼 동상을 **넘어뜨렸다**.

물리적인 힘에 의해 사람이나 물건이 '넘어지게', '쓰러지게' 되는 게 **over**이다.
한편, 비슷한 맥락으로 over에는 빙글 돌듯 '뒤집어진다'는 의미도 있다. 그래서 She has the habit of turning over constantly in her sleep. 하면 "그녀는 잠을 잘 때 자꾸 몸을 뒤집는 습관이 있어."는 뜻이다.

2. Mom, can Victor *come over* and have dinner with us?
엄마, 빅터가 우리집에 와서 함께 저녁을 먹어도 돼요?

어느 공간을 넘어 건너 가거나 온다는 의미로 **over**가 쓰인다. 위의 예문에서 소개된 over는 come과 함께 쓰여 사람이 누구의 집에 '들르다', '오다'를 의미한다. The man crossed over the river.은 "남자는 강을 건너 갔다."가 되고, Put it over here.라고 하면 "그것을 여기 (건너편에) 놓아라."가 된다.

3. The show was over when we got to the theater.
우리가 극장에 도착했을 때는 쇼가 **끝나** 있었다.

상황이나 기간이 '끝이 난'이란 뜻도 있다. 컴퓨터 게임을 하다가 화면에 Game Over라는 자막이 뜨면 '게임 끝'이란 뜻이고, It's over between us. 하면 연인 중 한 명이 상대방에게 "우린 이제 끝이야."라고 이별을 고하는 선언이 된다.

adopt
[ədá:pt]

1. **The couple decided to adopt a child.** 동
부부는 아이를 **입양하기로** 결심했다.

다른 사람의 아이를 법적인 절차를 거쳐서 입양하는 것, 즉 양자로 삼는 행위를 **adopt**라고 한다.
참고로 foster는 동사로 쓰이면 양부모로서 아이를 맡아 기르는 것을 나타내고, 형용사로 쓰여 foster parent 하면 '양부모', foster care 하면 '수양 아이의 양육'이 된다.

2. **The company is adopting a new approach to its marketing strategy.** 동
회사는 마케팅 전략에 있어 새로운 접근 방식을 **취하고 있다**.

무엇에 관해 새로운 자세나 계획, 행동 방식을 취하는 것도 **adopt**라고 한다. 고민 끝에 결심하여 박력 있게 당장 액션을 취한다는 뉘앙스이다. 개인이나 단체 모두 adopt 할 수 있다.

3. **The council will adopt a new policy next week.** 동
위원회는 다음주에 새로운 정책을 **채택할** 것이다.

정책 등을 투표를 통해 채택하는 것도 **adopt**이다. 정부나 위원회에서 하는 행위이다.
참고로 '투표하다', '투표'는 vote이고, '거부하다', '기각하다', '거부권'은 veto이다.

several
[sévrəl]

한 몇 개의, 몇 명의
대 몇몇, 몇 개

1. **Several letters were on my desk.** 한
   몇 통의 편지가 내 책상 위에 놓여 있었다.

   인원수나 물건의 개수가 정확하지 않을 때, 즉 둘 이상이지만 그렇다고 그렇게 많지는 않을 때 **several**을 사용해 표현한다. '몇', '몇몇'이라는 뜻이므로 several days 하면 '며칠', several times 하면 '몇 번', several people 하면 '몇몇 사람들'이 된다.

2. **If you're looking for a stamp, you'll find several inside this desk drawer.** 대
   우표를 찾으시는 거라면, 이 책상 서랍 안에 **몇 장**이 있을 거예요.

   several이 대명사로 쓰이기도 하는데, 위의 예문처럼 문장의 앞 부분에 소개된 명사 stamp(우표)라는 정보를 문장의 뒷 부분에 한 번 더 언급해야 할 때 stamp를 반복하는 대신 several을 사용한 것이다. several은 문맥상 '우표 몇 장'을 뜻하여 우표가 한 장이 아니라 넉넉히 여러 장 있다는 사실을 말해준다.

occasion
[əkéɪʒn]

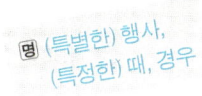

1. Today is a special occasion. 명
오늘은 특별한 **날**입니다.

중요하고 특별한 행사나 의식, 또는 축하 자리를 **occasion**이라고 한다. 그렇다 보니 결혼식, 생일, 승진 턱, 기념일 등이 모두 occasion이 된다. occasion 안에는 이미 '특별한'이란 의미가 들어 있지만 이를 강조하기 위해 위의 예문처럼 special을 앞에 붙이는 경우가 있다. special occasion은 '특별한 날' 정도로 해석된다.

한편, What's the occasion?이라고 물으면 "무슨 날이니?"라는 말로, 묻는 이는 이 날이 특별한 날인 것은 인지했지만 정확히 무엇을 기념하는지는 모르고 있다는 의미이다.

2. We *met on* several occasions. 명
우리는 여러 번 만난 **적**이 있다.

어떤 일이 일어나는 특정한 때도 **occasion**이라고 한다. 우연한 기회라는 뉘앙스를 담고 있고, 주로 두 사람이 우연히 만나게 되는 경우를 묘사할 때 사용한다. '만나다'의 meet와 occasion을 문장으로 연결시키기 위해서는 위의 예문처럼 전치사 on을 써야 한다.

statement
[stéɪtmənt]

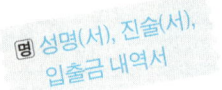
명 성명(서), 진술(서), 입출금 내역서

1. Your statement is vague and unclear. 명
당신의 **진술**은 모호하고 분명하지 않다.

공식적이거나 확실한 방법으로 정보를 말하거나 글로 쓰는 것을 **statement**라고 한다. '성명', '진술', '서술'이라는 뜻이고, 이를 공개적으로 발표하게 되면 '성명서', '진술서'가 된다. '정식 성명서'는 formal statement, '공개적인 진술서'는 public statement, '서면 진술서'는 written statement, '공식 성명서'는 official statement이다. '성명서를 발표하다'는 make a statement 또는 issue a statement라고 표현한다.

2. I need a copy of my bank statement. 명
제 은행 거래 **내역서** 한 부가 필요합니다.

은행 계좌에서 돈이 인출되거나 입금된 현황을 알려주는 인쇄된 문서나 기록물을 **statement**라고 한다. 은행에서 거래되고 있고 은행과 관련되었다는 사실을 나타내기 위해 bank와 함께 쓰여 bank statement라고 하고, 이것은 '은행 계좌의 입출금 내역서', '은행 명세서' 또는 '은행거래 내역서'로 풀이된다.

acknowledge
[əknáːlɪdʒ]

통 인정하다, (편지 등을) 받았음을 알리다

랭킹 174

1.
The lawyer advised his client to acknowledge his wrongdoing. 동

변호사는 자신의 의뢰인에게 본인의 범법 행위를 **인정하라고** 조언했다.

어떠한 사실이나 상황을 인정하거나 받아들이는 것을 **acknowledge**라고 한다. 격식 표현이고 자백한다는 뉘앙스가 들어 있다. 자주 쓰이는 표현으로 acknowledge the fact(사실을 인정하다)가 있다.

2.
She is widely acknowledged *as* the best singer in Korea. 동

그녀는 한국 최고의 가수로 널리 **인정받고 있다**.

사람의 업적이나 자격, 권위가 다른 많은 이들에 의해 알려지고 인정되는 것도 **acknowledge**이다. 주어가 인정을 받는 상황을 설명하는 경우가 많아 주로 수동태로 쓰인다. as 또는 to be가 뒤에 붙어 '~로서'라는 뜻을 나타낸다.

3.
The school sent me a reply acknowledging my request. 동

학교측은 나의 요청이 **접수되었다**는 답신을 보내왔다.

받은 편지나 메모 등을 보낸 사람에게 이를 받았다고 알리는 것도 **acknowledge**이다. '접수되었다', '받았음을 인정한다'는 뜻이지만 그저 받았음을 알릴 뿐, 그 편지의 내용에 대해 답신을 하는 단계는 아직 아니다.
참고로 주로 초대장 끝머리에 적는 RSVP는 프랑스어로 respondez s'il vous plaît를 줄인 약자이며, '회신 주시기 바랍니다(회신 바람)'라는 의미이다.

except
[ıksépt]

전 (누구·무엇을) 제외하고는
접 ~라는 점만 제외하면

1. I wake up early every day except Friday. 전

나는 금요일 **외에는** 매일 일찍 일어난다.

단 한가지 또는 한 사람만이 해당 상황이나 사실에서 제외된다는 것이 **except**이다. '제외하고는'이란 뜻으로, 전치사 for와도 함께 쓰이는 경우가 있어 〈except for A〉하면 'A를 제외하고는'이 된다. Everyone was singing, except for Stanley.는 "스탠리를 제외하고는 모두가 노래를 부르고 있었어."라는 말이다.

2. I don't know anything except that she is lying to you about her age. 접

나는 그녀가 너에게 자신의 나이를 속이고 있다는 것 **외에는** 아무것도 모른다.

except가 접속사로 쓰일 때는 '~라는 점만 제외하면' 또는 '~라는 것 외에는'이란 의미이고, 접속사이다 보니 that과 함께 쓰여 that절과 연결된다. 물론 that절의 that은 언제나 그렇듯 편의상 생략될 수도 있다. 그래서 Our jackets are identical except that yours is torn.은 Our jackets are identical except yours is torn.(우리 재킷은 네 것이 찢어졌다는 점만 빼고는 동일하다.)이라고 해도 된다.

Review Test VII

※ 각 문장의 빈칸에 알맞은 단어를 단어 박스에서 골라 문장에 맞게 바꿔 쓰세요.

exercise	mean	confirm	particular	bear	note	travel	
suppose	authority	enough	current	any	individual		
around	serve	choose	substitute	decline	over	adopt	
several	occasion	statement	acknowledge	except			

01. 필리스 포그는 80일 간 세계 일주를 하는 데 성공했다.
→ Phileas Fogg succeeded in _____ around the world in 80 days.

02. 이제는 기분이 좀 좋아졌니?
→ Do you feel _____ better now?

03. 엄마, 빅터가 우리 집에 와서 함께 저녁을 먹어도 돼요?
→ Mom, can Victor come _____ and have dinner with us?

04. 그건 내게 큰 의미를 갖고 있어.
→ It _____ a lot to me.

05. 그만, 그만! 너무 많아요.
→ Stop, stop! That is more than _____.

06. 손님들은 6시쯤에 도착할 것이다.
→ The guests will arrive _____ six o'clock.

07. 몇 통의 편지가 내 책상 위에 놓여 있었다.
→ _____ letters were on my desk.

08. 나는 소음이 잦아든 것에 주목했다.
→ I _____ that the noise had died down.

09. 왜 저 특정한 고객을 다르게 대우하는 거죠?
→ Why are you treating that _____ customer differently?

10. 나는 내 권리를 행사할 것이다.
→ I'm going to _____ my rights.

11. 걱정 마, 너희들 모두 각각의 방을 받을 테니.
→ Don't worry, you will all get _____ rooms.

12. 우리는 여러 번 만난 적이 있다.
→ We met on several _____ .

13. 나는 단지 그녀의 전 남자 친구를 대신하는 사람에 불과했다.
→ I was merely a _____ for her ex-boyfriend.

14. 티벳의 현재 상황은 어떻습니까?
→ What is the _____ situation in Tibet?

15. 제가 한 예약을 확인하고 싶습니다.
→ I'd like to _____ my reservation.

16. 난 더 이상 참을 수 없어!
→ I can't _____ it any longer!

17. 나는 그녀가 너에게 자신의 나이를 속이고 있다는 것 외에는 아무것도 모른다.

→ I don't know anything _____ that she is lying to you about her age.

18. 그녀는 한국 최고의 가수로 널리 인정받고 있다.

→ She is widely _____ as the best singer in Korea.

19. 그는 횡령으로 복역하고 있다.

→ He's _____ time for embezzlement.

20. 보건 당국은 해결책을 마련했다.

→ The health _____ have come up with a solution.

21. 회사는 마케팅 전략에 있어 새로운 접근 방식을 취하고 있다.

→ The company is _____ a new approach to its marketing strategy.

22. 당신의 진술은 모호하고 분명하지 않다.

→ Your _____ is vague and unclear.

23. 가령 당신이 무인도에 혼자 있다고 합시다.

→ Let's _____ that you are alone on a deserted island.

24. 윌리엄은 팀의 주장으로 선출되었다.

→ William was _____ as the team captain.

25. 당신의 제안을 거절하겠습니다.

→ I _____ your offer.

Answers

01. travelling 02. any 03. over 04. means 05. enough
06. around 07. Several 08. noted 09. particular 10. exercise
11. individual 12. occasions 13. substitute 14. current 15. confirm
16. bear 17. except 18. acknowledged 19. serving 20. authorities
21. adopting 22. statement 23. suppose 24. chosen 25. decline

---

※ 활용법을 모두 알고 있는 단어에 체크(V)해 보세요.

- ☐ exercise
- ☐ mean
- ☐ confirm
- ☐ particular
- ☐ bear
- ☐ note
- ☐ travel
- ☐ suppose
- ☐ authority

- ☐ enough
- ☐ current
- ☐ any
- ☐ individual
- ☐ around
- ☐ serve
- ☐ choose
- ☐ substitute
- ☐ decline

- ☐ over
- ☐ adopt
- ☐ several
- ☐ occasion
- ☐ statement
- ☐ acknowledge
- ☐ except

increase

[iŋkríːs] [íŋkriːs]

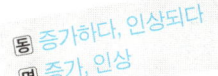

1. The unemployment rate continues to increase. 동
실업률은 계속해서 **증가하고 있다**.

대상의 숫자, 정도, 양 등이 증가하거나 인상될 때 **increase**라고 한다. increase by(~만큼 증가하다)라는 형식으로 자주 쓰여 실제로 늘어난 수치나 양을 나타내준다. 그래서 Oil prices have increased by 12 percent.라고 하면 "유가는 12퍼센트 상승했다."가 된다.

2. The increase in crime is evident. 명
범죄의 **증가**가 뚜렷하다.

increase가 명사일 때는 같은 맥락으로 숫자, 정도, 양 등의 증가나 인상을 뜻한다. 자주 쓰이는 관련 표현으로는 show increase in(~에서 증가를 보이다), an increase of(~의 인상), be on the increase(증가하고 있다)가 있겠다. 또한, price[tax, wage] increase 하면 '가격[세금, 임금] 인상'이 된다.

prevent

[privént]

1. It is important to prevent unwanted pregnancy. 동
원치 않은 임신을 **방지하는** 것이 중요하다.

원치 않거나 안 좋은 일이 일어나지 않도록 방지하고 예방하는 것을 **prevent**라고 한다. prevent war(전쟁이 일어나지 않게 하다), prevent disputes(분쟁이 일어나지 않게 하다), prevent the spread of diseases(병의 확산을 막다) 등으로 활용된다.

2. It was Andrew who prevented the fire. 동
화재를 **막은** 사람은 앤드류였다.

사람의 행동이나 일어나는 일을 막는 것이 **prevent**이다. 〈A prevents B from doing C〉라는 패턴으로 자주 쓰이는데, 'A는 B가 C를 하지 못하게끔 막다'라는 의미이다. The police are preventing the protestors from entering the main gate.는 "경찰은 시위자들이 정문을 통과하지 못하게끔 막고 있다."가 된다.

bother
[báːðə(r)]

동 신경 쓰다, 괴롭히다, 귀찮게 하다

1. ***Don't*** bother calling him; he won't answer your call. 동
녀석에게 굳이 전화하지마, 네 전화를 받지 않을거야.

불필요하다고 생각되거나 단지 게을러서 신경을 안 쓰거나 애를 쓰지 않는 게 don't **bother**이다. 아예 시도도 하지 않는다는 뉘앙스가 들어 있다. bother만 가지고 보면 '신경 쓰다', '애를 쓰다'라는 뜻이지만, 이때의 bother는 대부분 부정문에서 활용되기 때문에 아예 부정문이 되게끔 don't를 추가해 don't bother로 소개했다.
참고로 의문문에 쓰일 때는 don't를 빼고 why를 넣으면 된다. Why bother going to the concert if you're not that interested?(별로 관심이 없으면 왜 애써 공연에 가려고 하니?)처럼 표현한다.

2. That strange noise is bothering me. 동
저 이상한 소리가 날 **신경 쓰이게 한다**.

bother는 '신경 쓰이게 하다', '괴롭히다'도 된다. 뒤에 전치사 about이나 by, with가 붙어 무엇 때문에 그러는지에 대한 내용을 설명하기도 한다. bother with questions(질문으로 괴롭히다)처럼 말이다.

3. I hope I'm not bothering you. 동
제가 당신을 **귀찮게 해드리고** 있는 게 아니었으면 좋겠어요.

bother는 '귀찮게 하다', '귀찮게 말을 걸다'도 된다. 위의 예문은 누군가에게 자꾸 말을 걸거나 질문·부탁을 하거나 연락해야 할 때 '민폐를 끼치는 건 아닌지 모르겠다'는 뜻으로 부드럽게 건넬 수 있는 말이다.

perspective
[pərspéktɪv]

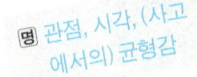

관점, 시각, (사고에서의) 균형감

1. You have an interesting perspective *on* the history of pop culture. 명

당신은 대중 문화의 역사에 대한 흥미로운 **관점**을 가지고 계시군요.

자신의 신념이나 경험을 바탕으로 형성된 관점이나 시각을 **perspective**라고 한다. 위의 예문처럼 전치사 on이 뒤에 붙어 '~에 대한'이란 뜻으로 많이 쓰이고, from the perspective of(~의 관점에서)라는 표현으로도 자주 쓰인다.

2. Calm down and let's see things *in* perspective. 명

진정하고 상황을 **균형** 있게 보자고.

처해진 상황을 한쪽으로 치우치지 않고 따질 것 따져가며 균형 있게 판단하자고 할 때 **perspective**를 쓴다. perspective가 위의 1번 설명에서처럼 '관점'이란 뜻을 가지고 있다는 사실을 상기하면 여러 시각에서, 또는 전체적으로 상황을 이성적으로 판단하여 균형을 잃지 말자라는 지금의 2번 perspective의 의미가 쉽게 이해될 것이다.

perspective는 문장에서 혼자 쓰이지는 못하고 위의 예문처럼 전치사 in이나 Consulting with your friends can help put your problems into perspective. (친구들과 상의해 보면 본인의 문제들을 균형 있게 보는 데 도움이 될 수 있다.)처럼 전치사 into가 앞에 놓여 활용된다.

fall
[fɔ:l]

내려가다, 떨어지다, 넘어지다

1. The temperature has fallen. 동
기온이 **내려갔다**.

온도나 산소처럼 객관적으로 잴 수 있는 수준, 수치가 내려가는 모습을 묘사할 때 **fall**을 쓴다.

2. Something fell *from* the sky. 동
하늘에서 뭔가가 **떨어졌다**.

fall은 물체가 중력에 의해 '아래로 떨어지다'를 의미한다. 전치사 from과 같이 쓰면 '~로부터 떨어지다'가 된다. 일부러 그런 것도 아니고 원해서 그런 것도 아니라 불가항력에 의해 떨어진다는 뉘앙스가 들어 있다. fall out of도 비슷한 표현인데, 다만 이 경우는 가방이나 새집처럼 더 확고하고 안전한 보관 장소에서부터 떨어졌을 때 사용한다.

3. I fell down and broke my wrist. 동
난 **넘어져서** 손목이 부러졌어.

사람이나 물체가 땅으로 넘어질 때 **fall**이라고 한다. 일부러 그런 것은 아니고 실수나 사고 때문에 일어나는 일이다. fall은 '넘어짐', 떨어짐'이라는 의미의 명사로도 표현 가능하여 I had a nasty fall.(나 심하게 넘어졌어.)처럼도 쓴다.

provision
[prəvíʒn]

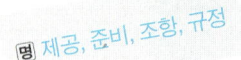

1. **The government is responsible for the provision *of* welfare benefits.** 명

   정부는 복리 후생 **제공**에 대한 책임이 있다.

   필요하거나 원하는 사람들에게 그것을 주거나 이용할 수 있게 하는 '공급', '제공'을 **provision**이라고 한다. 주로 단수로 쓰이고, '제공하다'라는 의미인 동사 provide에서 왔다고 보면 된다. 전치사 for(~에게)가 뒤에 붙어 누구에게 제공되는지를 밝혀 주기도 하고, of가 뒤에 붙어 명사나 명사형에 연결되어 추가 정보를 알려준다.

2. **Issac has already *made* enough financial provisions *for* his children.** 명

   아이작은 이미 자녀들을 위해 충분한 금전적 **대비**를 해 놓은 상태이다.

   만일을 대비하거나 안 좋은 일에 대해 준비하는 것도 **provision**이다. 다만, provision 혼자서는 쓰지 못하고 make provisions for라는 패턴으로 활용된다. 미래에 관련된, 돈과 관련된 일과 특히 밀접하다.

3. **A penalty provision is included in my contract.** 명

   위약금 **조항**이 내 계약서에 포함되어 있다.

   법률 관련 문서에 포함되어 있는 '조항'이나 '규정', '단서'도 **provision**이라고 한다. insert[put in] an additional provision은 '추가 조항을 삽입하다'이고, employ an exceptional provision 하면 '예외 조항을 두다'이다.

imperative
[ɪmpérətɪv]

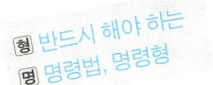
형 반드시 해야 하는
명 명령법, 명령형

1. *It is* **imperative** *that* you deliver this box to Captain Hastings. 형
이 상자를 해이스팅스 대위에게 **꼭** 전달<u>해야 한다</u>.

매우 중요하고 시급하기 때문에 그 일을 반드시 해야 한다고 강조할 때 **imperative**를 쓴다. it is imperative that(반드시 ~을 해야 한다)이라는 패턴으로 주로 쓰인다. to부정사가 바로 뒤에 와서 It is imperative to continue practicing.(연습을 반드시 계속해야 한다.)처럼 쓸 수도 있다.

2. In 'Come here!' the verb is in the **imperative** form. 명
Come here!에서 동사는 **명령형**이다.

imperative는 문법에서 명령형으로 쓰이는 동사를 정의한다. 이런 동사가 들어간 명령어 문장에는 주어가 필요 없다.
imperative가 형용사일 때는 '명령을 나타내는'이란 뜻으로 an imperative sentence(명령문)처럼 활용된다.

purchase
[pə́:rtʃəs]

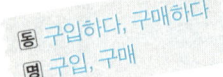

1. **Abdul was able to purchase a ticket at the last minute.** 동
압둘은 막판에 표를 **구매할** 수 있었다.

물건을 구매, 구입할 때 **purchase**라고 한다. '얼마의 가격에 구매했다'라고 하고 싶으면 전치사 for를 뒤에 붙여 purchased A for $100(A를 백 달러에 구매했다)라고 하면 된다. 같은 뜻인 buy가 더 일반적으로 사용하는 표현이라면 purchase는 격식 표현이다.

2. **It was a smart purchase by Mr. Arnold.** 명
그것은 아놀드 씨에 의한 현명한 **구매**였다.

명사일 때는 '구입', '구매', '매입'이 된다. 동사 make를 붙여서 make a purchase라고 하면 '구매를 하다'라는 표현으로 활용할 수 있다. '~의 구입', '~에 대한 구매'라고 하고 싶으면 전치사 of를 붙여서 purchase of food(식료품 구입)처럼 쓰면 된다.
참고로 purchase and sale agreement는 사고 파는 '매매(賣買) 계약서'이다.

improve
[imprúːv]

 향상시키다, 활용하다

1. **Your English has <u>improved</u> greatly over the summer.** 동
너의 영어 실력이 여름 동안에 크게 **향상되었구나**.

상황이나 몸 상태, 수준, 실력 등이 개선되고 나아지고 향상되는 게 **improve**이다. 자주 쓰이는 표현 형태로는 continue to improve(계속 나아지다), improve performance(성능을 개선하다), improve dramatically(극적으로 개선되다), improve standards(수준을 향상시키다), didn't improve much(별로 나아지지 않았다), improve enormously(엄청나게 향상되다)가 있겠다.

2. **I want to <u>improve</u> the time by going shopping.** 동
난 쇼핑하는 것으로 시간을 **활용하고** 싶어.

improve는 또 주어진 시간이나 기회를 허비하지 않고 알차게 이용하거나 활용한다고 할 때도 사용할 수 있다. 위의 예문처럼 긍정적인 용도로 사용되는 경우가 많지만 He improved the rainy day into an excuse.(그는 비 오는 날을 핑계로 삼았다.)처럼 부정적인 용도로 사용되기도 한다.

range
[reɪndʒ]

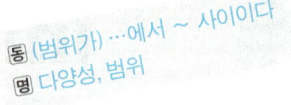

1. The price ranges *between* 300 dollars *and* 1,000 dollars. 동

가격은 3백 달러**에서** 천 달러 **사이이다**.

사물의 크기나 길이, 또는 가격의 범위가 'A에서 B 사이'라고 하고 싶을 때 **range**를 쓴다. A부터 B까지 다양하기 때문에 이 중에서 골라 보라는 뉘앙스를 담고 있다. 〈range between A and B〉 외에 〈range from A to B〉의 패턴으로도 사용된다.

2. The restaurant offers *a wide* range *of* seafood dishes. 명

이 식당은 대단히 **다양한** 해산물 요리를 제공한다.

같은 종류에 속하지만 그 안에서 보이는 사물들의 다양성을 **range**라고 한다. 문장 안에서 range가 홀로 쓰이기 보다는 a wide range of 또는 a full range of라는 약속된 표현으로 활용되며, 각각 '대단히 다양한', '폭 넓은'이란 뜻이 되어 그만큼 고를 수 있는 범위가 넓다는 것을 나타낸다.

3. The average age range is between 27 and 35. 명

평균 연령**대**는 27세에서 35세 사이이다.

변화나 차이의 '범위', '폭', 또는 연령대라고 할 때의 '-대'의 의미로도 **range**가 쓰인다. 주로 단수로 쓰이고 in the range of(~의 범위 내에서), price range(가격대), outside the range of(~의 범위 밖에)라는 표현으로도 활용된다.

separate
[sépəreɪt] [séprət]

동 분리하다, 갈라지다
형 분리된, 별개의

1. The river separates the two towns. 동
강이 두 마을을 **가르고 있다**.

사물을 분리하거나 가르거나 나눠 놓는 것을 **separate**라고 한다. It's better to separate the two. 하면 "둘을 분리하는 게 더 좋아."가 된다. 한편, ⟨separate A from B⟩라고 하면 'A를 B로부터 분리하다'가 되어 Separate the gold coins from the silver ones.(금화를 은화와 분리해라.)로 활용된다.

2. Let's separate into two groups. 동
두 그룹으로 **갈라지자**.

사람이나 동물이 갈라지거나 헤어지거나 따로 떨어지는 것도 **separate**이다. The couple has separated.라는 문장은 "그 부부는 별거했다.(그 커플은 헤어졌다.)"가 된다. 한편, The baby elephant got separated from its herd. 하면 "새끼 코끼리가 코끼리 떼로부터 떨어져 나왔다."라는 말인데, 본의 아니게, 실수나 사고로 이렇게 되었다는 뉘앙스이다.

3. I keep my toys in two separate boxes. 형
나는 내 장난감들을 두 개의 상자에 **따로** 보관한다.

separate가 형용사로 쓰일 때는 위의 예문처럼 '분리된', '따로 떨어진', '독립된'의 뜻이 되기도 한다. 한편, The same accident happened on three separate occasions.(똑같은 사고가 세 번에 걸쳐 별도의 경우에 발생했다.)처럼 '개별적인', '관련 없는', '별개의', '별도의'란 뜻으로도 쓰인다.

331

even
[íːvn]

1. **Even** rain won't stop me from going tomorrow. 부
비가 내리더**라도** 내일 내가 가는 것을 막지 못해.

부정적인 상황이라도 이를 극복해 내야 한다고 강조하고 싶을 때 **even**을 사용한다. 나의 굳은 심지를 나타내거나 머뭇거리는 상대방을 세게 푸시할 때 어울린다. 왜 그래야 하는지도 같은 문장 안이나 이어지는 문장에서 밝혀 주면 좋다.

2. She didn't **even** open her present. 부
그녀는 자기 선물을 풀어보지**조차** 않았어.

이때도 강조이긴 한데 여기서의 **even**은 '심지어', '~조차'라는 뜻으로 이해하면 된다. 예상 못했거나 놀랐거나 어이없는 일을 경험했을 때 내뱉는 말이다. even에 힘을 넣다 보니 자연스럽게 뒤에 따라오는 동사 open은 약간 뜸들인 후 부드럽게 발음하게 된다.

3. The surface is not **even**. 형
표면이 **고르지** 않군.

딱딱한 물건의 표면이 고르게 균형 잡혀 있고 평평하다고 묘사하고 싶을 때 **even**을 쓴다. even에는 안정적이라는 뉘앙스가 내포되어 있기 때문에 이 단어에서 느껴지는 이미지는 긍정적이다. 이렇다 보니 그 대상에 대한 평가는 감탄, 인정, 만족스러울 수밖에 없는 한편, 반대로 not even 하면 불만족, 불평을 나타내게 된다.

consequence
[káːnsəkwens] 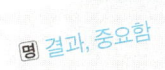 결과, 중요함

1. The new policy will have serious <u>consequences</u> for the IT industry. 명

이 새 정책은 IT 산업에 심각한 **결과**를 가져올 것이다.

발생한 일의 결과를 consequence라고 한다. 비슷한 표현인 result가 일반적인 표현으로서 좋은 결과와 나쁜 결과를 모두 포함하고 있다면, consequence는 나쁜 결과만을 뜻한다. 자주 쓰이는 표현으로는 direct consequence(직접적인 결과), tragic consequence(비극적 결과), face the consequences(결과를 직면하다), take the consequences(결과를 받아들이다)가 있겠다.

2. Don't worry about it. It's *of no* <u>consequence</u>. 명

걱정 마세요. 그건 **중요하지** 않아요.

consequence가 격식 표현인 '중요함'으로 쓰일 때가 있다. 다만, 혼자 쓰이지는 못하고 of no consequence라는 세트로만 쓰여 It is of no consequence.(그건 중요하지 않다.)라는 한 가지 표현으로만 활용된다. 결국, It's not important.(그건 중요하지 않아.)와 같은 뜻이지만 더 멋지고 격식 차린 표현이라고 보면 된다.

eligible
[élɪdʒəbl]

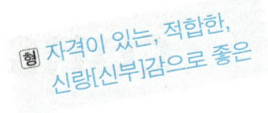

1. I'm eligible for a university scholarship. 형
나는 대학교 장학금을 받을 **자격이 된다**.

사람이 무엇을 할 수 있는 자격이 되는 것을 **eligible**이라고 한다. 사회를 살아가면서 연령이나 자격 등과 같은 기본적인 조건이 맞아서 그렇게 하거나 가질 수 있게 된 것이다. 위의 예문처럼 eligible for 외에 eligible to로 쓰여 You are not eligible to vote yet.(너는 아직 투표할 수 있는 나이가 아니다.)로도 활용된다. 이때는 '나이'라는 단어가 들어 있지 않아도 투표(vote)와 연관되어 있다 보니 의역하면 '나이'라는 단어가 들어간다.

2. I can't find an eligible man suitable for my daughter. 형
내 딸에게 맞는 **신랑감으로 좋은** 남자를 찾지 못하겠다.

'바람직한', '적당한'이란 뜻으로 신랑감이나 신붓감으로 알맞은 경우를 묘사하는 형용사로 **eligible**이 쓰인다.
참고로 '결혼 안 한 남성'은 bachelor 또는 single man이고, '결혼 안 한 여성'은 spinster 또는 single woman이다. 단, spinster는 특히 나이가 많은 미혼 여성에게 쓴다.

there
[ðer]

 거기에, 그곳에

1. **There is a fat cat on the table.** 부
탁자 위에 살찐 고양이가 있다.

뭔가가 존재하거나 존재하지 않는다고 할 때, 또는 다른 이의 주의를 끌고자 할 때 be동사 앞에 주어처럼 **there**를 쓴다. 한국 문법에서는 이 there의 품사를 유도부사라는 어려운 말로 소개하지만, 그냥 편하게 독특한 역할을 해주는 주어라고 이해하면 되겠다. 위 예문에서의 there가 뭐가 존재한다는 말을 하기 위해 쓰였다면, There is a way for you to become famous.(당신이 유명해질 수 있는 방법이 있다.)의 경우에 쓰인 there는 특별한 뜻 없이 단순히 다른 이의 주의를 끌기 위해 사용되었다.

2. **Jack, are you up there?** 부
잭, **거기** 위에 있는 거니?

there는 장소나 지점을 지칭하기 위한 의도로 '거기에(서)', '그곳에(서)'의 뜻으로도 쓰인다. I visited Sedona and stayed there for a week.는 "나는 세도나를 방문했고, 그곳에서 일주일을 머물렀어."가 된다.

reserve
[rɪzə́ːrv]

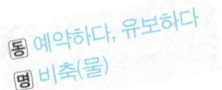

1. This table is reserved for Mr. Alexander. 동
이 테이블은 알렉산더 씨를 위해 **마련되어 있습니다**.

누군가를 위해 자리나 방, 티켓을 예약할 때 **reserve**라고 한다. 위의 예문처럼 수동태로 쓰이기도 한다. reserve는 돈을 내고 예약한 경우와 돈과는 상관없이 자리 등을 따로 잡아두는 경우를 모두 포함한다.

2. I'll reserve my opinion on the matter. 동
그 문제에 관해서는 제 의견을 **유보하겠습니다**.

사람이 어떤 일에 대해 신중함을 보여 판단을 유보할 때도 **reserve**를 쓴다. 그만큼 감정이나 분위기에 휩쓸려 즉각 대응하지 않겠다는 태도이다. 충분한 생각과 증거를 통해 상황을 냉철하게 판단하는 한편, 해당 상황에 대해 긍정적으로 생각하고 있지는 않다는 뉘앙스이다. 일상회화보다는 회사나 단체 내의 회의 때 어울리는 표현이다.

3. The United States has an ample amount of oil reserves. 명
미국은 충분한 석유 **비축양**을 보유하고 있다.

나중에 필요할 때 사용하기 위해 따로 모아 놓아 둔 비축물도 **reserve**라고 한다. 대량 규모로 비축해 두는 자원에 사용하는 단어로 주로 복수형으로 많이 쓴다. 석유를 비축하면 oil reserves, 천연가스를 비축하면 natural gas reserves라고 표현한다. in을 사용하여 in reserve 하면 '비축되어 있는', '예비로 마련해 둔'이 된다.

attribute
[ətríbju:t] [ǽtrɪbju:t]

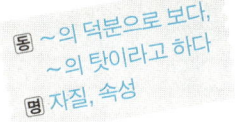

1. **I attribute my success to hard work.** 동
나의 성공은 각고의 노력 **덕분이다**.

'A를 B의 덕분으로 돌리다'라고 할 때 **attribute**를 쓴다. 본인이 잘해서 이룬 성과이지만 자신이 원래 잘나서가 아니라 다른 사람 또는 원인의 덕분이라고 그 공을 돌리고자 하는 겸손함이 느껴지는 표현이다. 위의 예문에서는 my success가 A이고, hard work가 B가 된다.

2. **She attributed her failure to financial difficulties.** 동
그녀는 자신의 실패를 경제적 어려움 **탓으로 돌렸다**.

attribute는 'A를 B의 탓으로 하다'도 된다. 위의 1번 설명과는 달리 여기서는 부정적인 의미를 가졌다. 어떤 실망스러운 결과나 자신의 잘못, 실수의 원인을 본인이 아닌 다른 데서 찾으려는 태도이다.

3. **Positive thinking is an important attribute *to* success.** 명
긍정적인 사고는 성공에 중요한 **자질**이다.

attribute는 명사로도 쓰이는데 사람이나 사물이 가지고 있는 '자질', '속성'을 나타낸다. 한편, to는 attribute와 밀접한 관계가 있어 문장 안에서 부속품처럼 따라 다니지만 attribute가 명사일 때는 of로 대체되어도 된다. 그래서 위의 예문을 바꿔 보면 Positive thinking is an important attribute of success.가 된다.

such
[sʌtʃ]

1. **I oppose your cruel methods. Such methods are inhumane.** 한
   당신의 잔인한 방법들에 반대해요. **그러한** 방법들은 비인간적이에요.

   방금 앞에서 다룬 말에 대해 다시 언급하고 싶을 때 **such**를 써서 '그러한'의 의미를 표현할 수 있다. such가 한정사로 사용될 때는 뒤에 셀 수 있는 명사의 복수형이나 셀 수 없는 명사가 따른다. 참고로 한정사란 명사 앞에 붙는 the, some, my 등과 같은 말들, 즉 항상 명사 앞에 오는 기능어로서 관사, 형용사적 용법의 지시 및 부정 대명사, 대명사 및 명사의 소유격 등을 말한다.

2. **There is no such thing as the Loch Ness Monster.** 한
   네스호의 괴물 **따위**는 존재하지 않는다.

   곧 언급하려는 의도로 한발 앞서 사용하는 '그런', '그러한'도 **such**이다. 위의 예문에서 보듯이 네스호의 괴물이란 말이 나오기 전에 such가 thing(것)을 꾸며주며 네스호의 괴물을 대신해주고 있다. 예문의 어감을 살리기 위해 '~ 따위'라고 의역했다.

3. **You are such a lazy guy.** 한
   넌 **정말로** 게으른 녀석이야.

   말하고자 하는 내용의 단어를 콕 짚어 강조하고 싶을 때 **such**를 쓴다. 강조하려는 단어나 표현 바로 앞에 쓰인다. 보통 형용사를 동반하는 명사 앞에 오는데, It's such a lovely morning! 하면 "너무나도 기분 좋은 아침이에요!"가 된다.

sustain
[səstéɪn]

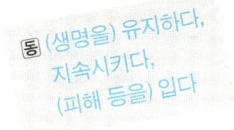

1\. **The food is enough to sustain the lives of the villagers.** 동

식량은 마을 사람들이 생명을 **유지할** 수 있을 정도로 충분하다.

오랜 기간 동안 생명이나 시설, 상태 등을 계속해서 유지하는 것을 **sustain**이라고 한다. 그냥 되는 게 아니라 노력하고 필요한 것을 끊임없이 공급하고 정성을 들였기 때문에 지탱된다는 뉘앙스가 들어 있다. We must sustain our economic growth. 하면 "우리는 경제 성장을 지속시켜야 합니다."가 되고, The conversation was sustained for hours. 하면 "대화는 여러 시간 동안 계속되었다."가 된다.

2\. **He sustained a back injury last night.** 동

그는 어젯밤 허리 부상을 **입었다**.

사람이 부상, 패배 등을 당하거나, 기계 또는 단체가 피해나 손상 등을 입을 때도 **sustain**이라고 한다. 다만, 당했으되 그나마 어떻게든 버텨보려고 한다는 뉘앙스가 들어 있다. 자주 활용되는 표현으로는 sustain damage(손상을 입다), sustain an injury(부상을 입다), sustain a defeat(패배를 당하다), sustain a loss(손실을 입다) 등이 있다.

compliment 동 칭찬하다 / 명 칭찬
[káːplɪment] [káːplɪmənt]

1. The principal complimented *me on* winning the marathon. 동

교장 선생님은 내가 마라톤에 우승한 것에 대해 **칭찬하셨다**.

남이 가진 자질이나 외모, 또는 행적에 대해 공손하게 칭찬하는 것이 **compliment**이다. 위의 예문처럼 누굴 칭찬했는지에 대해서가 compliment 뒤에 바로 나오고 그 다음에 전치사 on이 붙어 '~에 대해' 칭찬하는지가 뒤따른다.

2. It's nice to *pay* compliments to each other. 명

서로에게 **칭찬**을 하는 것이 좋다.

compliment가 명사일 때는 '칭찬', '찬사'이다. 위의 예문처럼 pay라는 동사를 이용해 '~을 칭찬하다(pay someone a compliment)'라는 표현으로 활용한다. I'll take that as a compliment.는 "그 말 칭찬으로 받아들일게."가 된다.

unless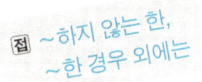
[ənlés]

접 ~하지 않는 한, ~한 경우 외에는

1. **I won't be able to fully understand the situation unless I talk to everyone.** 접

   제가 모든 사람들과 이야기를 나누**지 않는 한** 상황을 완전히 이해할 수는 없을 것입니다.

   장차 발생하거나 사실이 될 수 있는 일에 대해 말하되 정작 그 일에 대해서는 '~하지 않는 한', '~이 아닌 한'으로 말하고 싶을 때 **unless**를 쓴다. 접속사이다 보니 unless 앞과 뒤에는 주어와 동사가 포함된 절이 붙는다.

2. **Unless something goes wrong, I won't be calling you.** 접

   뭐가 잘못되**지 않는 한** 너에게 전화하지 않을 거야.

   접속사 **useless**는 때에 따라 '~한 경우 외에는'이란 뜻으로도 쓰인다. 위의 예문은 접속사 unless가 문장 맨 앞으로 온 경우이고, 필요 시 I won't be calling you unless something goes wrong.으로 바꿔 써도 뜻은 변하지 않는다.

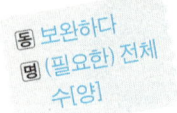

complement

[ká:mplɪment] [ká:mplɪmənt]

동 보완하다
명 (필요한) 전체 수[양]

1\. **The onion, tomato, salami, and ham all complement each other to make the wonderful flavor of this Italian sandwich.** 동

양파, 토마토, 살라미 소시지와 햄은 모두 이 이탈리안 샌드위치의 맛을 훌륭하게 만들어 주기 위해 서로 **보완한다**.

사람이나 물건, 특히 음식이 서로를 잘 보완하고 서로의 장점을 돋보이게 해주는 것이 **complement**이다. 앞서 설명했던 compliment와 뜻은 다르지만 스펠링이 거의 비슷하니 혼동하지 않길 바란다.

2\. **We have secured a full complement of new employees to run the new shop.** 명

새 가게를 운영할 **전** 직원을 모두 새로 확보했다.

complement는 필요하거나 허용되는 전체 수량을 의미하기도 한다. 어떤 조직이나 사물이 무리 없이 기능을 잘할 수 있도록 필요한 사람이나 부품의 총 개수이다. 예를 들어, 배를 운항하기 위한 선원의 전체 수나 저택에 필요한 창문의 전체 수를 지칭할 때 complement가 쓰인다. 문장 안에서는 complement of ~로 활용되고, 앞에 full이 놓여 100%가 확보되었다는 사실을 강조해주기도 한다.

notice
[nóutɪs]

1. **I noticed a stranger on the roof.** 동
   나는 지붕 위에 수상한 사람이 있는 것을 **알아차렸다**.

   굳이 노력하지 않았는데도 사람이나 뭔가가 지닌 특징을 의식하게 될 때 **notice**를 쓴다. 그만큼 그 대상이 눈에 잘 띄고 자기도 모르게 신경이 쓰이는 것이다. 위의 예문처럼 사람이 사람 또는 동식물을 notice 할 수 있는가 하면, She didn't notice the jewelry was stolen.(그녀는 보석이 도난 당한 사실을 모르고 있었다.)처럼 상황을 notice 할 수도 있다.

2. **The uninvited guest *was* noticed immediately.** 동
   초대받지 않은 손님은 단박에 **주목을 받았다**.

   notice가 수동태인 be noticed로 쓰이면 '주목을 받다,' '관심을 받다'가 된다. 항상 수동태로 사용되기 때문에 주어인 주인공이 위의 예문처럼 주목을 받는 상황이 된다. be noticed는 get noticed와 번갈아 가며 사용될 수 있다.

3. **Did you read the notice on the bulletin board?** 명
   게시판에 붙은 **공고문**을 읽어 봤니?

   공공장소에 있는 게시판에 남들이 보라고 종이에 글을 써 붙인 공고문도 **notice**라고 한다. 참고로 '게시판', '공고판'을 bulletin board라고도 하지만 notice를 그대로 사용하여 notice board라고도 한다. 한편, 회사에서 notice는 직원이 퇴사하기 위해 쓰는 '사직서'를 말하거나, 그 반대로 상사가 직원을 해고할 때 주는 '해고 통보'로도 사용된다.

suffer
[sʌ́fə(r)]

 고통 받다, 겪다, 더 나빠지다

1. She suffers from insomnia every night. 동
그녀는 매일 밤 불면증으로 **고통 받고 있다**.

사람이 고통, 질병, 슬픔, 결핍 등에 시달리거나 고통 받는 것을 **suffer**라고 한다. 위의 예문처럼 〈suffer from A〉, 즉 'A로부터 시달리다[고통 받다]'로 표현할 수도 있고, He is suffering great pain.(그는 큰 고통에 시달리고 있다.)으로도 표현 가능하다.

2. My friend suffered a family tragedy on his wedding day. 동
자신의 결혼식 날에 내 친구는 집안에 비극이 닥치는 **경험을 했다**.

사람이 부상이나 패배, 상실 등을 겪는 것도 **suffer**이다. 많이 쓰이는 표현으로 suffer an injury(부상을 입다), suffer a defeat(패배를 당하다), suffer a loss(손실을 입다)가 있겠다. The team suffered an unexpected defeat in the finals.라고 하면 "그 팀은 결승전에서 의외의 패배를 당했어."가 된다.

3. I'm surprised that your school grades are suffering. 동
너의 학교 성적이 **더 나빠지다니** 놀라울 따름이다.

상태나 자질이 더 나빠지거나 악화되는 것도 **suffer**라고 한다. 당사자가 낑 낑대고 있다라는 뉘앙스가 들어 있다. Your reputation will suffer if you fail again.은 "당신이 다시 실패한다면 당신의 평판은 더 나빠질 거예요."가 된다.

become
[bɪkʌ́m]

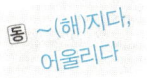 ~(해)지다, 어울리다

1. The wind became stronger. 동
바람은 더 세**졌다**.

사람이나 뭔가가 변화를 겪으면서 뭔가가 되거나 어떻게 되는 것이 **become**이다. 그렇다고 사람이 괴물로 변한다는 식의 극단적인 변화가 아니라 She became a queen.(그녀는 여왕이 되었다.)처럼 여성이 여왕이 되거나, The man became interested in playing chess.(그 남자는 체스 두기에 흥미를 갖게 되었다.)처럼 어떤 취미에 흥미를 갖게 되거나, Life became more and more difficult for Tom.(톰에게는 인생이 점점 더 어려워졌다.)처럼 삶이 점점 더 어려워지거나 하는 정도가 되겠다.

2. The leather jacket really becomes you. 동
가죽 재킷이 네게 정말 **잘 어울린다**.

사람이 머리 스타일이나 화장을 통해 외모에 변화를 주거나, 옷이나 액세서리로 몸을 꾸민 것이 잘 어울려서 보기 좋다고 할 때도 **become**을 쓴다. 그 사람의 매력이 잘 돋보이는 것 같아 전하는 진심 어린 칭찬이며 격식 표현이다. 그래서 점잖은 말투에 어울리는 편이다.

Review Test VIII

※ 각 문장의 빈칸에 알맞은 단어를 단어 박스에서 골라 문장에 맞게 바꿔 쓰세요.

increase	prevent	bother	perspective	fall	provision	
imperative	purchase	improve	range	separate	even	
consequence	eligible	there	reserve	attribute	such	sustain
compliment	unless	complement	notice	suffer	become	

01. 실업률은 계속해서 증가하고 있다.
→ The unemployment rate continues to _____.

02. 뭐가 잘못되지 않는 한 너에게 전화하지 않을 거야.
→ _____ something goes wrong, I won't be calling you.

03. 나는 내 장난감들을 두 개의 상자에 따로 보관한다.
→ I keep my toys in two _____ boxes.

04. 그는 어젯밤 허리 부상을 입었다.
→ He _____ a back injury last night.

05. 아이작은 이미 자녀들을 위해 충분한 금전적 대비를 해 놓은 상태이다.
→ Issac has already made enough financial _____ for his children.

06. 그녀는 매일 밤 불면증으로 고통 받고 있다.
→ She _____ from insomnia every night.

07. 긍정적인 사고는 성공에 중요한 자질이다.

→ Positive thinking is an important _____ to success.

08. 이 상자를 해이스팅스 대위에게 꼭 전달해야 한다.

→ It is _____ that you deliver this box to Captain Hastings.

09. 바람은 더 세졌다.

→ The wind _____ stronger.

10. 너의 영어 실력이 여름 동안에 크게 향상되었구나.

→ Your English has _____ greatly over the summer.

11. 저 이상한 소리가 날 신경 쓰이게 한다.

→ That strange noise is _____ me.

12. 이 새 정책은 IT 산업에 심각한 결과들을 가져올 것이다.

→ The new policy will have serious _____ for the IT industry.

13. 그 문제에 관해서는 제 의견을 유보하겠습니다.

→ I'll _____ my opinion on the matter.

14. 교장 선생님은 내가 마라톤에 우승한 것에 대해 칭찬하셨다.

→ The principal _____ me on winning the marathon.

15. 기온이 내려갔다.

→ The temperature has _____ .

16. 화재를 막은 사람은 앤드류였다.

→ It was Andrew who _____ the fire.

17. 그녀는 자기 선물을 풀어보지조차 않았어.
   → She didn't _____ open her present.

18. 네스호의 괴물 따위는 존재하지 않는다.
   → There is no _____ thing as the Loch Ness Monster.

19. 이 식당은 대단히 다양한 해산물 요리를 제공한다.
   → The restaurant offers a wide _____ of seafood dishes.

20. 양파, 토마토, 살라미 소시지와 햄은 모두 이 이탈리안 샌드위치의 맛을 훌륭하게 만들어 주기 위해 서로 보완한다.
   → The onion, tomato, salami, and ham all _____ each other to make the wonderful flavor of this Italian sandwich.

21. 압둘은 막판에 표를 구매할 수 있었다.
   → Abdul was able to _____ a ticket at the last minute.

22. 당신은 대중 문화의 역사에 대한 흥미로운 관점을 가지고 계시군요.
   → You have an interesting _____ on the history of pop culture.

23. 탁자 위에 살찐 고양이가 있다.
   → _____ is a fat cat on the table.

24. 나는 지붕 위에 수상한 사람이 있는 것을 알아차렸다.
   → I _____ a stranger on the roof.

25. 나는 대학교 장학금을 받을 자격이 된다.
   → I'm _____ for a university scholarship.

Answers

01. increase 02. Unless 03. separate 04. sustained 05. provisions
06. suffers 07. attribute 08. imperative 09. became 10. improved
11. bothering 12. consequences 13. reserve 14. complimented 15. fallen
16. prevented 17. even 18. such 19. range 20. complement
21. purchase 22. perspective 23. There 24. noticed 25. eligible

※ 활용법을 모두 알고 있는 단어에 체크(V)해 보세요.

- ☐ increase
- ☐ prevent
- ☐ bother
- ☐ perspective
- ☐ fall
- ☐ provision
- ☐ imperative
- ☐ purchase
- ☐ improve
- ☐ range
- ☐ separate
- ☐ even
- ☐ consequence
- ☐ eligible
- ☐ there
- ☐ reserve
- ☐ attribute
- ☐ such
- ☐ sustain
- ☐ compliment
- ☐ unless
- ☐ complement
- ☐ notice
- ☐ suffer
- ☐ become

349

한·영 사전 인기 검색어 Top 10

 "이런 말은 영어로 뭐라고 할까?"

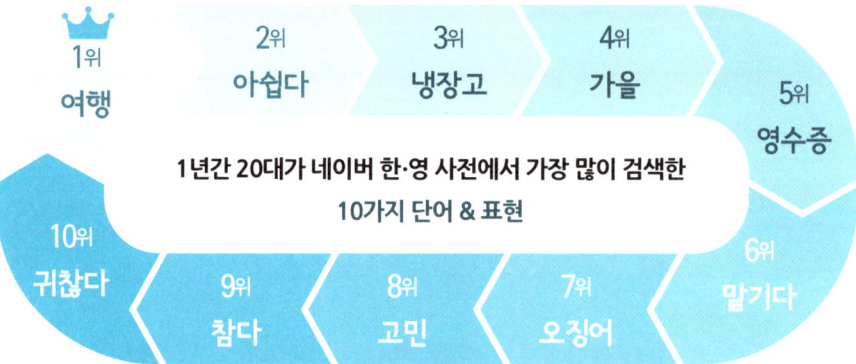

1위 여행
2위 아쉽다
3위 냉장고
4위 가을
5위 영수증
6위 말기다
7위 오징어
8위 고민
9위 참다
10위 귀찮다

1년간 20대가 네이버 한·영 사전에서 가장 많이 검색한 10가지 단어 & 표현

 여행

➜ trip / travel / journey / tour / voyage

'여행'은 영어로 보통 trip이라고 많이 쓴다. 비즈니스를 목적으로 하는 여행의 경우는 business trip이라고 쓰고, 동사와 결합하여 go on a trip(여행을 가다), take a trip(여행하다)처럼 활용할 수도 있다.
travel도 자주 쓰이는데, 이것은 장기간의 여행으로 이동수단을 이용한 여행을 의미한다. travel은 동사로도 쓰여 I've travelled the world.(난 전 세계를 여행했다.)로 쓸 수도 있다.
journey는 육지로 다니는 장거리 여행이며 놀러 다니는 여행이나 비즈니스 여행보다는 특히 고난을 수반하거나 자아를 찾아 떠나는 먼 여정을 의미할 때 어울린다. tour는 관광 여행이나 순회공연을 묘사할 때 쓰는 한편, voyage는 바다나 우주로 가는 긴 여행을 뜻한다.

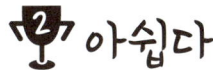 아쉽다

→ It is a shame that ~

'아쉽다'를 영어로 표현하고자 하면 일대일로 대응이 잘 안 된다. 그래서 It is a shame that ~.이라는 패턴으로 익히는 게 좋다. shame은 '수치심', '창피한 마음' 외에 '애석한 일'이라는 뜻을 가지고 있다. 그래서 It is a shame.은 "그 일이 아쉬워.", "그 일에 대해 아쉽게 생각해."이고, 뭐가 그리 아쉽냐에 대해서는 that절 이후에 표현하면 된다.

 냉장고

→ refrigerator / fridge

'냉장고'의 정식 표현은 refrigerator이지만 줄여서 fridge라고 편하게 부르기도 한다. 이때는 단어 안에 d가 들어간다.
참고로 비슷한 느낌으로 freezer가 있는데, 이것은 '냉동고'를 뜻한다. 동사 freeze(얼다, 얼리다)에서 온 표현이다. 또, 과거분사인 frozen을 이용해서 '냉동식품'은 frozen foods라고 표현할 수 있다.

 가을

→ fall / autumn

가을이 되면 나뭇가지에서 잎이 떨어지기(fall) 때문에 '가을'이라는 계절을 fall이라고 하나 보다. 가을을 의미하는 단어는 하나 더 있는데 autumn이다. 의미상으로는 둘 사이에 차이가 없다.
다만, fall이 미국식 영어라면 autumn은 영국식 영어이다. autumn 발음은 [어텀] 보다는 [어틈]이 더 원어에 가깝다. t를 제대로 발음해 [어틈]이라고 해도 되고, 좀더 부드럽게 해서 [어듬]이라고 발음해도 된다.

🏆 영수증
→ receipt

영수증은 돈을 내면 '받는 것'이기 때문에 동사 receive(받다)를 연상하면 외우기 쉽다. p는 발음하지 않는 묵음이므로 [리씨프트]가 아니라 [리씻트]처럼 발음하는 것에 주의하자.

참고로 Can I have a receipt, please?는 "영수증 주시겠어요?"이고, Check [Bill], please. 하면 "계산서 주세요."가 된다.

🏆 맡기다
→ I leave it up to ~

사람에게 '결정을 맡기다'라고 할 때는 동사 leave(맡기다, 놔두다)를 사용하여 **I leave it up to ~**라고 쓴다. 그래서 I leave it up to Paul.이라고 하면 "폴에게 (뭘 할지에 대해) 결정을 맡긴다."는 뜻이다. '결정'이란 단어를 아예 넣고 써 보면 I'll leave it up to you to decide.(너의 결정에 맡길게.)가 된다.

참고로 '물건이나 짐을 맡긴다'고 할 때는 그 내용물을 정확하게 명칭해야 한다. 그래서 Can I leave my luggage here[with you]?는 "여기다[당신에게] 내 짐을 맡겨도 되나요?"가 된다. 믿으니까 맡긴다는 뉘앙스가 들어 있다.

🏆 오징어
→ squid

'**오징어**'는 **squid**로 한치[갑오징어](cuttlefish), 문어(octopus), 주꾸미(webfoot octopus, short arm octopus)와 함께 연체동물(mollusks)에 속한다. 오징어의 촉수는 tentacles라고 하고, 촉수에 붙어 있는 빨판은 suckers 또는 suction cups라고 부른다.

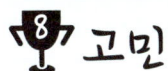 고민

→ worry

'고민', '걱정', '우려'는 worry이다. worry는 동사로도 사용되는데 '걱정하다', '고민이 되다'라는 뜻이 된다. 그래서 동사 worry는 I'm worried about ~(나는 ~이 걱정돼)으로 많이 활용된다. I'm concerned about ~도 같은 표현이기 때문에 I'm worried[concerned] about my grandma's health.는 "나는 할머니의 건강이 염려돼."가 된다.
참고로 What's troubling you?는 "너 무슨 걱정 있니?"가 되고, 같은 표현으로는 What's bothering[eating, bugging] you?가 있다.

 참다

→ suppress / hold / endure / bear / stand

감정 표현을 참거나 억누르는 것을 suppress라고 하는데, suppress anger 하면 '화를 참다'이다. She couldn't suppress her laughter.는 "그녀는 웃음을 참을 수가 없었다."가 된다.
동사 hold에도 '참다'라는 표현이 있는데, 이 단어는 hold one's breath(숨을 참다)와 hold in one's urine(소변을 참다)이라는 표현에 어울린다.
endure 하면 인내심을 가지고 장기간에 걸쳐 고통, 시련, 불행 등을 참아내는 것이다.
bear도 비슷하지만, I can't bear it any longer.(더 이상 참지 못하겠어.)처럼 그 기간이 endure 보다는 짧고 '참는 것을 견디지 못한다'라는 부정형으로 많이 쓰인다.
stand는 불쾌한 것, 싫은 것을 자제력을 발휘해 참는 것인데 bear와는 달리 I can't stand him!(걔를 못 참겠어[못 봐주겠어]!)처럼 사람을 상대로도 사용할 수 있다.

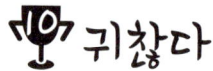

→ I can't be bothered to ~

bother에는 '귀찮게 하다', '신경 쓰이게 하다'라는 뜻이 있다. bother를 활용해 만든 표현이 I can't be bother to ~이고, '~하는 게 귀찮다'라는 의미로 해석된다. 그래서 I can't be bothered to wash the dishes.는 "설거지하기가 귀찮아."가 된다.

참고로 Don't bother me.라고 하면 "날 귀찮게 하지 마."라는 뜻이다.

Travel teaches toleration.
여행은 관용을 가르친다.

Index
찾아보기

A

about(R 137) 274
accept(R 109) 242
accommodate(R 134) 271
account(R 053) 128~129
acknowledge(R 174) 315
adapt(R 130) 267
address(R 002) 16~17
admit(R 103) 236
adopt(R 170) 311
afford(R 067) 156~157
against(R 024) 60~61
alert(R 099) 224~225
allow(R 097) 220~221
alternative(R 145) 282
although(R 102) 235
among(R 120) 253
any(R 162) 303
appear(R 104) 237
application(R 107) 240
apply(R 026) 68~69
appreciate(R 001) 14~15
appropriate(R 030) 76~77
around(R 164) 305
arrange(R 045) 108~109
as(R 005) 22~23
assign(R 149) 286
associate(R 041) 100~101
assume(R 023) 58~59
attend(R 090) 206~207
attribute(R 192) 337

authority(R 159) 300
available(R 015) 42~43

B

bear(R 155) 296
become(R 200) 345
benefit(R 083) 192~193
bother(R 178) 323
bring(R 063) 148~149

C

cause(R 133) 270
certain(R 017) 46~47
challenge(R 077) 180~181
charge(R 048) 114~115
choose(R 166) 307
claim(R 148) 285
commit(R 022) 56~57
commitment(R 087) 200~201
complement(R 197) 342
complete(R 019) 50~51
compliment(R 195) 340
compromise(R 037) 92~93
concern(R 004) 20~21
conduct(R 013) 38~39
confirm(R 153) 294
consequence(R 188) 333
consider(R 016) 44~45
contact(R 143) 280
contain(R 100) 226~227
contribute(R 072) 166~167
convince(R 132) 269

credit(R 117) • **250**
critical(R 113) • **246**
current(R 161) • **302**

D

decline(R 168) • **309**
demonstrate(R 096) • **218~219**
describe(R 138) • **275**
deserve(R 111) • **244**
despite(R 092) • **210~211**
determine(R 021) • **54~55**
develop(R 079) • **184~185**
direct(R 042) • **102~103**
discipline(R 051) • **124~125**
draw(R 086) • **198~199**
drive(R 061) • **144~145**
due(R 094) • **214~215**

E

effect(R 064) • **150~151**
effort(R 146) • **283**
either(R 062) • **146~147**
eligible(R 189) • **334**
encourage(R 050) • **118~119**
engage(R 095) • **216~217**
enough(R 160) • **301**
ensure(R 088) • **202~203**
establish(R 129) • **266**
estimate(R 076) • **178~179**
even(R 187) • **332**
except(R 175) • **316**
executive(R 047) • **112~113**

exercise(R 151) • **292**
expect(R 070) • **162~163**
experience(R 035) • **88~89**
extend(R 110) • **243**

F

fall(R 180) • **325**
fancy(R 144) • **281**
favor(R 135) • **272**
feature(R 009) • **30~31**
figure(R 127) • **264**
find(R 043) • **104~105**
for(R 105) • **238**
further(R 028) • **72~73**

G

get(R 125) • **258**

H

hold(R 073) • **168~169**

I

identify(R 025) • **62~63**
imperative(R 182) • **327**
implement(R 082) • **190~191**
improve(R 184) • **329**
increase(R 176) • **321**
indicate(R 059) • **140~141**
individual(R 163) • **304**
influence(R 091) • **208~209**
initiative(R 044) • **106~107**
interest(R 071) • **164~165**

357

involve(R 036) • **90~91**
issue(R 081) • **188~189**

K

keep(R 068) • **158~159**

L

leave(R 038) • **94~95**
lie(R 101) • **234**

M

material(R 054) • **130~131**
matter(R 128) • **265**
mean(R 152) • **293**
measure(R 027) • **70~71**

N

note(R 156) • **297**
notice(R 198) • **343**

O

observe(R 108) • **241**
occasion(R 172) • **313**
occur(R 140) • **277**
offer(R 052) • **126~127**
once(R 057) • **136~137**
otherwise(R 058) • **138~139**
over(R 169) • **310**

P

particular(R 154) • **295**
patient(R 126) • **263**

perspective(R 179) • **324**
practice(R 007) • **26~27**
prefer(R 098) • **222~223**
present(R 018) • **48~49**
prevent(R 177) • **322**
proceed(R 074) • **170~171**
promote(R 131) • **268**
prompt(R 049) • **116~117**
provide(R 060) • **142~143**
provision(R 181) • **326**
purchase(R 183) • **328**

Q

quite(R 065) • **152~153**
quote(R 114) • **247**

R

raise(R 139) • **276**
range(R 185) • **330**
rather(R 031) • **78~79**
recognize(R 039) • **96~97**
refer(R 011) • **34~35**
reference(R 014) • **40~41**
reflect(R 112) • **245**
regard(R 046) • **110~111**
relative(R 124) • **257**
release(R 085) • **196~197**
relevant(R 119) • **252**
remain(R 029) • **74~75**
request(R 116) • **249**
require(R 115) • **248**
reserve(R 191) • **336**

358

respect(R 121) • 254
right(R 075) • **172~173**
rise(R 033) • **82~83**

secure(R 040) • **98~99**
separate(R 186) • **331**
serve(R 165) • **306**
several(R 171) • **312**
should(R 078) • **182~183**
significant(R 066) • **154~155**
since(R 032) • **80~81**
specific(R 106) • **239**
state(R 141) • **278**
statement(R 173) • **314**
strike(R 136) • **273**
struggle(R 123) • **256**
stuff(R 069) • **160~161**
subject(R 012) • **36~37**
substitute(R 167) • **308**
such(R 193) • **338**
suffer(R 199) • **344**
suggest(R 056) • **134~135**
suppose(R 158) • **299**
suspend(R 122) • **255**
sustain(R 194) • **339**

take(R 034) • **84~87**
then(R 093) • **212~213**
there(R 190) • **335**
though(R 008) • **28~29**

through(R 003) • **18~19**
travel(R 157) • **298**
treat(R 020) • **52~53**

unless(R 196) • **341**
upon(R 084) • **194~195**
urge(R 147) • **284**

value(R 118) • **251**
vary(R 150) • **287**

whereas(R 089) • **204~205**
whether(R 055) • **132~133**
while(R 006) • **24~25**
work(R 142) • **279**
would(R 010) • **32~33**

yet(R 080) • **186~187**

359